Basiswissen Grundschule

Band 33

Teambuch Inklusion

Ein Praxisbuch für multiprofessionelle Teams

von

Reinhard Stähling / Barbara Wenders

Mit Fotos von Donata Wenders

Schneider Verlag Hohengehren GmbH

Basiswissen Grundschule

Herausgegeben von:
Band 1 bis 18: Jürgen Bennack
Ab Band 19: Astrid Kaiser

Die Reihe „Basiswissen Grundschule" ist einem schüler- und handlungsorientierten, offenen Unterricht verpflichtet, der auf die Stärkung einer selbstständigen, sozial verantwortlichen Schülerpersönlichkeit zielt.

Umschlag: Friedel Callies, Münster

Fotos: Donata Wenders, Berlin

Gedruckt auf umweltfreundlichem Papier (chlor- und säurefrei hergestellt).

Bibliografische Information der Deutschen Nationalbibliothek

Die Deutsche Nationalbibliothek verzeichnet diese Publikation in der Deutschen Nationalbibliografie; detaillierte bibliografische Daten sind im Internet über ›http://dnb.d-nb.de‹ abrufbar.

ISBN: 978-3-8340-1531-0

Schneider Verlag Hohengehren, Wilhelmstr. 13, D-73666 Baltmannsweiler

Homepage: www.paedagogik.de

Printed in Germany – Appel & Klinger, Schneckenlohe

Inhaltsverzeichnis

Vorwort der Herausgeberin der Reihe:
Astrid Kaiser: **Das Team ist der Schlüssel zur Inklusion** VII

Einleitung und Dank 1

Teil I

Reinhard Stähling

Feste Klassenteams für stark heterogene Klassen

1.1 Voraussetzung guten Unterrichts: Schüler brauchen Strukturen und konsequente Lehrkräfte im Team 8

1.2 Inklusionsfördernde Strukturen: Feste, multiprofessionelle Klassenteams und Gleichverteilung 17

1.3 Ausblick 20

Teil II

Barbara Wenders

Teamarbeit im Unterricht einer stark heterogenen Klasse
Praxisbericht

2.1 Schulentwicklung in Berg Fidel und die Teamarbeit 36

2.2 Grundlagen unserer Arbeit im Team im gebundenen Ganztag . . . 38

2.2.1 Mehrperspektivität 38

2.2.2 Gemeinsame Freude 40

2.2.3 Verantwortung 40

2.2.4 Kontinuität und Verlässlichkeit im Stundenplan 43

2.3 Aufgabenfelder . . . 46
2.3.1 Begleitung und Unterstützung beim Lernen . . . 46
2.3.2 Fachlichkeit und Tagesablauf . . . 46
2.3.3 Gebundener Ganztag . . . 48
2.3.4 Kommunikation und Vertrauen . . . 49
2.4 Disziplin und verschiedene Erwachsene . . . 53
2.4.1 Beispiel Mittagessen . . . 55
2.4.2 Rückmeldekultur . . . 57
2.4.3 Wenn die „Chemie" nicht stimmt . . . 58
2.5 Die Einbindung der Intergrationshelferinnen und Integrationshelfer . . . 61
2.6 Teammitglieder der Sonnenblumenklasse . . . 65
2.6.1 Klassenlehrerin und Teamleiterin . . . 65
2.6.2 Integrationshelferin Maja . . . 66
2.6.3 Integrationshelfer Mario . . . 67
2.6.4 Lehramtsanwärterin im gemeinsamen Unterricht . . . 68
2.6.5 Pädagogischer Mitarbeiter, Lehramtsstudent Phil . . . 69
2.6.6 Pädagogischer Mitarbeiter, Lehramtsstudent Mats . . . 70
2.7 Das Team nutzt Ressourcen . . . 73
2.7.1 Auswahl von Langzeitpraktikanten (pädagogische Mitarbeiterinnen) . . . 74
2.7.2 Einsatz von ehemaligen Schülerinnen oder Schülern als Praktikanten im Team . . . 77
2.8 Teamsitzung und Teamtag . . . 79
2.9 Eltern und das Team . . . 87

Teil III

Reinhard Stähling

Wie unterrichten wir eine extrem heterogene Klasse?
Ein didaktisch-methodischer Wekzeugkoffer

3.0.1 Die Lehrer-Schüler-Beziehung 93

3.0.2 Drei Antworten auf die Frage: Wie unterrichten wir eine extrem heterogene Klasse? 100

3.1 **Erste Antwort:** Wir setzen auf die Kraft der Gruppe und machen „kommunikativen" Unterricht 104

3.1.1 Zusammen mit Freunden lernen – Beobachtungen und Konsequenzen für die freien Arbeitszeiten 108

3.1.2 Von Freunden lernen – Schüler lernen durch Lehren 115

3.2 **Zweite Antwort:** Wir nutzen die Vorteile der Vielfalt und machen „handelnden", „mehrperspektivischen" Unterricht 121

3.2.1 Zum „Be-greifen" braucht man viele Perspektiven – Anregungen von Picasso, Brecht, Arendt 122

3.2.2 Tiefgreifendes Lernen in einer heterogenen Klasse 133

3.2.3 Verschiedene „handelnde" Zugänge zu den Lerngegenständen: Vom Be-greifen, Er-fassen und Er-leben zum Verstehen 139

3.2.4 Fazit für die Teamarbeit in der Klasse 145

3.3 **Dritte Antwort:** Wir holen die Schüler da ab, wo sie stehen und unterrichten „entwicklungslogisch" 148

3.3.1 Aneignung des Lerngegenstandes nach der Logik der Entwicklung 148

3.3.2 Fehlerkultur und Herausforderungen 154

3.3.3 Den Schülern Verantwortung übergeben und ihre Würde achten 162

3.3.4 Zur Beschreibung und Bewertung von Entwicklungsergebnissen 168

3.4 Fazit 178

3.5 Wie kann sich ein Klassenteam Handwerkszeug für den Unterricht erarbeiten? 180

3.6 John Hatties Metaanalysen – ein Exkurs für neugierige Lehrkäfte 184

Teil IV

Reinhard Stähling

Innovation und ihre Feinde

Wie werden Innovationen verhindert und wie setzen sie sich trotzdem durch?

4.1 Das Beispiel Inklusion. Wie die Rahmenbedingungen einschränken. 193

4.2 Wider die einschränkenden Bedingungen: Eigene Wege gehen. Janusz Korczak 198

4.3 Erfahrungen reformpädagogischer Schulversuche 201

4.3.1 Schule Berlinertor Hamburg 208

4.3.2 Karl-Marx-Schule Berlin-Neukölln, heute Fritz-Karsen-Schule 209

4.3.3 Die Jenaplan-Schule in Jena 210

4.3.4 Die Individualpsychologische Versuchsschule Wien 210

4.4 Konsequenz und Zukunftsperspektive: Die Langformschule 1–13 heute 213

Literatur und Lesehinweise 221

Das Team ist der Schlüssel zur Inklusion

Der Titel dieses Buches ist gleichzeitig Programm: Es gibt kein Patentrezept für Inklusion. Inklusion verlangt immer wieder die gemeinsame Lösung von komplexen Bildungsaufgaben. Das Team ist dabei der Schlüssel, um Inklusion in die Tat umzusetzen, denn die Lösungen von pädagogischen Anforderungen in heterogenen Lernsituationen müssen immer wieder vor Ort und situativ gemeinsam im Team gefunden werden. Eine Lehrperson allein kann es nicht schaffen. Und im inklusiven Unterricht sollten auch mehrere Fachkräfte zusammen arbeiten, wenn Inklusion nicht zur Farce degenerieren soll.

In diesem Buch des Erfolgsautorenpaares Stähling/Wenders wird die Arbeit an deren Schule jetzt auf der Seite der Teamarbeit in den Klassen und den Lernmöglichkeiten für Kinder beleuchtet. Es geht darum, wie die verschiedenen pädagogischen Fachkräfte zum Wohle der Kinder zusammen arbeiten können. Dabei steht die Sonnenblumen-Klasse exemplarisch im Mittelpunkt, in der Kinder vom Etikett „geistig behindert" bis „hoch begabt" zusammen lernen und voneinander lernen sollen.

In sehr klar beschriebenen Alltagssituationen wird deutlich, dass es sich in diesem Buch nicht um Propaganda hehrer pädagogischer Ziele handelt, sondern um gelebte pädagogische Realität. Diese ist so klar und anschaulich beschrieben, dass jede Lehrperson merkt, dass so etwas auch in der eigenen Schule möglich wäre. Aber es wird auch klar beschrieben, wie die Absprachen im Team laufen müssen, wie die Mittagessenfrage unter Einbezug der Kinder gelöst werden kann etc.

Gerade die Verbindung von praktischen Beispielen und theoretischer Reflexion macht eine besondere Stärke dieses Buches aus.

Es werden aber auch viele pädagogische Fragen kritisch-konstruktiv diskutiert. Dabei werden einige Vorurteile zur Inklusion kritisch unter die Lupe genommen. So wird gemeinhin angenommen, es müsse vor allem individualisiert werden, damit Inklusion gelingt. Die Autoren vertreten dagegen eher das Modell der sozialen Verantwortung. Besonders beeindruckend ist die kritische Analyse von Individualisierung, die sie mit Verweis auf Gaudigs Gruppenarbeitskonzept auch historisch fundieren.

Dieses Buch ist so vielschichtig wie die Inklusion. Es wird nicht nur die Praxis an der Schule der beiden Autoren geschildert und reflektiert, sondern letztlich auch ein lerntheoretisches Konzept vorgestellt. Die eigenen Ansätze, die Kinder zum Lernen zu motivieren, passen zu den in der empirischen Forschung beschriebenen Ansätzen wie dem „aktiv sorgenden Engagement". Allerdings sind die Beschreibungen im Buch deutlich anschaulicher und authentischer als die bloßen Begriffe in der Forschungsliteratur. Man könnte auch sagen, dieses Buch ist eine Weiterführung und Konkretisierung der von Hattie und anderen veröffentlichten lerntheoretischen Untersuchungen.

Dieses Buch ist sehr authentisch geschrieben.

Hier wird nicht wie in Schulinspektionsberichten nach großen Floskeln und Selbstbeweihräucherung gesucht. Vielmehr wird aus der Praxis berichtet und gleichzeitig reflektiert. Junge Lehrpersonen in der Ausbildung können viele Erkenntnisse gewinnen, wie inklusives Lernen gelingen kann, erfahrene Lehrerinnen und Lehrer können an den konkreten Erfahrungsberichten sehen, dass sie selber nur noch wenige Schritte weiter gehen müssen, um am Ziel einer inklusiven Schule anzukommen.

Besonders faszinierend ist das Buch durch die lebendigen Beschreibungen der Kinder und das ehrliche Offenlegen von Gedanken der Lehrpersonen. Neben der Anschaulichkeit wird aber auch die Reflexivität der Lesenden angeregt.

Dies beginnt schon mit den Brecht-Zitaten am Anfang der Kapitel. Hier wird bereits symbolisch das Nachdenken der Lesenden angeleitet, das später durch die vielen Gedankenverbindungen im Text fortgesetzt wird.

Es ist erstaunlich, wie viele wichtige pädagogische Themen der Inklusion in diesem Buch angeschnitten werden. Exemplarisch sei hier nur die Frage der Notengebung herausgegriffen, die gerade für junge Lehrpersonen eine besondere Hürde im inklusiven Unterricht darstellt. Doch die Autoren wissen konstruktive Lösungsvorschläge und theoretische Brücken zu bauen, wie die Argumentation mit den Kinderrechten zu den Noten 5 und 6.

Dabei wird nicht von oben herab versucht, Lehrpersonen zu belehren, sondern aus der Innensicht einer Schule – besonders in Kapitel IV – dargestellt, welche bürokratischen, und politischen Steine Schulen auf dem Weg zur Inklusion gelegt werden. Hier wird das Buch auch kämpferisch gegen bildungspolitische Sparmodelle zu Lasten der Kinder und der Kräfte der Lehrpersonen. Die häufig verwendeten Begriffe „Energie, Herzblut und Widerstandskraft" zeigen, dass es in den beschriebenen reformpädagogischen historischen Modellen wie auch heute ganz wesentlich auf die subjektive Kraft von Lehrpersonen ankommt.

Die größte Leistung dieses Buches ist es, dass neben der ausführlichen Beschreibung und Reflexion des untrennbaren Zusammenhangs von Teamarbeit und gelingender Inklusion auch noch eine lerntheoretische Reflexion zum Lernen der Kinder erfolgt. Dazu wird auf viele aktuelle Untersuchungen der Lehr-Lernforschung – insbesondere auf die Hattie-Studie – Bezug genommen. Letztlich ist dieses Buch auch zu einer praxisnahen Weiterfortführung der Erkenntnisse der Hattie-Studie geworden.

Gerade die Beispiele aus der Praxis und die Verbindung zu kurzen theoretischen Hintergründen sind sehr gelungen. So wird deutlich, was machbar ist.

Eigentlich müsste dieses Buch die Bibel der Lehrerfortbildung für Inklusion werden, denn die vielen Praxisanregungen sind für alle Schulen wertvolle Hilfen, die sich mit immer stärker heterogenen Schülergruppen auseinander setzen müssen. Aber auch für die Lehrerbildung ist die klare Beleuchtung von Teamarbeit eine wichtige Basis dafür, Inklusion in die Praxis umzusetzen.

In diesem Sinne wünsche ich dem Buch den Erfolg, den es verdient und vielen Lehrerinnen und Lehrern das Erfahrungswissen der Autoren für bessere Teamarbeit.

Juli 2015 Astrid Kaiser

Einleitung und Dank

Dieses Buch haben wir besonders für Lehrerinnen und Lehrer geschrieben, die sich stark machen für ihre Schüler und zu jedem sagen können: „Du gehörst zu uns“. Keiner wird aus der Klasse genommen, bleibt sitzen, wird in Sonderschulen „gesondert“ beschult oder abgeschult. Jeden Tag unterrichten wir und finden immer wieder neu, dass diese Haltung bei Kollegen keinesfalls selbstverständlich ist, aber sich lohnt. Wir nutzen wegen der leichteren Lesbarkeit immer sowohl weibliche als auch männliche Formen – obwohl in Grundschulen überwiegend Frauen arbeiten.

„Wofür soll es gut sein, dass ich mich mit Schülern rumschlagen muss, die mich nicht respektieren, die von ihren Eltern nicht erzogen worden sind und die nicht lernen können?“, antwortet da spontan so manche Kollegin. Keiner dieser Gedanken ist einer erfahrenen Lehrerin fremd.

Wer behauptet, dass er niemals solche Gedanken hätte, steht vermutlich nicht jeden Tag vor einer Schulklasse und muss sie verantwortlich führen. Manch ein „Experte“ beschäftigt sich den ganzen Tag damit, Lehrern Ratschläge zu erteilen, wie sie mit stark heterogenen Klassen umgehen sollten. Einige dieser „Lehrerbildner“ werden hinter geschlossenen Lehrerzimmertüren verspottet, als kämen sie aus der Kabarett-Nummer, wo ein katholischer Priester jungen Paaren Tipps für ihre Ehe auf den Weg geben möchte. „Was bildet ihr uns ein?“ (Mahlter/Hotait 2012), fragen sich da manche.

Wer Kollegen, die reihenweise ihre Klassen von den ganzen schwachen und schwierigen Schülern „befreien“ oder „putzen“, davon überzeugen will, dass es sich lohnt, alle Schüler in der Klasse zu behalten, muss mehr aufbieten. Er muss es selbst vormachen können. „Zuallererst mal muss er mehr Personal und Räume bekommen!“, ruft hier sofort eine andere Kollegin dazwischen.

„Wir wollen ja, aber wir können bei den Bedingungen es nicht leisten!“

Manche Schulaufsichtsbeamte und Schulträger, die die Akten wälzen, zucken mit den Achseln und geben zu, dass ihnen die Hände gebunden sind. Die „alten Hasen“ unter den Schulleitern und Aufsichtsbeamten kennen immer „kreative Lösungen“ und wissen die Vorschriften so zu lesen, dass sie uns vor Ort nützen. Übrigens: Genau zu diesem Zweck, dass sie den Schülern beim Vorwärtskommen dienlich sind, sind die Vorschriften verfasst worden! Wie dies einige anstellen, erfahren Sie ausführlich in unserem Buch „Ungehorsam im Schuldienst“.

Wenn auch durch mutige Vorreiter vielleicht ein kleiner Hoffnungsschimmer für all diejenigen aufleuchtet, die sogar unter „miesen“ Bedingungen jedes Kind in ihrer Schule lassen und keinen ausschließen wollen, so reicht der Hoffnungsschimmer allein nicht, um den Schulalltag zu überstehen. Wir müssen zusammen arbeiten, um die Aufgaben zu bewältigen. Alleine ist ein Pädagoge verloren.

Deshalb versuchen wir mit diesem Buch einen weiteren Schritt: Wir schauen uns einmal genau an, wie Regelschullehrerinnen und -lehrer mit Sonderpädagogen und sozialpädagogischen Kräften erfolgreich zusammenarbeiten, um mit stark heterogenen Klassen umzugehen. In der Schule der beiden Autoren ist für jede Klasse ein eigenes Pädagogenteam zuständig. Die Beanspruchungen im Beruf verteilen sich auf mehrere Schultern.

Barbara Wenders ist seit 1999 an der Grundschule Berg Fidel. Sie ist Klassenlehrerin der Sonnenblumenklasse. Früher hat sie an anderen Schulen gearbeitet: an einer Hauptschule und danach als Lehrerin für Sonderpädagogik an einer Sonderschule für Kinder, die das Etikett „lernbehindert“ trugen.

Reinhard Stähling ist ihr Kollege und unterrichtet auch in der Sonnenblumenklasse. Seit 1992 arbeitet er außerdem in der Schulleitung.

Nach jahrelangem Engagement der Grundschule Berg Fidel bekommen wir die Möglichkeit, die Schule zu einer Versuchsschule mit dem Namen „PRIMUS“ (vgl. Schulministerium NRW) auszubauen. Die **Prim**ar- **u**nd **S**ekundarstufe werden in dieser neuen Schulform zusammengelegt. Die Schülerinnen und Schüler bleiben bis zum Schulabschluss in derselben Schule (vgl. zum Konzept Stähling/ Wenders 2012, S. 82 ff).

Über unseren Unterricht haben wir in unserem letzten Buch „Das können wir hier nicht leisten – Wie Grundschulen doch die Inklusion schaffen können" (2012) mit vielen Bildern berichtet.

Wir laden Sie erneut zu einer kleinen Gedankenreise in unsere bunt gemischte „Sonnenblumen-Klasse" ein. Wir untersuchen mit Ihnen zusammen, wieso die Kinder dieser Klasse im Alter von 6 bis 12 Jahren miteinander erfolgreich lernen können. Bunt gemischt, heterogen, mit Etiketten von „geistig behindert" bis „hoch begabt" versehen, mitten im Brennpunkt, der den schönen Namen „Berg Fidel" trägt. Was macht es möglich, dass sie voneinander lernen?

„Eine so stark heterogene Klasse könnte ich mir nicht vorstellen zu unterrichten!", wird mancher Leser nun zweifelnd einwenden. Wir geben zu bedenken, dass der aufkommende Gedanke „Dafür bin ich nicht ausgebildet" zu den universellen Sätzen der Menschheit gehört. Er begleitet den Fortschritt der Menschheit seit Jahrtausenden. Epochen, in denen dieser Satz nicht gesprochen wurde, müssen durch Stagnation geprägt gewesen sein.

Immer wenn ein technischer Fortschritt das alte traditionelle Handwerk zurückdrängte und später dann sogar überflüssig machte, mussten Menschen ihre gewohnten Arbeitsmethoden umstellen. Neue Anforderungen waren zu bewältigen, wenn man nur einmal an die Computer- oder Automobil-Berufe denkt. Auch in so bekannten Berufen wie Bauzeichner, Designer, Augenoptiker, Modellbauer, Gas- und Wasserinstallateur, Fotolaborant, Industriekaufmann, Betriebswirt oder Zahnarzt arbeitet man heute völlig anders als noch vor ein oder zwei Generationen. Ohne berufsbegleitende Fortbildungen ist eine Tätigkeit ausgeschlossen. Die anfängliche Berufsausbildung als junger Mensch reicht nicht aus.

Der Lehrerberuf und sein Arbeitsplatz Schule haben sich dagegen lange nicht wesentlich verändert. Noch heute arbeiten die meisten als „Einzelkämpfer".

Inzwischen ist Unruhe aufgekommen: Eine Lehrerin wurde in einer Sonderschule für Geistig Behinderte ausgebildet, hat dort jahrelange Berufspraxis gesammelt und wird nun – angesichts neuer Rahmenbedingungen – in eine integrative Grundschule versetzt, in der sie u. a. eine Klasse mit vielen Kindern mit Verhaltensauffälligkeiten in Musik und Religion unterrichten soll. Ein anderer Lehrer arbeitete sein halbes Berufsleben lang in einer Hauptschule als Lehrer für Sport und Naturwissenschaften. Diese Schule läuft wegen geringer Anmeldezahlen aus. Nun soll er in einer Grundschule als Klassenlehrer tätig sein und schwerpunktmäßig Deutsch und Mathematik unterrichten – und steht überwiegend alleine in seiner Klasse. Eine weitere Kollegin war nach ihrem Referendardienst in einer idyllischen Landschule zwölf Jahre lang familienbedingt beurlaubt und „steigt nun wieder ein“ in eine gebundene Ganztagsschule, die einen Ausländeranteil von 80% in allen Klassen hat. Sie erlebt Teamarbeit zum ersten Mal in ihrem Beruf. Veränderungen in der „Schullandschaft“ zwingen zu neuen Wegen im Beruf. Lehrkräfte, die erfahren sind im Unterrichten und zu Schülern einen guten Kontakt aufbauen, werden dennoch einwenden, dass die Beispiel-Lehrkräfte mit ihrer Situation „überfordert“ sind: „Sie sind dafür nicht ausgebildet und vorbereitet worden“. Sie fühlen sich trotz jahrelanger Lehrerausbildung als „eingeschränkt inklusionstauglich“, ihnen fehlt die notwendige „Heterogenitätskompetenz“, wie es Hans Wocken (2011, S. 211 ff.) formuliert hat.

Um also diese persönliche und berufliche Herausforderung bestehen zu können, brauchen Kolleginnen und Kollegen vor allem eine Kultur der Unterstützung. Erfahrene Schulleiterinnen und Schulleiter wissen, dass jeder in solcher Umbruchsituation erst einmal zu seiner Stärke finden muss. Die neue Lehrkraft muss also möglichst mit ihrem „Lieblingsfach“ und ihren Interessen eingesetzt werden, um den Einstieg leichter zu haben. Besonders hilfreich ist, wenn sie in ein Team integriert werden kann. Fachkollegen finden sich regelmäßig zusammen und vereinbaren Jahresarbeitspläne, die auch anderen Lehrkräften Orientierung geben können. An manchen Grundschulen arbeiten die Klassenlehrerinnen der Parallelklassen eng zusammen, tauschen ihre Lehrmaterialien aus und planen gemeinsam Projekte. Sie sprechen regelmäßig über „schwierige“ Kinder und tauschen ihre Erfahrungen aus.

Auf diese Weise ist ein Fundament gelegt dafür, dass man die Last gemeinsam trägt und sich Aufgaben in Portionen einteilt. Überforderung ist zunächst abgewendet. Um allerdings dauerhaft eine pädagogische Arbeit befriedigend zu erleben, ist ein **festes Team** förderlich. Optimal ist, wenn jede Klasse ein festes Team aus mehreren Erwachsenen hat. Dieses Team tagt einmal wöchentlich und trägt gemeinsam die Verantwortung für die Klasse. Eine große Bereicherung stellt zusätzlich die Team-Supervision einer schulpsychologischen Beratungsstelle dar.

Der ***erste*** Teil dieses Buches basiert auf der Erfahrung mit gebundener Ganztagsschule in Berg Fidel seit 1992. **Feste Teams** stellen sich als ein Geheimnis des Erfolgs dieser Schule heraus. Unter dem Titel „Teamarbeit im Ganztagszweig" (Stähling 1995) wurde damals das Konzept entworfen.

Im ***zweiten*** Teil erzählt Barbara Wenders über die **Teamarbeit in der Sonnenblumenklasse**. Das Zusammenspiel im Unterrichtsalltag, die Absprachen in der Teamsitzung und die Sicht auf die Kinder verbinden sich zu einem „Gesamtkunstwerk", wie es die Inklusionspädagogin Irmtraud Schnell genannt hat (vgl. Schnell 2010).

Im ***dritten*** Teil schärfen wir den Blick auf die **Lernprozesse der Kinder**: Mit der Grundüberzeugung „Schlechte Schüler gibt es nicht" oder „Jedes Kind ist auf seiner Stufe kompetent" (Prengel 2014) richten wir eine Lupe auf die Lernerfolge der Kinder. Im Team erleben wir die **starke Heterogenität** einer Klasse nicht als bedrohlich. Im Gegenteil, wir können „etwas daraus machen". Bunt gemischte Klassen fordern von uns einen Unterricht, der kommunikativ und handelnd angelegt ist. Er eröffnet den Schülerinnen und Schülern die Chance, auf den „Lerngegenstand" aus mehreren Perspektiven schauen zu können und die Welt in kooperativen Prozessen „entwicklungslogisch" zu erschließen.

Immer noch sind in Deutschland die schulischen Erfolge von Kindern aus ausländischen und armen Familien im internationalen Vergleich auffällig schwach. Die deutlich wachsende Zahl von Schulen des gemeinsamen Lernens macht Hoffnung, dass dieser indiskutable Zustand sich ändern wird. Viele Kolleginnen und Kollegen haben hier Sisyphusarbeit zu leisten, um im unzeitgemäßen, gegliederten Schulsystem innovative Schulen und neuen (Team-) Unterricht durchzusetzen, was allen Schülern zum Schulerfolg verhelfen soll.

Der ***vierte*** Teil stellt die Frage „Wie werden **Innovationen** verhindert und wie setzen sie sich trotzdem durch?" Beispielhaft werden einige reformpädagogische Versuchsschulen vorgestellt. Woran scheiterten sie? Wie kam ihr Erfolg zustande? Was können wir daraus für unseren Beruf lernen?

Unseren Dank für die vielfältige Unterstützung und Ermutigung, den wir in unserem Buch „Das können wir hier nicht leisten" (2012) ausgesprochen haben, wollen wir hier nicht wiederholen. Aber eines muss gesagt werden: Ohne unser Kollegium, das sich in den Klassenteams immer „durchschlägt", wäre ein solches Buch nicht möglich gewesen. Wir alle sind herausgefordert durch unsere Schülerinnen und Schüler. Ihnen gebührt der Dank, dass sie uns immer wieder hartnäckig daran erinnern, eine Schule für sie zu machen, in der alle gerne leben und lernen.

Die Schule ist ständig in Veränderung. – Die Schulgemeinschaft steht hinter uns – das ist ein großer Antrieb.

Astrid Kaiser hat unsere Arbeit immer unterstützt und uns ermutigt, sie anderen zugänglich zu machen. Herzlichen Dank dafür. Trotz oder gerade wegen des „Alltagsstresses" wollen wir schreiben.

Für ermutigende Rückmeldungen aus den Universitäten danken wir unserer ständigen schulischen Begleiterin und Mitstreiterin Irmtraud Schnell, den solidarisch verbundenen Unterstützern Ines Boban und Andreas Hinz sowie Annedore Prengel.

Auch in diesem dritten gemeinsamen Buch bestimmen die wunderbaren Fotos von Donata Wenders (www.donatawenders.com) das äußere Bild. Die große Bereitschaft des Schneider-Verlags, alles nach unserem Wunsch zu gestalten, ist dabei eine große Erleichterung.

Jochem Knorr hat uns durch Korrigieren und viele kritische Nachfragen große Hilfe geleistet.

Allen sei herzlich gedankt.

Barbara Wenders & Reinhard Stähling Münster, im Juni 2015

Teil I

Reinhard Stähling

Feste Klassenteams für stark heterogene Klassen

„Immer wenn uns
Die Antwort auf eine Frage gefunden schien
Löste einer von uns an der Wand die Schnur der alten
Aufgerollten chinesischen Leinwand, so dass sie herabfiel und
Sichtbar wurde der Mann auf der Bank, der
So sehr zweifelte.
(…)
Ob was ihr gesagt, auch schlechter gesagt, noch für einige Wert hätte.
(…)
Ob es nicht viel-deutig ist, für jeden möglichen Irrtum
Tragt ihr die Schuld. Es kann auch eindeutig sein
Und den Widerspruch aus den Dingen entfernen; ist es zu eindeutig?
Dann ist es unbrauchbar, was ihr sagt. Euer Ding ist dann leblos.
(…)
Ist es auch angeknüpft an Vorhandenes? Sind die Sätze, die
Vor euch gesagt sind, benutzt, wenigstens widerlegt? Ist alles belegbar?
Durch Erfahrung? Durch welche? Aber vor allem
Immer wieder vor allem andern: Wie handelt man
Wenn man euch glaubt, was ihr sagt? Vor allem: Wie handelt man?
(…)“

aus: Bertolt Brecht: Der Zweifler

1.1 Voraussetzung guten Unterrichts: Schüler brauchen Strukturen und konsequente Lehrkräfte im Team

Lehrerin Eva Müller steht verwirrt und etwas verzweifelt am Ende einer Unterrichtsstunde im Flur und sagt, während die Kinder in die Pause gehen, es sei kaum zu schaffen mit diesem Vladi in dieser schwierigen Klasse. Sie bringt den Schüler zur Schulleiterin. Vladi sei so in seiner Welt verfangen, voller brutalster Phantasien – er könne gar nicht anders als losschlagen. Und als Lehrer merke man davon nichts vorher. Völlig unvermittelt, ohne erkennbaren Anlass sei er heute in den Sitzkreis gekommen und habe einem Mädchen fest an den Haaren gezogen und extrem wehgetan. Dann habe sie ihn gefragt, was das solle – und er antworte nicht und ziehe sich wie üblich zurück.

Danach sei kein geregelter Unterricht mehr möglich gewesen, weil das Mädchen geweint habe und Vladi nicht zum Reden zu bewegen war. Hier handle es sich offensichtlich um einen stark gestörten Schüler, der in psychologische Behandlung müsse. Im Unterricht sei dieser Junge nicht mehr tragbar. Die folgenden Gespräche kreisen um Vladi und seine Verhaltensweisen.

Berufserfahrene Kolleginnen kennen dieses Phänomen: Ein Kind wird auffällig, die Lehrerin „wird damit nicht fertig" und die übliche Lösung besteht am Ende darin, dem Kind nach Androhung von Ordnungsmaßnahmen wie Unterrichtsausschluss u. a. eine besondere Förderung oder Betreuung in abgetrennten Räumen zukommen zu lassen. Die „Bordmittel der Regelschule" seien ausgeschöpft, heißt die Bilanz. Die Belastungsgrenze einer normalen Klasse sei erreicht. Eine zweite Person wird eingesetzt, um diese meist „sonderpädagogische Förderung" zu übernehmen. „Ab-Teilungs-Unterricht" – können wir dieses pädagogische Instrument nennen. Eine stark heterogene Klasse wird dann als extrem belastend erlebt.

Ist hier eine alternative und optimistischere Haltung möglich? Eine Kollegin reagiert anders als Lehrerin Eva Müller auf Vladis Haareziehen. Die berufserfahrene Lehrerin Mia Wagner gilt als „streng, aber beliebt" bei den Kindern. Als Vladi ein weiteres Mal ein Mädchen traktiert, schickt sie ihn, unmittelbar nachdem er das Mädchen verletzt hatte, mit deutlichen Worten aus der Klasse – entweder in den Nebenraum zu einem freien Mitarbeiter oder in eine andere Klasse. Das ist kein Ab-Teilungs-Unterricht, sondern eine konsequente Reaktion auf Vladis Verhalten. Sie stellt dabei klar, dass dieses Problem bei nächster Gelegenheit im Klassenrat besprochen wird. Vladis Eltern werden später informiert und zu einem Gespräch in die Schule eingeladen. Das geschädigte Mädchen wird getröstet und gestärkt. Dann geht es weiter im Unterricht. Der Störer hat kein

Publikum. Solches Vorgehen muss im optimalen Fall zuvor im Klassenteam festgelegt werden.

Die erste Lehrerin, Eva Müller, entgegnet in einem Gespräch ihrer Kollegin Mia, dass sich „durch Strenge" das Problem von Vladi nicht lösen lasse. Der Konflikt sei dann nur „verdrängt" und breche aus dem Jungen bei nächster Gelegenheit wieder heraus: „Wenn die strengere Lehrerin nicht anwesend ist, tanzt er den anderen Mitarbeitern auf der Nase herum." In der Klasse sei dann nichts möglich. Andererseits vertrage Vladi den strengen Ton der Lehrerin nicht, das schade ihm eher. Er müsse auch geschützt werden vor dem Urteil der ohnehin schon schwierig zu führenden Klasse.

„Wir dürfen keine Therapien machen, wir sind nicht ausgebildet dazu!" – Vladi brauche aber eine Therapie, wenn man auch bedenke, dass er bereits Ego-Shooter-Computerspiele (ab 18 Jahren) beherrsche und dauernd davon rede. Ein Kollege müsse sich um Vladi kümmern, ihn testen und ihn schließlich dahin bringen, wo er sich zu benehmen lerne. Der Klasse sei er nicht mehr zuzumuten. Andererseits sei die Klasse für Vladi eine Überforderung. Er müsse rausgenommen werden. Die Klasse sei ohnehin bereits stark belastet durch viele auffällige Schüler. Eva besteht auf Schulverbot für einige Tage. Eltern anderer Kinder hätten sich bereits beschwert.

Die als „streng" eingestufte Mia Wagner dagegen hat als erfahrene Klassenlehrerin bereits viele „schwierige Jungs" auf den „rechten Weg" gebracht. Sie vertraut auf die Klassengemeinschaft und auf verbindliche Absprachen mit allen Kolleginnen, die in der stark heterogenen Klasse arbeiten. Sie entgegnet also der Kollegin Eva, dass sie es hilfreich fände, wenn ein zweiter Erwachsener im Klassenraum sei. Dies hätten auch Eltern immer gut gefunden. So habe sie einen Praktikanten dafür eingesetzt, dass er zu einem Kind wie Vladi engen Kontakt aufbaue. In den kritischen Situationen, auf dem Schulhof und in den schwierigen Übergangsphasen wie beim Aufräumen oder Aufstellen stehe der Praktikant direkt bei dem Kind und unterstütze es – auch zum Schutz anderer Kinder vor seinem unberechenbaren Verhalten. Komme es zu Regelverletzungen, würde der Praktikant konsequenterweise umgehend den Störer rausnehmen und ihn außerhalb des Klassenraumes bei einer Arbeitsaufgabe betreuen.

Lehrerkollegen werden diese weit verbreiteten Positionen verstehen, wie sie hier von Mia Wagner und Eva Müller exemplarisch demonstriert wurden. Uns sollen sie zu einem Gedankenexperiment dienen. Nehmen wir einmal an, die beiden gegensätzlichen Positionen würden kompromisslos weiter verfolgt. Was könnte – hypothetisch – dabei am Ende herauskommen? Die beiden prototypischen Standpunkte sollen hier polarisierend (als optimistisch wie bei Mia und als pessimistisch wie bei Eva) gegeneinander gestellt werden, um deutlich herauszuarbeiten, welche Folgen sie eventuell für den praktischen Schulalltag haben könnten. Uns ist dabei bewusst, dass die Praxis immer viele Schattierungen bereit hält und keine Haltung bei einem Menschen in Reinform existiert, die nicht Änderungen unterworfen wäre.

Optimistische ***Haltung der Lehrerin Mia Wagner zum Fall Vladi***	**Pessimistische** ***Haltung der Lehrerin Eva Müller zum Fall Vladi***
Weiterführung des Unterrichts ohne Vladi	*Abbruch* des Unterrichts
Störungskontrolle durch konsequentes und strenges Eingreifen und schnelles Herausnehmen aus der Gruppe. Schutz der Mitschüler vor weiteren Übergriffen steht im Vordergrund.	Unmittelbare *Diskussion* zum Fehlverhalten mit Vladi und der Gruppe. Die Klasse mit dem Problem unmittelbar befassen. Schutz der Mitschüler vor weiteren Übergriffen wird anderen überantwortet (Schulleitung u. a.) und für die Zukunft durch Ausschluss vom Unterricht u. a. gesichert.
Klasseninterne Lösung im Klassenrat zum baldmöglichsten Zeitpunkt: *Einbeziehung der Gruppe.* Herausfinden von Vladis „stillen Unterstützern" unter Mitschülern. Entwickeln von Regeln zur Vermeidung von und zum Umgang mit schwierigen Situationen. Arbeit in der Klassengemeinschaft.	Ausschluss vom Unterricht. Außerschulische Therapie zum späteren Zeitpunkt: innerpsychische Klärungen *ohne Einbindung der Klassengemeinschaft.* Die Klasse von dem Problem verschonen. Das Kind Vladi vor dem Urteil der Klasse schützen, in der Annahme, Vladi vertrage es nicht, dort sich zu stellen.
1:1 – Betreuung durch Praktikanten nach Bedarf, im *Kontakt mit der Klassengemeinschaft* und nach Absprache mit der Klassenlehrerin und ggf. dem Team.	*Ab-Teilungs-Unterricht* durch 1:1 – Betreuung als grundsätzliche Fördermaßnahme, außerhalb der Klassengemeinschaft in Absprache mit der Klassenlehrerin und ggf. dem Team.
Doppelbesetzung in der Klasse als Maßnahme sonderpädagogischer Unterstützung innerhalb oder *phasenweise außerhalb* der Gruppe.	Zweite Lehrkraft zur sonderpädagogischen Unterstützung des Einzelnen *außerhalb* der Gruppe.
Keine Ausgrenzung aus der Klasse. Pädagogischer Optimismus. *Trotz* möglicher Elternproblematik und anderer Risikofaktoren wird dem Kind eine eigene Entwicklungschance zugetraut. Bei Vladi wird das erstaunliche Phänomen angenommen, dass er trotz seiner Belastungen sich entwickeln wird (*Resilienz*, „Unverletzlichkeit").	Grenzziehung zu anderen Kindern. Verdacht, dass Vladi *„nicht integrationsfähig"* sein könnte. Pädagogischer Pessimismus. Eltern oder biologische Faktoren werden als durch Schule nicht beeinflussbare Verursacher gesehen. Entwicklungschancen gelten mit Hinweis auf Elternhaus und Konstitution als stark begrenzt.

Festes Team entscheidet gemeinsam über den flexiblen Einsatz bei Vladi auf Basis alltäglicher Notwendigkeiten. Verbindliche Absprachen mit allen Teammitgliedern und jedem Fachlehrer zum *einheitlichen Vorgehen bei Regelverstößen* von Vladi. Erwägung von Unterrichtsausschluss für den Wiederholungsfall, um Mitschüler zu schützen und die Grenzen der Schule u. a. den Eltern und Vladi deutlich zu machen.	Die Klassenlehrerin erhält Unterstützung durch Fachkraft *für einzelne Stunden*, um schwierigen Entwicklungen von Vladi vorzubeugen und Entscheidungen für gesonderte Fördermaßnahmen fällen zu können.

Die eher pessimistische Haltung von Eva Müller, die an den Jungen nicht glauben kann, birgt letzten Endes die Gefahr in sich, dass Vladi aus der stark heterogenen Klasse ausgeschlossen und gesondert beschult wird. Eva bevorzugt additive Maßnahmen. Ab-Teilungs-Unterricht. Dagegen bietet die optimistische, aber „strengere" Haltung von Mia Wagner die größere Chance zu einer inklusiven Pädagogik. Mia gelingt es leichter, mit einer stark heterogenen Kasse umzugehen. Sie verzichtet weitgehend auf additive Maßnahmen und bevorzugt die integrative Lösung der Probleme in der Klassengemeinschaft. Dazu verwendet sie das *„Handwerkszeug"* einer konsequenten Klassenführung. Erfolgreich wird dies dann sein, wenn im Klassenteam ein Konsens darüber hergestellt wurde.

Konsequente Klassenführung

Wie kann ein Lehrerteam erfolgreich eine stark heterogene Klasse führen? Unsere Erfahrungen zeigen, dass folgende Maßnahmen und Grundsätze erforderlich sind (vgl. Stähling 2006, S. 142):

1. *Effizientes Regelsystem*

Verlässliche Regeln, Rituale und Verfahrensweisen sind mit den Schülern verabredet, Konsequenzen bei Verstößen gegen die Regeln werden möglichst vorab gemeinsam im Klassenrat vereinbart.

2. *Wirksame Unterrichtsorganisation*

Klassenraum und Unterricht sind vorbereitet, Transparenz und Mitsprachemöglichkeiten für alle Beteiligten, inhaltliche Klarheit, Differenzierung, Strategien für potenzielle Probleme sind eingeplant, Zeit wird effektiv genutzt.

3. *Störungskontrolle*

Beaufsichtigen, Regelverstöße werden verlässlich, mit minimalem Aufwand und unverzüglich im Sinne der Klassenrat-Verabredung unterbunden.

4. *Verantwortlichkeit*

Verfahren, die den Schülern die Verantwortlichkeit für die Ergebnisse ihrer Arbeit verdeutlichen, z. B. werden Schüler an Planungen beteiligt, es werden Freiräume gewährt, Lerntagebücher zur Reflexion genutzt.

5. *Zusammengehörigkeit*

Aktivitäten, die dem Gemeinschaftserleben der Klasse dienen, Atmosphäre der Zugehörigkeit.

An diesen Qualitätsmerkmalen erkennt man *gute Klassenführung*. Darauf sollte sich ein Kollegium nach ausführlicher Diskussion einigen können. Lehrkräfte, die ihre Klasse konsequent führen, steigern das Leistungsniveau und den Leistungsfortschritt (vgl. Helmke 2003, S. 78). Im Teil III werden wir ausführlich erläutern, wie dies zum Erfolg führen kann.

Auch bei der Einzel- oder Gruppenarbeit, bei Projekten und in freien Arbeitsphasen sind verlässliche Strukturen für die Orientierung und Lernentwicklung von Schülern wichtig. Was unter „gutem" Unterricht zu verstehen ist, stellte Hilbert Meyer (2004) anschaulich dar.

Öffnung und klare, konsequente Strukturierung von Unterricht sind kein Widerspruch, sondern ergänzen sich. In einer gut geführten Klasse können Kinder im offenen Unterricht selbstständig inhaltlich arbeiten. Sie wissen, welche Regeln dabei zu beachten sind und welche Aufgaben sie auswählen können. Sie kennen auch die Konsequenzen, falls sie die Regeln missachten. Ein zügiges und konsequentes Eingreifen der Lehrerin muss gesichert sein und wird von allen Mitschülern und auch von Eltern erwartet.

Schülern hilft es, wenn die räumlichen und zeitlichen Strukturen, die Abläufe und Regeln für ihre Arbeit transparent sind. Sie brauchen auch Zeiten, in denen sie über ihre Arbeitsergebnisse und die Arbeitsweise nachdenken (wie Lernklassenrat oder Lerntagebuch, vgl. Stähling / Wenders 2012, S. 20 f).

Wird die strukturierende Klassenführung vernachlässigt, können stark heterogene Klassen zu Belastungsfaktoren für Lehrkräfte werden. Lehrkräfte fühlen sich überfordert durch die anspruchsvolle Aufgabe, sowohl Schüler mit geistiger Behinderung als auch mit besonderen Begabungen oder Schwächen zusammen in einer Klasse zu unterrichten. Lernchancen „gemeinsamen" Unterrichts würden dann nicht genutzt. Auffällige Kinder werden zu Störern und fühlen sich ihrer Klasse nicht mehr zugehörig. Die schulische Antwort darauf heißt in vielen Fällen Aussonderung.

Deutlich wurde, welche Reichweite eine alltägliche pädagogische Grundsatzdiskussion (wie mit Mia und Eva) haben kann. Unsinnig wäre, diese Diskussionen zu vermeiden. Im lebendigen Schulalltag werden sie in fast jedem Kollegium geführt. In unserem Schulwesen gibt es nach wie vor – trotz der UN-Behindertenrechtskonvention – das Mittel, Kinder mit „Förderbedarf" aus der Regelschule auszusondern. Diese *Möglichkeit* wird in Deutschland bei bis zu 80 % der Schüler mit „sonderpädagogischem Förderbedarf" genutzt. Etliche Lehrkräfte empfinden „Sonder"-Schulen als große Entlastung und begrüßen die Überweisung, besonders bei verhaltensauffälligen Schülern wie Vladi. Sie hoffen auf außerschulische Hilfen.

Aber auch die traditionelle Trennung von Schule und **außerschulischer** Jugendhilfe und anderen Maßnahmen gilt als nicht nachhaltig (vgl. Stähling 2006, S. 24 ff). Ein Kind wie Vladi wird sein Verhalten durch außerschulische Eingriffe kaum ändern, wenn er nicht in seiner Stammgruppe, seiner Schulklasse, aufgenommen ist und er *täglich* zusammen mit Erwachsenen und Mitschülern einen neuen Weg probieren kann. Dabei helfen zusätzliche Therapiestunden und intensive Begleitungen, die mit dem Klassenteam abgesprochen werden. Sie sind am besten in der Schule angesiedelt und gehören zum Schulalltag des Kindes.

Im deutschen Schulsystem ist dies allerdings bisher meist Aufgabe von „Sonder"-Schulen, setzt also die Aussonderung des Schülers voraus. In Regelschulen dagegen finden wir Therapiestunden selten, die im Alltag integriert sind. Eine enge Kooperation zu niedergelassenen Therapeuten wäre hilfreich.

Aber für die praktische Unterrichtsarbeit können Gespräche mit außerschulischen Therapeuten und anderen Anbietern nur ein kleiner Beitrag zur Änderung der für alle belastenden Situation mit einem stark verhaltensauffälligen Schüler sein. Um mit Vladis Problemen umgehen zu können, reicht die Zusammenarbeit mit außerschulischen Kooperationspartnern nicht aus.

Die Lehrkräfte haben täglich auf bestimmte Verhaltensweisen von auffälligen Schülern zu reagieren. Öfter als Mädchen geraten Jungen in Konflikte mit den Umgangsregeln in der Schule. Häufig muss umgehend reagiert werden, schnelle Absprachen sind erforderlich. Nicht selten müssen die Mitarbeiterinnen und Mitarbeiter unter Zeitdruck ihr Vorgehen miteinander abstimmen. Konsequenzen auf Fehlverhalten werden vereinbart. Die Umsetzung erfordert aber meist sehr viel Erfahrung. Besonders wichtig ist, dass die Pädagogen eine professionelle Beziehung (vgl. Prengel 2013) und Vertrauen zu den Schülern aufbauen. Ihr konsequentes Vorgehen sollte möglichst miteinander abgestimmt sein und für die Schüler selbst nachvollziehbar und gerecht erscheinen. Eine solche intensive Teamarbeit ist nicht zu ersetzen, wenn man *alle* Schüler integrieren möchte. Hier ist bereits erkennbar, dass sich auch der Unterricht grundlegend ändert, wenn im Team mit einer stark heterogenen Klasse gearbeitet wird. Unterricht im

Team bietet neue Chancen und viel mehr Möglichkeiten, jedem Schüler gerecht zu werden (siehe auch Teil III).

In der Schule Berg Fidel haben wir in einem Arbeitskreis mit Eltern und Pädagogen über Monate einen **ethischen Grundkonsens** erarbeitet. Dabei wurde für alle klar, dass z. B. die Pause für alle schön sein soll. Schlagen und Verletzen wird grundsätzlich nicht toleriert, auch nicht in Ausnahmefällen. Dagegen wird ohne Verzögerung eingeschritten. Niemand möchte, dass sein Kind geschädigt wird. Dieser Grundkonsens führte folgerichtig zu der Forderung, dass die Klassenlehrerin jeder Klasse in einem wöchentlichen Gesprächskreis, dem Klassenrat, über Probleme sprechen soll.

Es ist sehr nützlich, wenn sich Pädagogen einer Schule auf klare Regeln einigen und die Konsequenzen bei Nichtbeachtung exakt und verbindlich festlegen. Im Klassenrat sollten die Vereinbarungen dann immer wieder neu mit den Schülern besprochen und lebendig gehalten werden. Die Versammlung der Klassensprecher, der Schülerrat sollte maßgeblich daran beteiligt sein und selbst konkrete Vorschläge zu Regelungen z. B. auf dem Pausenhof erarbeiten. Der *Konsens* einer Schulgemeinschaft ist ein entscheidender Qualitätsfaktor einer Schule.

Ein Kollegium könnte beispielsweise zu drei Leitzielen folgende Vereinbarungen treffen:

1. Probleme der Klassengemeinschaft werden im regelmäßigen Klassenrat wöchentlich besprochen und zu einer Lösung geführt.
2. Die Klasse wird konsequent geführt.
3. Regelverstöße werden umgehend unterbunden.
4. Kein Schüler wird ausgesondert. Jeder bleibt in seiner Klasse.

Diese wichtigen Vereinbarungen zwischen Kollegium und Elternschaft sind besonders dann effektiv, wenn die Schüler daran beteiligt werden. Sie sehen die Sachlage oft sehr klar und möchten eine friedfertige Schule, in der sich jeder sicher fühlen kann.

Aber in manchen Schulen fehlt es an den minimalen Voraussetzungen für eine Teamarbeit, die für die Arbeit mit einer stark heterogenen Klasse unbedingt notwendig sind: Weder sind wöchentliche Teamsitzungen für jede Klasse üblich, noch gibt es für Mitarbeiter (sogar in gebundenen Ganztagsschulen) vereinbarte Präsenzzeiten an festen Arbeitsplätzen in der Schule. Solche Rahmenbedingungen müssen sich die Schulen eigenständig schaffen. Selbst in einer Community School (z. B. in Vancouver, vgl. Cameron 2014 oder Göhlich 1997) sind nicht zwangsläufig feste Teamstrukturen vorhanden, wenn multiprofessionell zusammengearbeitet wird. Mit **Fehlentwicklungen** muss somit in jeder Schule gerechnet werden.

Für die Arbeit im Kollegium und in der Elternschaft kann es sinnvoll sein, sich mit der Gegenüberstellung von Inklusion und den aus der Praxis immer noch bekannten **Fehl**entwicklungen der Integration auseinanderzusetzen, wie sie frühzeitig von Hinz (2002; vgl. auch Stähling 2006) vorgelegt wurden:

Perspektive der Inklusion	***Fehlentwicklungen der Integration bzw. Widerspruch gegen die Inklusion***
Aufnahme aller Schüler eines Wohnumfeldes in die Regelschule als Recht aller Kinder auf qualifizierten Unterricht. „Schule für alle".	Aufnahme von einer begrenzten Zahl behinderter Kindern in die Regelschule als Maßnahme zur Integration spezieller Schüler. „Integrationsfähigkeit" einzelner Kinder und die Konstellation der Klasse werden als Belastungsgrenze markiert. Durch das Erreichen von definierten Mindeststandards qualifiziert sich jeder für die Zugehörigkeit zur Gruppe, die vor zu viel Andersartigkeit geschützt werden muss.
„Gemeinsames Lernen" mit allen • an gemeinsamen Lerngegenständen in Projekten (vgl. Feuser 2011) • in gegenstandsunabhängigen sozialen Situationen (vgl. Wocken 2011, S. 124 ff.) • an verschiedenen Lerngegenständen in innerer Differenzierung • in reflexiv koedukativem Unterricht • in interkultureller Erziehung • in sozial reflexivem Unterricht • im jahrgangsübergreifenden Unterricht (vgl. Stähling 2006) Dialektisches Verhältnis von Gleichheit und Differenz	„Zwei-Gruppen-Theorie": Lernen in besonderen Räumen, bei besonderen Pädagogen, „sortiert" je nach „Schädigungen", an verschiedenen Lerngegenständen. Je problematischer das Kind, umso weniger kann integriert werden. Störungen des „Normalen" sollen vermieden werden. Auch besonders „Begabte" brauchen eine „Be-sonderung". Prinzip der Einzelfallentscheidung. Verschiedenheiten werden teilweise durch besondere „Förderung" minimiert, Defizite kompensiert, so dass Anschlussmöglichkeiten gesichert sind.
Curriculum ist orientiert an der Individualisierung, inklusives Rahmencurriculum. Forderung der UNESCO (Salamanca 1996): keine anderen Lehrpläne für Kinder mit besonderen Bedürfnissen.	Abteilungsdenken: Separate Richtlinien und Lehrpläne für spezifische Förderbereiche bzw. für sonderpädagogische Förderung („zielgleicher" oder „zieldifferenter" Unterricht).

Die Gegenüberstellung der beiden Positionen sollte dazu dienen, den Blick dafür zu schärfen, was nötig ist, um alle Kinder in einer Schulklasse angemessen fördern zu können.

1.2 Inklusionsfördernde Strukturen: Feste, multiprofessionelle Klassenteams und Gleichverteilung

Um für die Schulgemeinschaft verlässliche, Sicherheit vermittelnde Strukturen aufzubauen, brauchen wir auch Kooperationsformen zwischen den Lehrkräften, die handlungsfähig machen. Wenn z. B. Mia Wagner gerade Vladi aus der Klasse geschickt hat und bei einem Praktikanten betreuen lässt, kann es nicht sinnvoll sein, wenn Eva Müller in ähnlicher Situation mit der Klasse völlig anders vorginge. Auch andere Kolleginnen sollten in ihrem Fachunterricht nicht noch weitere nicht abgesprochene Maßnahmen ergreifen, wie z. B. Elternanrufe, Einzelgespräche, Zusatzarbeiten oder etwa Arbeiten mit Verstärkersystemen. Ein Sonderpädagoge mit dem Schwerpunkt „Emotionale und soziale Entwicklung", also ein Experte für Schüler wie Vladi, würde besser nur dann ein Trainingsprogramm zum Aggressionsabbau mit dem Jungen durchführen, wenn dies im Team abgesprochen wäre. Unkoordinierte Einwirkungsversuche können kaum erfolgreich sein.

Wenn Maßnahmen nicht miteinander verabredet sind, erreichen sie isoliert nicht ihr Ziel. Die *Qualität* der („sonderpädagogischen") Unterstützung ist in Frage gestellt, wenn die jeweiligen Maßnahmen nicht im Schulalltag konsequent weiter geführt werden können. Wenn die Weisungen der Pädagogen an die Schüler zwischen „hüh" und „hott" wechseln, ist ein Junge wie Vladi überfordert. Ein Nebeneinander verschiedener Aktivitäten, die schlimmstenfalls *gegeneinander* wirken, ist gewiss weniger effizient als ein koordiniertes Vorgehen im Konsens.

Das scheinen zwar alle erfahrenen Pädagogen zu wissen, aber sie können häufig noch nicht danach handeln, weil in vielen Schulen die festen Teams fehlen. Die Form der „gebundenen" Ganztagsschule mit zuverlässig und langfristig vorhandenem Personal, wie in der Grundschule Berg Fidel seit 1992 erfolgreich etabliert, ist am besten geeignet, um den Aufwand an pädagogischen Absprachen zu reduzieren (vgl. Carle 2014, S. 70).

In der Grundschule Berg Fidel wurde für *jede* Schulklasse ein *eigenes festes* Klassenteam gebildet, das die Arbeit mit der Klasse wöchentlich in einer Teamsitzung koordiniert. Die Klassenlehrerin leitet die Teamsitzung und ist Hauptansprechpartnerin der Eltern.

Damit das Team handlungsfähig bleibt, ist es zweckmäßig, wenn es nicht zu groß ist. In einer Ganztagsklasse sind aber 8 Mitarbeiter pro festem Klassenteam durchaus nicht selten. Auch beim Team-Kleingruppen-Modell (TKM) in Gesamtschulen unterrichten etwa acht Lehrkräfte einen Verbund von zwei bis vier Klassen in verschiedenen Fächern. Die Lehrkräfte ergänzen und entlasten sich. Die Schüler können so leichter in Zusammenhängen lernen. Die Zahl der Lehrkräfte ist überschaubar und ermöglicht gut kooperative Bezüge zueinander und eine stabile Beziehung zu den Schülerinnen und Schülern. Notwendig sind regelmäßige Teamsitzungen.

Das Team einer idealtypischen Grundschulklasse ist „multiprofessionell“ zusammengesetzt: Klassenlehrerin, Sonderpädagogin, Erzieherin oder sozialpädagogische Kraft, Fachlehrerin, Integrationshelfer, studentische Mitarbeiterinnen und eine Lehramtsanwärterin. Diese acht Erwachsenen arbeiten mit den Schülern und sind *gemeinsam für sämtliche pädagogischen Aufgaben und alle Kinder verantwortlich.* Ihr jeweiliger Aufgabenschwerpunkt unterscheidet sich, aber die Arbeit ist koordiniert. Alle 6 Wochen bekommt jedes feste, multiprofessionelle Klassenteam Supervision von der schulpsychologischen Beratungsstelle.

Wie lassen sich die beiden gegensätzlichen Haltungen von Mia und Eva verbinden? Könnten Eva und Mia in einem Team zusammen arbeiten? Funktionierte dies? Die von einem Außenstehenden geleitete Supervision wird sicher eine wichtige Rolle dabei spielen können. Aber entscheidend ist die gemeinsame Aufgabe des Teams, die Klasse zu führen. Die vereinbarten schulischen Leitziele sind Grundlage der Arbeit. Das feste, multiprofessionelle Team kann *autonom* entscheiden, auch Vertretungspläne eigenständig nach Bedarf regeln. Eines allerdings darf nie vergessen werden: Jede Schülerin und jeder Schüler bleibt in der Klasse. Das Team wird *kreative Lösungen* suchen, um diese Leitziele zu erreichen.

Andreas Hinz beschreibt die Fehlentwicklung eines **Integrationsmodells**, bei der „ein Sonderlehrer für das Sonderkind ab und zu vorbeikommt und pädagogische Sonderangebote nach Sondercurricula mit Sondermethoden macht“ (Hinz 2002, S. 355). Es entsteht eine „additive“ Förder-Konstellation, in der die Schüler der Klasse mit ihren *Potenzialen füreinander* aus dem Blick geraten.

Wenn wir im festen Team jedoch nach einem **Inklusionsmodell** arbeiten, verliert die Kassenlehrerin nicht ihre bedeutende Rolle als „Chefin“. Sie leitet das Team und sorgt dafür, dass sich jedes Teammitglied mit seinen Stärken und eventuell besonderen berufsspezifischen Kompetenzen in die Arbeit mit den Schülern einbringen kann.

Entsprechend der pointierten Gegenüberstellung von Inklusion und den Fehlentwicklungen der Integration werden wir in der folgenden Tabelle zwei Pole von kollegialer Zusammenarbeit voneinander abgrenzen, um zu verdeutlichen, wie sich inklusive Teamarbeit versteht. Dabei unterschieden wir zwischen einer Teamarbeit in festen Klassenteams, bei der die Mitarbeiter **gemeinsam** für alle

Kinder da sind (Inklusion) und einer Kooperationsform, bei der sich *einzelne* nur für besondere Aufgaben zuständig fühlen (Fehlentwicklung der Integration). Indem wir das Inklusionskonzept auf die Teamarbeit anwenden, stellt sich viel deutlicher als zuvor die Frage, welche Faktoren zu effektivem Arbeiten in der Klasse führen (vgl. Stähling 2005 b):

Aus der Perspektive der Inklusion ergeben sich feste Klassenteams	***Fehlentwicklungen der Integration zeigen sich in kollegialen Kooperationsformen, die im Widerspruch zur Inklusion stehen***
• Personal als Unterstützung für Klassenlehrer, Klasse und Schule, abgestimmte Klassenführung. • Personal für das System der Einzelschule: Jede Schulklasse hat ein festes Team. Jede Schulklasse bekommt Mitarbeiter, die dadurch feste Teammitglieder sind. Personelle Kontinuität ist angestrebt.	• Personal als Unterstützung für Kinder mit besonderem Bedarf (Betreuung, Förderung u. a.). • „Zwei-Gruppen-Theorie": Die Schule bekommt die Mitarbeiter nicht für ein Team, sondern je nach Bedarf z. B. für Förderangebote in verschiedenen Klassen, für einzelne Kinder, für Betreuungsaufgaben. Konsequenz: je mehr „Förderschüler", umso mehr „Förderschullehrer"-Stellen; Folge ist das Anwachsen der sonderpädagogischen Bedarfsmeldungen.
• Zuständigkeit und Verantwortung des festen Teams für das gemeinsame und individuelle Lernen aller. • Kollegiales Problemlösen im multiprofessionellen, festen Klassenteam.	• Exklusive Zuständigkeit „anderer" Pädagogen für besondere Kinder. Gefahr ist das Gerangel um Zuständigkeiten. • Kontrolle durch besser bezahlte Experten.
• Zusatzangebote (z. B. Physiotherapien, Logopädie) für bestimmte Schüler mit Unterstützungsbedarf werden in die Arbeit der Klasse ganzheitlich integriert (z. B. beim Sport- oder Sprachunterricht) und im Team koordiniert. • Einbeziehung und Unterstützung der Klassengemeinschaft (z. B. Paten) in die Förderung (z. B. der Schulanfänger).	• Spezielle Angebote oder Förderungen für spezielle Kinder (z. B. Behinderte, Begabte, Ganztagskinder) außerhalb der Klasse, vielfach ohne Koordination mit den Lehrkräften des Schülers. Ab-Teilungs-Unterricht.

• Gemeinsame Reflexion und Planung aller Beteiligten (Kinder, Mitarbeiter und im Idealfall auch Eltern). • Synthese von veränderter Schul- , Sonder- und Sozialpädagogik. • Feste wöchentliche Teamsitzungen mit allen beteiligten Kolleginnen und Experten. Dadurch ständige interne Aus- und Fortbildung.	• Förderpläne und Angebote für bestimmte Kinder als Leistung von Experten. Gefahr von Abteilungsdenken. • Kombination von unveränderter Schul-, Sonder-, und Sozialpädagogik. Sonderpädagogen sorgen dafür, dass das problematische Kind nicht stört, der Unterricht nicht verändert werden muss und es trotzdem lernt (z. B. durch simultanes Dolmetschen, Danebensitzen, Anpassen an den gewohnten Ablauf).
• Im Vertretungsfall kann ein anderer die Aufgaben, die im festen Team vereinbart wurden, übernehmen.	• Vertretung des ausgefallenen Personals kaum möglich.
• Supervision als fester Bestandteil des jeweiligen festen Teams, Systemberatung.	• Supervision als freiwilliges Zusatzangebot für einzelne Mitarbeiter.

Das feste Klassenteam sollte möglichst kontinuierlich über viele Jahre zusammenarbeiten. So kann das Team Schritt für Schritt immer mehr Routinen entwickeln, die komplizierte Abläufe erleichtern. Daher ist es besonders schwierig, mit „neu zusammengewürfelten“ Mitarbeiterinnen und Mitarbeitern ein handlungsfähiges Team zu entwickeln. Es braucht sehr lange, bis ein Team erfolgreich z. B. mit Verhaltensauffälligkeiten umzugehen lernt, wenn die Pädagogen noch nie zusammen gearbeitet haben. Wenn die meisten Mitarbeiterinnen und Mitarbeiter sich jedoch kennen und wissen, wo die *Stärken und Interessen* von jedem einzelnen liegen, können sie notwendige Schritte leichter absprechen und konsequent durchführen. So können *Aufgaben sinnvoll verteilt* werden. Zeugnisse und Lernentwicklungsberichte werden zur gemeinsamen Aufgabe und sind letztlich leichter zu bewältigen als alleine. Spezielle Fachgebiete wie z. B. Musik kommen mehr zur Geltung, wenn alle Teammitglieder ihre eigenen Potenziale einbringen können. Alle sind von der Last des Einzelkämpfers befreit und lernen von- und miteinander. Die Qualität des Unterrichts wächst.
Auch die speziellen Kompetenzen von Sonderpädagogen mit bestimmten Schwerpunkten und Erfahrungen mit Schülern, die z. B. Regeln verletzen und emotional stark bedürftig erscheinen, fallen im festen und routinierten Team leichter auf fruchtbaren Boden. Die Pädagogen können sich zügig verständigen über Regeln und über Konsequenzen bei Nichtbeachtung. Klare und für alle transparente Vereinbarungen und Routinen bieten Handlungssicherheit für Mitarbeiter, Schüler und Eltern.

Die Kontinuität des festen, multiprofessionellen Teams bietet zugleich auch *fortwährend schulinterne Aus- und Fortbildungsmöglichkeiten* über mehrere Jahre (vgl. Teil III in diesem Buch). Eltern spüren die fachliche Kompetenz eines festen Teams und begrüßen die daraus erwachsende Unterrichtsqualität.

Gelingt die Arbeit im festen Klassenteam, so wollen Lehrerinnen und Lehrer nicht mehr anders arbeiten, selbst wenn sich das monatliche Einkommen bei den Teammitgliedern sehr stark unterscheidet. Gerade der Unterricht und die Führung der Klasse werden als entlastend erlebt. Eine besondere Hürde ergibt sich jedoch, wenn sich zu Anfang ein Team ganz neu bildet und noch nie miteinander gearbeitet hat. Dann ist viel Geduld und Zeit nötig, sich über grundsätzliche Fragen des Alltags zu verständigen. Häufig können in Stresssituationen Missverständnisse entstehen. Zeiten des Rückzugs und der Absprachen helfen jedem Klassenteam, die Aufbauphase der Arbeit zu erleichtern. Feste, über Jahre stabile Teams wird es jedoch nur selten geben. Praktikabel ist jedoch, dass neue Mitarbeiterinnen und Mitarbeiter in bestehende Teams eingearbeitet werden.

Gleichverteilung des Personals

Die Schulleitung sollte folgerichtig das Personal so einteilen, dass es möglichst langfristig und kontinuierlich im Team bleiben kann. Dies gilt unabhängig davon, mit welchem „amtlichen" Auftrag eine Lehrkraft zur Schule kommt. So wurde z. B. eine Förderschullehrerin mit dem Ausbildungsschwerpunkt „Geistige Entwicklung" vor Jahren wegen eines Schülers mit Down-Syndrom an eine Schule versetzt. Inzwischen ist der Schüler nicht mehr an der Schule, aber die Lehrerin wird nicht nach Bedarf in eine solche Klasse versetzt, die ein Kind mit Down-Syndrom hat, sondern sie bleibt in ihrem festen Team. Bei der Zuweisung von neuen Schülern mit Down-Syndrom kann dies eine Rolle spielen, wenn man voraussetzt, dass die Kollegin besonders viele Erfahrungen mit Down-Syndrom-Kindern gewonnen hat.

Sie kann aber auch ihre Erfahrungen und Kenntnisse schulintern an andere Klassenteams weitergeben, indem sie mehrfach dort in Teamsitzungen beratend mithilft und für einzelne Unterrichtsstunden in der anderen Klasse mitwirkt. Die gegenseitige *kollegiale Aus- und Fortbildung und Beratung* ist leicht zu organisieren. Gerne wird dies angeboten, wenn jeder Mitarbeiter weiß, dass er in seinem festen Team bleiben wird.

Dabei ist gerecht und für das Kollegium nachvollziehbar, dass alle Klassen die gleiche Anzahl an Stunden der Lehrkräfte und Mitarbeiter bekommen.

Die Entwicklung zu einer solchen Gleichverteilung des Personals lässt sich an der Grundschule Berg Fidel exemplarisch ablesen (vgl. Stähling 2006, S. 101 ff).

Das Konzept der Gleichverteilung hat sich in der Praxis bewährt und Nachahmer gefunden.

Das umstrittene Prinzip der Spezialisierung und Fachgebundenheit der Lehrkräfte wird zugunsten des wichtigeren Teamgrundsatzes einer kontinuierlichen Klassenzugehörigkeit zurücktreten müssen. Die Schulleitung wird nicht wegen der Förderschwerpunkte die Teamzuordnung einzelner Lehrkräfte wechseln, sondern jede Mitarbeiterin bleibt in ihrem Team. Die fachdidaktische Qualität des Unterrichts sinkt nicht, sondern steigt weiter, wie wir im Teil III darstellen werden.

Aus sonderpädagogischen Perspektiven wurden Befürchtungen laut, dass die Qualität der spezialisierten sonderpädagogischen Unterstützung in festen Teams leiden könne, weil die zuständigen Experten nicht in jedem Team vorhanden seien. Die Praxis der Integration zeigt jedoch seit Jahrzehnten, dass sonderpädagogische Arbeit in Regelschulen erfolgreich ist, falls sie *in festen Teams langfristig* koordiniert wird. Sie sind nicht selten den Erfolgen von Sondereinrichtungen überlegen. Diese Überlegenheit ist allerdings nicht zu erreichen, wenn Kollegen verschiedener Professionen ihre Arbeit aus organisatorischen und zeitlichen Gründen nicht koordinieren können und ein Ab-Teilungs-Unterricht vorherrscht.

Um mit einer stark heterogenen Klasse arbeiten zu können, spielen nach unseren Erfahrungen drei Erfolgsfaktoren eine große Rolle:

1. Ständige **Koordination** der Arbeit aller Mitarbeiter fester multiprofessioneller Teams: Ein Junge wie Vladi braucht solche klaren, im Team abgesprochenen und sich nicht widersprechenden Vorgehensweisen, die ihm und der Klasse Sicherheit geben können, ohne ihn auszuschließen.
2. **Kontinuität** fester Teams *über Jahre*, in denen auch Sonderpädagogen mitarbeiten: Das „eingespielte“ multiprofessionelle Team ist handlungsfähig und kann einem Schüler wie Vladi eine feste Struktur geben, die er und seine Mitschüler brauchen.
3. **Ständige interne Aus- und Fortbildungen**, berufsbegleitend, während der konkreten Arbeit sind effizient, wie die Berufspaxis gezeigt hat. Die Mitarbeiter verschiedener pädagogischer Berufe lernen miteinander in Teamsitzungen, bei der alltäglichen Unterrichtsarbeit oder in gemeinsamen externen berufsbegleitenden Aus- oder Fortbildungen.

Diese drei Erfolgsfaktoren fester Teams sind nicht durch „besser ausgebildetes“ Personal zu ersetzen. Es ist fraglich, ob solche „besser ausgebildeten“ Kolleginnen das Leistungsniveau der Klasse steigern können. Ein pädagogischer Spezialist, der nur für kurze Zeit in eine Schule kommt und ohne gründliche Koordination *abgetrennt* von der Klassengruppe eine pädagogische Maßnahme mit einem Kind durchführt, erzeugt den Effekt eines Strohfeuers: Kurz und auffällig, dann schnell wieder vergessen und ohne nachhaltige Wirkung. Schulen, die seit Jahrzehnten mit herausfordernden Verhaltensweisen ihrer Schüler zu tun haben, mussten sich längst von Unterricht in Ab-Teilungen und von allen (zuweilen sogar gesponserten) „**Strohfeuern**" verabschieden: Sie wissen aus Erfahrung, dass zum verlässlichen Schulleben mehr gehört als nur ein vorübergehendes interessantes Lernangebot eines Kurzbesuchers im Schulgebäude. Schüler brauchen **zuverlässige und länger bleibende Bezugspersonen** und Erwachsene, die sich bei ihrer Arbeit miteinander abgestimmt haben und einheitlich vorgehen.

An vielen kanadischen Schulen unterstützen und beraten seit den 1990er-Jahren „Methods & Ressource Teachers" die Pädagogen bei ihrer Arbeit. Sie arbeiten zusammen mit Klassenlehrern, Therapeuten und Eltern, erstellen individuelle, didaktisch-methodische Förderpläne für einzelne Kinder und suchen zusammen mit der Schulleitung nach Lösungen für entstehende Probleme (vgl. Köpfer 2015). Diese schulinterne und systemisch angelegte Unterstützer-Rolle hat den kanadischen Lehrkräften geholfen, ihre praktische Arbeit miteinander zu koordinieren und auf diese Weise erfolgreiche inklusive Schulen aufzubauen. Dieser flexible „Support" für jedes Klassenteam dient immer dazu, jedem Kind in der Regelschule zum Erfolg zu verhelfen und die Überweisung in Sondereinrichtungen zu vermeiden.

Mit der gleichen inklusiven Ausrichtung arbeitet die Schule in Berg Fidel.

Wie stellt sich die Zusammenarbeit in der Alltagspraxis der **Grundschule Berg Fidel** dar?

Bedeutet ein „einheitliches, koordiniertes Vorgehen" eines Teams, dass die einzelnen Professionen in ihren typischen Konturen verschwimmen und man in der Praxis „den Lehrer" von „dem Sozialpädagogen", „der Erzieherin" und „dem Sonderpädagogen" nicht mehr unterscheiden kann? „Alle machen hier das gleiche" und die professionellen Grenzen sind aufgehoben? Und: Worin unterscheiden sich die Mitglieder eines Teams voneinander?

Ein Blick in die Geschichte der Schule

Schon als die Schule 1992 die ersten festen Ganztagsteams bildete, gelang es nicht, jedes Team mit ähnlichen Kompetenzen und fachlichen Qualifikationen auszustatten. Dies war auch nicht nötig, wie sich später herausstellten sollte: So gab es ein Team, in dem eine berufserfahrene Lehrerin mit einer Erzieherin zusammenarbeitete, die ihre erste Stelle antrat und sich sehr gefordert fühlte. In einem anderen Team arbeitete eine Berufsanfängerin als Klassenlehrerin zusammen mit einer sehr vielseitigen Erzieherin, die bereits eine private Kindergruppe geleitet hatte. Die Erzieherin war zugleich begeisterte Musiklehrerin. Ein weiteres Team hatte als „Honorarkraft" eine engagierte Mutter, die im Stadtteil verwurzelt war und sich mit vielen Kindern sehr schnell anfreundete und die Rolle der Klassenmutter bekam. Sie arbeitete zusammen mit einer sehr erfahrenen Klassenlehrerin und einer im Bereich von Schule unerfahrenen Erzieherin, die ihre pädagogischen Einsichten in einem Kinderheim gesammelt hatte. In einem anderen Team faszinierte ein junger Fußballtrainer eine Menge von Jungen und fand schnell ihr Vertrauen. Seine Rolle beschränkte sich jedoch nicht alleine darauf, das Sportangebot zu bereichern, sondern er konzentrierte sich auf die Hilfe von „schwachen" Schülern in Mathematik.

Jedes Team entwickelte eine eigene Gruppendynamik – Konflikte blieben nicht aus. Die Teams waren weniger durch ihre verschiedenen Berufe gekennzeichnet als durch die Persönlichkeiten ihrer Mitglieder. Auch die Arbeit war geprägt durch die individuellen Möglichkeiten, Fähigkeiten und Vorlieben der Team-Mitglieder.

Unterricht im Team bot auf jeden Fall differenziertere Wege, die Potentiale reformpädagogischer Ansätze zu nutzen. Das Lernen miteinander und voneinander, passgenau, selbsttätig, weder unter- noch überfordernd, offen für die Erfahrungen mit dem Umfeld – all das konnte besser wachsen, wenn wir Lehrer keine „Einzelkämpfer" mehr waren.

Die pädagogische Innovation bestand also offenbar nicht alleine darin, dass mehrere Berufsgruppen in einem festen Team mit einer Schulklasse arbeiteten. Nicht die Professionen und deren Zusammenarbeit machten die Teams in Berg Fidel unterschiedlich. Der damals erstmals im Zusammenhang der Ganztagsgrundschule geprägte Begriff „**multiprofessionelles** Team" (vgl. Stähling 2004a) gehörte zu den anfänglichen Erklärungsversuchen, das Phänomen der Verschiedenartigkeit der Teammitglieder fester Teams zu erfassen. Außerdem war mit der Multiprofessionalität in der Ganztagsschule die Hoffnung verbunden, mehrere berufsspezifische Perspektiven zur Geltung zu bringen und die Ungleichheit der Bildungschancen besser kompensieren zu können (vgl. Heinrich et al. 2014). Möglicherweise war jedoch die Annahme, die Unterschiede der Teammitglieder in Berg Fidel basierten auf der Herkunft aus den verschiedenen Professionen, nur eine Hypothese, die aus heutiger Sicht zu kurz greift (vgl. Grafik 1). Auch Studien über Grund- und Sonderschullehrkräfte in inklusiven Settings zeigen, dass die *Aufgabenbereiche sich weniger voneinander unterscheiden* als angenommen (vgl. Werner/Quindt 2014).

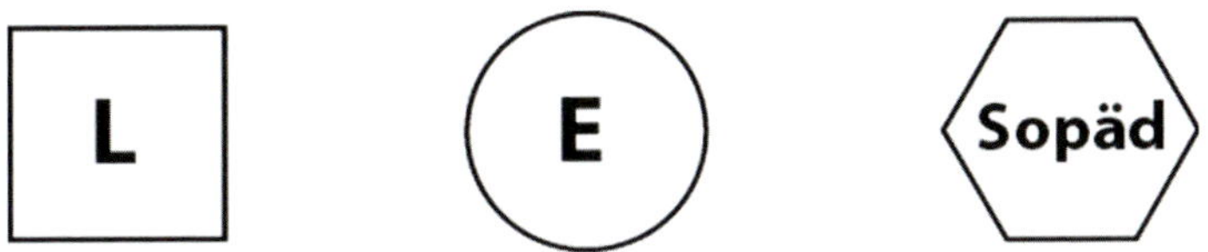

Grafik 1: These von der Wirkung des Multiprofessionellen am Beispiel der drei Berufsgruppen LehrerIn, ErzieherIn und SonderpädagogIn

Bei genauerer Betrachtung handelt es sich immer in den Teams um unterschiedliche Kombinationen der verschiedenen fachlichen und überfachlichen Fähigkeiten der Teammitglieder, die auch noch unterschiedlich lange Berufserfahrungen mitbringen. Hier das Beispiel eines Teams mit einer berufserfahrenen Erzieherin mit ausgeprägten gruppenpädagogischen Fähigkeiten, einer Sonderpädagogin mit einigen Berufsjahren und einem Lehrer, der Berufsanfänger ist (vgl. Grafik 2).

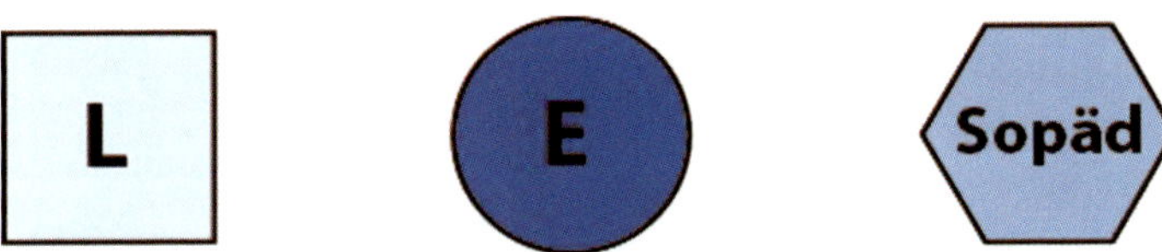

Grafik 2: These von der Wirkung der Berufserfahrung des Einzelnen im multiprofessionellen Team. Berufserfahren – dunkelblau; keine Berufserfahrung – hellblau.

Aber nicht nur die Berufserfahrung des Einzelnen, sondern auch seine fachliche Qualifikation oder seine inhaltlichen Vorlieben beeinflussen die Arbeit im Team. Im oben gezeigten Beispiel spielt die berufserfahrene Erzieherin kann zudem Gitarre spielen und musiziert gerne mit den Schülern, der Lehrer bringt besondere didaktische und methodische Fähigkeiten im mathematischen Bereich mit, während die Sonderpädagogin zugleich Sportlehrerin ist (vgl. Grafik 3).

Grafik 3: These von der Wirkung der Fachqualifikation des Einzelnen im multiprofessionellen Team

Aber immer noch scheint die Charakterisierung der einzelnen Teammitglieder unvollständig. Mindestens das Geschlecht (Grafik 4) und die Familiensituation

(Grafik 5) werden bedeutungsvoll sein, wenn ein festes Team intensiv zusammen arbeitet. In unserem Beispiel ist der Lehrer ein Mann, dessen erstes Kind ein Jahr alt ist. Die beiden anderen sind Frauen: Die Erzieherin lebt mit ihrem Mann alleine, die Kinder sind bereits aus dem Haus. Die Sonderpädagogin lebte mit ihrem Mann und zwei Kindern (8 und 13 Jahre) im eigenen Haus. Vielfältige Einflussmöglichkeiten ergeben sich aus diesen Lebenssituationen auf die Teamarbeit.

Grafik 4: These von der Wirkung des Geschlechtes im multiprofessionellen Team

Grafik 5: These von der Wirkung der Familiensituation des Einzelnen im multiprofessionellen Team

Aber diese Vielfalt des Beispielteams bedeutet noch nicht, dass die Arbeit eine hohe inklusive Qualität hat. Mit dem Begriff des multiprofessionellen Teams lenken wir nämlich das Augenmerk nicht zwangsläufig auf den Kern der inklusiven Arbeit. So könnte auch der professionsbezogene Ab-Teilungs-Unterricht, das Nebeneinander von Klassenlehrerin und Sonderpädagoge irrtümlich als „multiprofessionelle" Arbeit bezeichnet werden, wenn z. B. ein besonderes Kind mit besonderen Methoden abseits in einem besonderen Raum von einem Sonderpädagogen mit eigener Verantwortlichkeit für das Kind „besondert" oder ausgesondert wird. Der Sachverhalt des „multiprofessionellen" Teams ist damit zwar erfüllt, nicht aber der Anspruch inklusiver Pädagogik.

Erst wenn die multiprofessionellen Teams zu einer ***Verantwortungsgemeinschaft*** für alle Kinder werden, ändert sich der gesamte Unterricht und die Qualität steigt (vgl. auch Schwager 2012). Aussonderung kann beendet werden. Insofern möchten wir hier den Begriff des „multiprofessionellen Teams" (Stähling 2004a) nur für diese inklusive Verantwortungsgemeinschaft reservieren.

Damit die Schule herkunftsbedingte Bildungsbenachteiligungen kompensiert und nicht durch Strukturen des Abschulens, Aussonderns und Zuweisens Ungerechtigkeiten verfestigt, reicht es nicht aus, dass Sozialpädagogen und Sonderpädagogen in die Schule kommen, wie eine Studie von Martin Heinrich et al. (2014) zeigt. Einem Beruf ist nicht automatisch eine Positionierung oder gar ein Auftrag in Fragen der Inklusion und der Bildungsgerechtigkeit zu eigen. Ein Schulsozialarbeiter ist z. B. nicht selbstverständlich ein Gegner schulischer Aussonderung, ebenso wie ein Lehrer sich auch „ungehorsam im Schuldienst" verhalten und kreative Lösungen zur Umgehung selektiver Strukturen finden kann. Die Berufsrolle bestimmt nicht die Haltung in der Schulpraxis. Daher verkennt der selektionsstützende Vorschlag, „unterschiedliche Formen pädagogischer Förderung" *an unterschiedlichen Orten* durch unterschiedliche Professionen ausführen zu lassen (vgl. Heinrich et al. 2014) gerade die große Chance des gemeinsamen Lernens der Schüler. Sie lernen voneinander, wenn sich die Erwachsenen (auch verschiedener Professionen) gemeinsam der Aufgabe stellen, sich dem Fortkommen *aller* Kinder, also der Bildungsgerechtigkeit zu verpflichten.

Weil die Aufgaben im Brennpunkt Berg Fidel so groß waren, entwickelte sich bei *allen* Teammitgliedern Schritt für Schritt immer mehr **Verantwortung für alle Kinder**. Alle Teammitglieder mit ihren Persönlichkeiten wurden wirklich gebraucht:

1. Als Menschen, die – *unabhängig von ihrer Profession* – taktvoll mit Kindern und Jugendlichen umgehen können, mit ihnen sprechen und sie verstehen können und sich gerne von ihnen etwas erzählen lassen.
2. Als Menschen, die – *unabhängig von ihrer Profession* – gerne Kinder einzeln oder in großen Gruppen anleiten, ihnen etwas beibringen, sie in kleinen Schritten zu Erfolgen führen können.
3. Als Menschen, die – *unabhängig von ihrer Profession* – sich gerne als Helfer zur Verfügung stellen und sich nützlich machen wollen.

Diese Persönlichkeitsfaktoren prägten die Teams in Berg Fidel. Sie bewirkten mehr als die unterschiedlichen professionellen Fähigkeiten.

Grafik 6: These von der Wirkung verschiedenster Persönlichkeitsfaktoren in Teams

Die Grundschule Berg Fidel hat sich zunehmend so entwickelt, dass die Teams gänzlich unterschiedlich sind. Die Professionen der Teammitglieder haben tatsächlich weniger Einfluss auf die Qualität der Arbeit als die Persönlichkeiten der Mitglieder und die Teamdynamik.

Konflikte zwischen verschiedenen Teammitgliedern können leichter entstehen. Die Ursache dafür ist aber nicht unbedingt die berufliche Herkunft. Jedoch bieten die historisch entstandenen Unterschiede in den Berufsrollen Konfliktpotenziale (vgl. Stähling 2006, S. 32 ff, 154 ff).

Braucht eine Schule, die stark heterogene Klassen hat, speziell ausgebildete Mitarbeiterinnen und Mitarbeiter? Haben sie besondere Anforderungen zu erfüllen? In der Grundschule Berg Fidel wurden interessanterweise in den letzten 25 Jahren nur etwa drei Lehrerinnen „schulscharf" von der Schule selbst ausgewählt. Alle anderen waren versetzt worden, ohne dass die Schulleitung darauf einen Einfluss ausüben konnte. Dennoch gelang die Einarbeitung meist. Wie ist das zu erklären? Was war notwendig, damit jeder seinen Platz finden konnte?

Alle neuen Mitarbeiterinnen konzentrierten sich anfangs nur *auf einen möglichst kleinen Bereich: Die Klasse und das Team* – zunächst noch nicht auf andere Aspekte der Schule. Nach unseren Erfahrungen in Berg Fidel brauchen auch professionelle Vollzeitkräfte (mit Berufserfahrung) mindestens etwa sechs Wochen, um sich in der neuen Schulumgebung zurecht zu finden. Die Teams übernahmen die Aufgabe, die Neuen an die jeweiligen Aufgaben heranzuführen. Dies geschah weniger in theoretischen Gesprächen als in der *konkreten* alltäglichen Teamarbeit, die wöchentlich in der Teamsitzung abgesprochen werden musste. Tägliche kurze Absprachen und Tür- und Angelgespräche zwischen Kollegen prägten das Alltagsbild immer mehr.

Die Schule konnte die Studierenden selbst auswählen. Das Team entschied, ob es den Bewerber aufnehmen wollte. In einer anfänglichen zweiwöchigen „Schnupperphase" konnte man sich immer noch im gegenseitigen Einvernehmen trennen. Danach wurde entschieden. Die Entscheidung musste einstimmig sein, um eventuelle emotionale Vorbehalte zu verhindern, die die Kooperation schwierig machen könnten.

Die Auswahl orientierte sich an den Bedarfen eines Teams. So konnte ein Team eher einen Mitarbeiter gebrauchen, der einzelne Kinder beim Lernen unterstützt. Ein anderes Team suchte dagegen eine Mitarbeiterin, die wegen ihrer Erfahrungen in der Leitung von Jugendfreizeiten in der Lage war, eine große Gruppe zu steuern. Ein drittes Team wollte sich im Bereich Musik eine Verstärkung holen und suchte eine neue Kraft, die ein Instrument spielte.

2 8

1.3 Ausblick

Bei den bisherigen Darstellungen ist deutlich geworden, dass die Mitglieder eines Teams sehr unterschiedliche Voraussetzungen mitbringen für die alltägliche Unterrichtsarbeit. Sie sehen bestimmte Aspekte des Lernens durch ihre jeweilige „berufsspezifische“ oder persönliche Brille und verfolgen sogar zeitweise ganz unterschiedliche Interessen. So kann während einer Zeitspanne ein Studierender als Teammitglied in erster Linie die eigene Ausbildung zum Sozialpädagogen im Kopf haben, während die Sonderpädagogin die Begutachtung eines neuen Schülers im Fokus hat. Diese unterschiedlichen Ansätze und Perspektiven der Erwachsenen sind interessant für das Fortkommen der Schüler, wenn sie immer wieder *reflektiert* werden (vgl. Heinrich et al. 2014). Dazu dienen regelmäßige Teamsitzungen, Supervisionen, sowie die Klarstellung darüber, dass die Schule den Auftrag hat, allen Schülern gerecht zu werden und niemanden zurück zu lassen.

Viele empirische Studien zeigen: Wenn die zuständigen Pädagogen *über den Unterricht sprechen* und diese Gespräche „in einer professionellen, auf die Praxis ausgerichteten Gemeinschaft“ (hier als Pädagogenteam einer Klasse) stattfinden, hat dies positive Wirkungen auf die Lernhaltung der Schülerinnen und Schüler (vgl. Hattie 2013, S. 144). Die regelmäßige **Teamsitzung** ist folglich die notwendige Voraussetzung, **um Schülerleistungen zu steigern**.

Die (relativ dünne) Forschungslage zur Teamarbeit zeigt, dass z. B. die Methode des **Team-Teachings** im Durchschnitt einen relativ geringen Einfluss auf die Schülerleistung hat. „Wenn man jedoch das Setting des *Team-Teaching* nutzt, um im Einzelunterricht schwer aufbaubare Ansätze einzuführen, z. B. formative Evaluation des Unterrichts (d=0.90) oder *Peer-Tutoring* (d=0.55), ergibt sich ein wirksames Faktorenbündel. Für dessen Aufbau ist zumindest temporäres *Team-Teaching* wünschenswert, wenn nicht *unverzichtbar* (Beywl/Zierer 2014, S. 154).

Wenn also Lehrpersonen zusammen unterrichten und dies genutzt wird, um Prinzipien des effektiven Lernens und Lehrens umzusetzen und z. B. wirkungsvolles Feedback (von Schülern an Lehrpersonen und Lehrpersonen untereinander) zu verwirklichen, dann werden die Effekte höher sein (vgl. Hattie 2013, S. 259; 288). Dabei kommt es immer darauf an, dass sich die Teammitglieder regelmäßig in der Teamsitzung, aber auch während des Unterrichts auf einheitliches Vorgehen verständigen.

In den Klassenteams in Berg Fidel verbinden sich die unterschiedlichen Interessen der Erwachsenen durch die gemeinsame Aufgabe, die Klasse zu führen und optimale Lernprozesse bei jedem Schüler zu initiieren, und zwar auf dem individuell höchst möglichen Niveau. In der Teamsitzung wird die Arbeit mit dem Ziel koordiniert, die Leistung der Lernenden zu steigern.

Die Teamleiterin – in Berg Fidel ist es die Klassenlehrerin – fragt immer wieder danach, was beim Lernen aller Schüler am besten funktioniert und warum. Zu prüfen ist auch, für wen es nicht funktioniert und was zu ändern ist (vgl. Hattie 2013, S. 283). Es geht also nicht um eine bestimmte Methode, die gut funktionieren würde, sondern es geht darum, „Lernen sichtbar zu machen", um „genauer zu erkennen, wie Lernende bei diesem Lernen voranschreiten" (Hattie 2013, S. 289) und darauf professionell reagieren zu können. Dem Ziel, das Lernen „sichtbar zu machen", kann die Arbeit im Team direkt dienlich sein: Gerade im Team müssen wir uns über die Schüler verständigen und die Lernprozesse und die Entwicklungen der Schüler ständig zum Thema machen. Besonders ein neu zusammengesetztes Team braucht sehr viel Zeit dafür. Eine *solidarische Haltung zu den Lernenden* zu entwickeln ist sehr zentral. Jahrelange Studien von Annedore Prengel (2013, 2014) zeigen, welche große Bedeutung dabei die gelingende pädagogische Beziehung zwischen Erwachsenen und Schülern hat (siehe Teil III).

Das Team toleriert dabei – wie bei Schülern – auch bei *Erwachsenen* Fehler oder Irrtümer. Damit das Team aus „Kunstfehlern" (Prengel 2013, S. 77 ff; siehe Teil III) lernen kann, ist eine *engagierte* und vertrauensvolle Teamkultur notwendig. Das solidarische Engagement mit dem Lernenden entsteht dabei.

Eine bemerkenswerte empirische Forschungsarbeit zeigt, dass sich Schülerleistungen bei **vertrauensvoller Teamkultur** der Pädagogen verbessern. Vergleicht man Schulen mit Steigerungen der Schülerleistung mit solchen ohne diese Steigerungen, so kann man feststellen, dass bei Leistungssteigerung *unter den Lehrpersonen ein höheres Maß an Vertrauen* herrscht (vgl. Hattie 2013, S. 283):

Vertrauen im Team und unter den Lehrkräften hat folgende indirekte Wirkungen auf die Schülerleistung:

- Vertrauen verringert das Gefühl der Verletzlichkeit, das Lehrpersonen erleben, wenn sie Reformen angehen.
- Vertrauen fördert den verstärkten Einsatz für Innovationen in die Klasse.
- Vertrauen beeinflusst das schulöffentliche Problemlösen positiv.
- Vertrauen hilft, dass Feedback stärker eingesetzt wird und wirksam wird.
- Vertrauen hilft, dass Irrtümer aufgedeckt werden, statt rückwirkend gerechtfertigt wird, was fehlerhaft war.

Ein Team entwickelt im Laufe der Jahre eine vertrauensvolle *Berufsethik* und ein *fachliches Aufgabenverständnis* und *Anspruchsniveau*, indem sich die Teammitglieder gemeinsam Schritt für Schritt mit den Grundlagen des Lernens in heterogenen Gruppen und des inklusiven Unterrichtens auseinandersetzen. Dabei spielen die nachgewiesenen Lernerfolge eine zentrale Rolle. Um Vertrauen aufzubauen, braucht ein Team sehr viel Zeit und Geduld. Gemeinsame Erfahrungen zu machen, Entwicklungen zu erleben und an Herausforderungen wachsen zu können, sind gute Voraussetzungen, um ein Team entstehen zu lassen.

Die einzelnen Teammitglieder sollten sich der Vielfalt der Klasse bewusst werden und gemeinsam diese Vielfalt nutzen, um Lernprozesse bei jedem Kind zu ermöglichen. Dazu müssen alle Teammitglieder erkennen, dass die Kinder viele unterschiedliche Perspektiven auf den „Lerngegenstand“ mitbringen. Diese Mehrperspektivität ist eine große „Schatzkammer“ (Fellini 1984), die zu nutzen ist. Im Teil III wird dieses inklusive Konzept didaktisch fundiert.

Bevor wir das Wesen eines inklusiven **Team-Unterrichts** in stark heterogenen Klassen beschreiben, erinnern wir hier kurz daran, aus welchen „Bausteinen“ eine inklusive *Schule* besteht. Bei der Planung der Inklusiven Universitätsschule Köln (www.hf.uni-koeln.de) wie auch beispielsweise in der Praxis und Weiterentwicklung der Grundschule Berg Fidel zur Schule von 1 – 13 (vgl. Stähling 2006; Stähling/Wenders 2012, S. 82 ff.) bilden diese „Bausteine“ die zentralen Eckpfeiler, die an dieser Stelle nur angedeutet werden können. Kersten Reich (2014) fasst sie in seiner „Inklusiven Didaktik“ zusammen:

Baustein 1: Inklusive Beziehungskultur und multiprofessionelle, verbindliche Teams.
Baustein 2: Demokratische und chancengerechte Schule.
Baustein 3: Qualifizierende Regelschule für alle Schüler von Klasse 1 bis 13.
Baustein 4: Gebundener Ganztag mit Rhythmisierung des Tages.
Baustein 5: Förderliche Lernumgebung.
Baustein 6: Schule für alle, auch für alle Lernende mit sonderpädagogischem Unterstützungsbedarf.
Baustein 7: Differenzierende Beurteilung.
Baustein 8: Barrierefreiheit nach außen und innen durch eine geeignete Schularchitektur.
Baustein 9: Eine Schule in der Lebenswelt.
Baustein 10: Beratung, Supervision und Evaluation.

Schulen auf dem Weg zur Inklusion arbeiten auf diesen Baustellen und greifen auf die Erfahrungen reformpädagogisch orientierter Schulen, besonders der Grundschulen und Gesamtschulen mit **gebundenem Ganztag** zurück (siehe auch Teil IV). Unerschrockene Pädagogen haben zusammen mit Eltern solche inklusiven Bausteine über Jahrzehnte hin erprobt und weiter entwickelt.

Um eine Vorstellung davon zu bekommen, wie der Unterricht in einer extrem heterogenen Klasse aussieht, hilft es, sich von dem Bild des üblichen Stundenplans mit Fächern zu lösen. Ein Tag ist nicht in einen 45-Minuten-Takt eingeteilt, in dem die Fächer hintereinander bei verschiedenen Fachlehrern (mit Lehrbefähigungen für zwei oder drei Fächer) behandelt werden. Der unter Reformschulen bevorzugte **Tagesablauf** im gebundenen, rhythmisierten Ganztag (Baustein 4) soll hier kurz am Beispiel Berg Fidel skizziert werden (vgl. Stähling 1995; Stähling 2006, S. 94; Stähling/Wenders 2012, S. 85; Reich 2014, S. 190):

<table>
<tr><th>Zeit</th><th colspan="3">Tagesstruktur in allen Klassen ähnlich</th></tr>
<tr><td>7.00–8.00</td><td colspan="3">Frühstück in der Schule als Angebot</td></tr>
<tr><td>8.00–9.30</td><td>Freies Arbeiten</td><td colspan="2">Individuelle Arbeit in den Kernbereichen: Mathe, Deu, Englisch. Trainieren, Vertiefen.</td></tr>
<tr><td>9.30–10.15</td><td colspan="3">Pause für alle gleichzeitig, Frühstück</td></tr>
<tr><td>10.15–11.00</td><td>Lern-Klassenrat
bzw.
Klassenrat</td><td colspan="2">Lern-Klassenrat oder Lerntagebuch: Reflexion über das eigene Lernen,
Klassenrat: Problemlösungen</td></tr>
<tr><td rowspan="2">11.00–13.00</td><td>Projekte</td><td>Projektarbeit in Kleingruppen</td><td rowspan="2">Regelmäßiger Unterricht in Musik, Kunst, Sport
Fremdsprache u. a.</td></tr>
<tr><td>Intensivkurse</td><td>Kurse in gelenkter Form zur Erweiterung der Grundlagen</td></tr>
<tr><td>13.00–14.00</td><td colspan="3">Mittag in der eigenen Klasse und Pause für alle</td></tr>
<tr><td>14..00–15.15</td><td>Werkstatt bzw.
Klassenunterricht</td><td>Wahl-Bereiche: Musik, Bewegung, Technik, Natur, Kunst, Gesellschaft, Fremdsprachen</td><td>Aktivitäten in Klassengemeinschaft: Schwimmen, Wald u. a.</td></tr>
<tr><td>15.15–15.30</td><td>Tagesabschluss-Runde</td><td colspan="2">Tagesrückblick</td></tr>
</table>

Wie wir im Team allerdings den Unterricht und die Lernprozesse in einer solchen inklusiven Schule gestalten, kann man sich kaum durch die Lektüre von einem Fachbuch erarbeiten. Nur die Pädagogen vor Ort können es zeigen. Um jedoch aus den notwendigen **Unterrichtshospitationen** zu lernen und Konsequenzen für die eigene Klasse ziehen zu können, ist es angebracht, vorher grundlegende Fragen zu erörtern. Das wollen wir in diesem Buch versuchen.

Brecht formuliert die dialektischen Erkenntnisprozesse, die hier bei uns Lehrern gemeint sind, in einem Gedicht:

„Um zu beobachten
Muss man vergleichen lernen. Um zu vergleichen
Muss man schon beobachtet haben. Durch Beobachtung
Wird ein Wissen erzeugt, doch ist Wissen nötig
Zur Beobachtung."

Bertolt Brecht (1967, Bd. 9, S. 764)

Fazit

Um mit einer stark heterogenen Klasse produktiv umgehen zu können, ist ein *festes* Team wünschenswert. Herrscht unter den Teammitgliedern ein hohes Maß an Vertrauen und koordinieren sie ihre Arbeit transparent für alle Beteiligten, so steigert dies die Leistung der Schüler und reduziert Störungen im Unterricht. Aus der Praxis der Sonnenblumenklasse berichtet exemplarisch der folgende Teil II und erläutert die Kooperation im Team der Erwachsenen.

Teil II

Barbara Wenders

Teamarbeit im Unterricht einer stark heterogenen Klasse

Praxisbericht

Teamentwicklung in der Schule ist zurzeit in aller Munde. Teamfähigkeit, Teamstrukturen, Team und Inklusion, Umgang mit Heterogenität dazu gibt es viel zu lesen und es werden Fortbildungen angeboten. Bei einer solchen Fortbildung war ich unlängst und habe gestaunt. Alle Kolleginnen waren im gemeinsamen Unterricht eingesetzt, so wie ich es auch bin. Wir sollten unsere Wünsche aufschreiben. Wie soll die Teamarbeit aussehen? Ich schrieb das auf, was an unserer Schule und in meinem Team „normal" ist und was ich mir weiterhin wünsche: Kontinuität, Verlässlichkeit, Einhalten von Absprachen, regelmäßige Teamsitzungen, gemeinsame Verantwortung und gemeinsame Freude und Leitung.

Ich habe gestaunt, dass es an keiner der vertretenen Schulen eine feste Teamstunde gab. Kontinuität war ein wichtiger Wunsch, ebenso das Einhalten von Absprachen. Allerdings sagte eine Kollegin, dass es bei ihr überhaupt keine Absprachen gäbe: „Mich will überhaupt keiner so richtig haben", erzählte diese Sonderpädagogin. „Die Kinder sollen morgens zu mir kommen und meistens wird vergessen, sie zu schicken. Dann sitze ich da alleine herum und muss mir die Kinder holen." Eine andere Sonderpädagogin erzählte, dass sie in acht verschiedenen Klassen eingesetzt sei und mit 12 verschiedenen Erwachsenen kommunizieren müsse.

An diesen Beispielaussagen „sonderpädagogischer" Teammitglieder wird deutlich, wie schwierig es ist, die eigene professionelle Ressource effektiv einbringen zu können und nicht nur als „additive Maßnahme" gesehen zu werden mit eigener, abgekoppelter Zuständigkeit. Teamarbeit bei uns ist nicht eine additive Aneinanderreihung verschiedener professioneller Einsätze, sondern ein zielgerichtetes Zusammenwirken aller Kräfte. Darüber und über die Logistik, die dahintersteckt, werde ich im Folgenden berichten.

2.1 Schulentwicklung in Berg Fidel und die Teamarbeit

Die Schule Berg Fidel ist seit fast 25 Jahren auf dem Weg zur inklusiven Teamschule. In jeder Klasse sind mindestens 5 Kinder mit offiziell anerkanntem besonderen Unterstützungsbedarf, Kinder mit Migrationsvorgeschichte, arme und weniger arme Kinder, Kinder mit alleinerziehenden Müttern und/oder Vätern, sehr behütete Kinder, Flüchtlingskinder, schnell lernende Kinder und Kinder, die langsamer voranschreiten. In jeder Klasse arbeiten verschiedene Erwachsene unterschiedlicher Professionen in einem Team zusammen. Die Schule ist eine gebundene Ganztagsschule. Die Kinder haben an drei Tagen bis 15.30 Uhr Unterricht bei ihren vertrauten Team-Erwachsenen. Montags und freitags endet der Unterricht um 13.00 Uhr. Mittlerweile kann die Schule Berg Fidel die pädagogische Arbeit endlich auch nach Jahrgang 4 in den Jahrgängen 5 bis 10 fortsetzen. Nach einigen Jahren harten „Kampfes“ nimmt sie am Modellschulversuch des Landes NRW teil und heißt jetzt Primusschule (**Prim**arstufe **u**nd **S**ekundarstufe zusammen).

Wie und warum funktionieren unsere Teams? Dies möchte ich am Beispiel der Teamarbeit in der Sonnenblumenklasse beschreiben.

Teamarbeit in der Sonnenblumenklasse

Warum funktioniert das Team in der Sonnenblumenklasse, deren Klassenlehrerin und Sonderpädagogin ich gleichzeitig bin? Alles was im Folgenden zu lesen sein wird, basiert auf persönlichen Erfahrungen mit der Teamarbeit in der Schule Berg Fidel im gebundenen Ganztag, besonders in der Sonnenblumenklasse. Die Klasse ist altersgemischt und besteht aus 24 Kindern der Jahrgänge 1–4.

7 Kinder haben offiziell besonderen Unterstützungsbedarf in verschiedenen Förderschwerpunkten: Emotionale und soziale Entwicklung, Autismus, geistige Entwicklung, Lernen, Hören und Kommunikation, körperlich motorische Entwicklung.

Ich habe eine Ausbildung als Grund- und Hauptschullehrerin und gleichzeitig bin ich Lehrerin für Sonderpädagogik. An anderer Stelle (vgl. Stähling/ Wenders: Ungehorsam im Schuldienst, S. 217 ff.) habe ich darüber berichtet, wie wichtig es für meine berufliche Entwicklung war, in beiden Schulsystemen (Regelschule und Sonderschule) gearbeitet zu haben. Durch diese Erfahrung wurde mir klar, dass beide Systeme zusammengehören und es für mich keine haltbare Rechtfertigung dafür gibt, Kinder mit besonderem Unterstützungsbedarf in besondere Schulen auszusondern. Jedes Kind hat bei uns die Chance, angemessene Lernpartner zu finden, und lernt in der Zeit, die es braucht.

Entweder kann es sehr schnell voranschreiten oder sich seine entwicklungslogische Zeit nehmen, die ihm zusteht.

2.2 Grundlagen unserer Arbeit im Team im gebundenen Ganztag

Zum Team gehören verschiedene Erwachsene. In der Sonnenblumenklasse sieht es zum jetzigen Zeitpunkt so aus: Klassenlehrerin und gleichzeitig Lehrerin für Sonderpädagogik in einer Person, pädagogische MitarbeiterInnen/PraktikantInnen (LehramtsstudentInnen), Integrationshelfer, eine Lehramtsanwärterin für den gemeinsamen Unterricht, ein Fachlehrer für Deutsch und Mathematik und ein Fachlehrer für Sport. Wie schaffen wir es, dass wir mit unseren unterschiedlichen Professionen (Regelschullehrer, Lehrerin für Sonderpädagogik, Lehramtsanwärterin, Fachkräfte oder Nichtfachkräfte als Integrationshelfer, StudentInnen) alle in eine Richtung arbeiten, alle an einem Strang ziehen? Wie schaffen wir es, die Zusammenarbeit effektiv zu gestalten und Freude bei der Arbeit zu verspüren?

Menschenbild

Wir akzeptieren das Menschenbild unserer Schule:
Jedes Kind ist willkommen, kein Kind „fliegt" raus.
Jedes Kind lernt und hat das Recht auf die höchstmögliche Entfaltung seines Lernpotenzials. Hattie spricht vom Recht auf eine steile Lernkurve (vgl. Hattie 2013, S. 48).

Strukturen

Wir haben eine im Stundenplan und Stundendeputat fest verankerte wöchentliche **Teamstunde**, an der alle Teammitglieder teilnehmen.

Alle sechs bis acht Wochen können wir die Möglichkeit nutzen, über die schulpsychologische Beratungsstelle Münster eine **Supervision** zu bekommen.

Zweimal im Schuljahr steht uns als Team ein durch die Schulkonferenz genehmigter **Teamtag** zu, den wir für uns alleine gestalten.

2.2.1 Mehrperspektivität

Wir schauen mit mehreren Augen auf ein Kind und kommen über diese Mehrperspektivität zu ganzheitlicheren Erkenntnissen und Wahrnehmungen bezüglich des Lernstands und der Entwicklung eines Kindes. Der Austausch darüber findet in der Teamsitzung statt und immer wieder zwischendurch gibt es Kurzgespräche oder Notizen über Beobachtungen.

Im gebundenen Ganztag leben und lernen Kinder mit unterschiedlichen Erwachsenen zusammen. Es ergeben sich zahlreiche Beobachtungssituationen an verschiedenen Orten, zu unterschiedlichen Zeiten, in unterschiedlichen sozialen

Bezügen, die von einer einzelnen Person niemals ganzheitlich erfasst werden könnten. Verschiedene Teammitglieder sehen an verschiedenen Orten zu unterschiedlichen Zeiten mehr: Im Unterricht als Lernbegleiter oder -helfer, bei den kleinen Übergängen zwischen zwei Phasenwechseln, beim Zähneputzen, auf dem Flur, in der Umkleidekabine, in der Pause, beim Mittagessen und in anderen Situationen.

Kinder zeigen sich in verschiedenen Situationen manchmal so, wie wir es nicht von ihnen erwarten. Ein Kind, das angeblich fast nie Empathie zeigt, zeigt diese Fähigkeit zum Beispiel in einer Situation beim Zähneputzen. Die Zahnbürste eines Kindes ist weg und das Kind weint laut. Das angeblich wenig mitfühlende Kind nimmt das weinende Kind an die Hand und bringt es zum Erwachsenen und hilft mit, dass es eine neue Zahnbürste bekommt.

Oder ein angeblich sehr auf sich bezogenes Kind hilft plötzlich einem Kind beim Anziehen des Anoraks, als dessen Reißverschluss klemmt. Es gibt zwischendurch noch viele andere Beispiele, die verlorengingen, wenn wir unterschiedlichen Erwachsenen sie uns nicht gegenseitig erzählen würden und wenn es keine Zeit dafür gäbe. Dafür ist Raum in unserer Teamsitzung, über die ich später berichten werde.

Zum Team gehören zeitweise auch so genannte „nicht lehrende" Mitarbeiter und Mitarbeiterinnen. Es können zum Beispiel Lehramtsstudierende sein, die Praktika absolvieren. Von Anfang an legen wir Wert darauf, dass sie ihren Fokus auf die Lernfortschritte der Kinder legen. Es ist interessant zu beobachten, wie sie häufig das Lernen der Kinder, die individuellen Lernfortschritte eines Kindes, mit ihren eigenen Erfahrungen und Schulsozialisationen verknüpfen. Es ist höchst spannend mitzubekommen, wie manch ein Mitarbeiter oder eine Mitarbeiterin, der oder die selbst Lehrer oder Lehrerin werden wollen, zu folgenden Aussagen kommen:

„Muss Dana im dritten Schuljahr nicht schon lesen können?"
Oder: „Was ist denn mit Fati los? Sie versteht gar nichts!"
Oder: „Schreiben die keine Aufsätze?"
Oder: „Jeder bekommt eine andere Arbeit als Leistungskontrolle? Das gab es bei uns nicht." „Die arbeiten in Mathe alle am gleichen Thema? Das verstehe ich nicht."
Oder: „Mir ist aufgefallen, dass Dana die 7-er Reihe jetzt endlich kann.
Beim Lesen hat Vladi Fortschritte gemacht. Er hat verstanden, was im Text stand und konnte das Wesentliche zusammenfassen."

„Wenn ich das schon in meiner eigenen Grundschulzeit gelernt hätte, was die Kinder hier im „FFC" (Freier Forscher Club) (vgl. Stähling/Wenders, 2012,

S. 50) lernen, hätte ich mich nicht so schwer getan mit dem Sprechen vor der Gruppe oder mit dem Erstellen von Referaten."

Dies alles ist wunderbar, wenn wir es zum Thema machen und darüber sprechen. Jedes Teammitglied „darf" seine Beobachtungen zu bestimmten Kindern so deuten, wie er oder sie es für richtig hält. In einem Austausch auf gleicher Augenhöhe kommen Hauptamtliche und Nicht-Hauptamtliche, die Hauptamtlichen untereinander, sehr erfahrene und völlig unerfahrene Teammitglieder plötzlich zu anderen Sichtweisen und meistens auf einen gemeinsamen Nenner. Das zugrundeliegende Menschenbild ist tragend.

Je mehr die Teammitglieder mit den Kindern zusammen erleben, worum es eigentlich geht, umso effektiver ist die Zusammenarbeit. Besonders wenn sie verstanden haben, dass es nicht darum geht, Kinder zu betreuen oder zu beschäftigen, sondern dass wir alle dazu da sind, das Lernen jedes einzelnen Kindes herauszufordern und die Kinder bei diesem Prozess zu unterstützen, ihnen zu helfen und sie **verlässlich** zu begleiten. Wir müssen in Beziehung treten.

2.2.2 Gemeinsame Freude

Wir teilen die Freude am Lernfortschritt jedes einzelnen Kindes.

Wir teilen unsere Freude darüber, dass wir gemeinsam etwas schaffen, was vorher nicht möglich zu sein schien. Ein Kind schlägt zum Beispiel nicht mehr, ein anderes Kind verweigert nicht mehr Arbeitsanweisungen, noch ein anderes Kind kann störungsfrei am Sitzkreis teilnehmen. Wieder ein anderes Kind hat völlig selbstständig ein selbst gewähltes Thema bearbeitet und darüber einen Vortrag gehalten. Noch ein anderes Kind ist im Landeswettbewerb für Mathematik eine Runde weiter gekommen.

Ich empfinde es als eine Chance und auch als Privileg, dass wir höchst unterschiedlichen Erwachsenen höchst unterschiedlichen Kindern ein friedliches Zusammenleben vorleben können und nachhaltiges Lernen möglich machen dürfen. Ich wünsche mir, dass die Kinder diese gemeinsame Freude, diesen gemeinsamen Antrieb spüren, und wünsche mir gleichzeitig, dass alle Teammitglieder es ähnlich empfinden können.

2.2.3 Verantwortung

Eine Grundvoraussetzung für unsere Teamarbeit ist neben den oben beschriebenen gemeinsamen „Werten" die Verantwortung im Sinne einer Verantwortungsgemeinschaft. Die Arbeitseinsätze aller Mitarbeiterinnen müssen gut und effektiv koordiniert werden. In unseren Teams gibt es eine klare Teamleitung mit der dazu gehörenden Verantwortung und die liegt in der Regel bei der Klassenlehrerin. Wir besprechen alle wichtigen Fragen gemeinsam in der Teamsitzung, wir planen gemeinsam den Unterrichtsablauf der Woche mit allen inhaltlichen und organisatorischen Vorüberlegungen, besprechen beispielsweise Unternehmungen und Klassenfahrten und sprechen über die einzelnen Kinder. Das allerletzte Wort, die Entscheidung selbst (Gehen wir zum Stadtteilpark zum Picknicken oder auf den Spielplatz? Eignet sich das Spiel für die Gruppe oder eher nicht?), liegt bei mir als Teamleiterin und in der Regel auch bei den Kindern selbst.

Wenn ich der Klasse sage, „das muss ich mit dem Team besprechen", wissen die Kinder, dass ich es nicht alleine entscheide und alle anderen Erwachsenen daran beteiligt sind. So hören sie frühzeitig von der Arbeit in einem Team und erfahren, dass es immer mehrere Personen sind, die sich für die Kinder einsetzen. Sie spüren, dass grundsätzlich nichts entschieden wird, was für sie als Kinder von Nachteil ist, weil sie sich darauf verlassen können, dass ihre eigenen Wünsche in der Regel mit berücksichtigt werden.

Meine Erfahrungen sind:

- Je „organischer" ein Team zusammenarbeitet, umso höher ist die Qualität der Klassengemeinschaft. Dazu gehört, dass der Informationsfluss untereinander funktioniert, dass Absprachen eingehalten werden. Die Kinder können erleben, dass die Erwachsenen miteinander kommunizieren und kooperieren.
- Gute Teamarbeit hat positive Auswirkungen auf die Leistungen des einzelnen Kindes in den einzelnen Unterrichtsbereichen. Sie lernen zum Beispiel besser Rechtschreiben, sie durchdringen leichter mathematische Phänomene, begreifen und verstehen Sachthemen. Wenn Teammitglieder Erfolge und auch Misserfolge von Kindern beobachten und besprechen, wenn sie Fortschritte (auch noch so kleine) aber auch keine Lernfortschritte einzelner Kinder untereinander rückmelden, hat dies Auswirkungen auf die konkreten Lern- und Förderplanungen.
- Gute Teamarbeit führt zur Akzeptanz aller Kinder. Alle Kinder gehören dazu, sind gleich wichtig.

Dies alles ist „gnadenlos" abhängig von der Koordination der Arbeit aller Teammitglieder, deren Einsatzplanung und die Berücksichtigung ihrer unterschiedlichen Stärken und Schwächen. Aus Teammitgliedern das Optimum herausholen, ist auch eine Aufgabe der Teamleitung. Da ist das Teammitglied, das bei einem technischen Problem mit dem Internet nie aufgibt und es schafft, den Kindern dann doch noch die Möglichkeit zu geben, im Internet nach Informationen zu suchen. Oder es gibt einen Teamkollegen, der künstlerisches Geschick mitbringt, der größeren Wert auf ästhetische Arbeitsmaterialien legt. Es entstehen als logische Folge selbst hergestellte Hefte, die besonders schön aussehen und Kinder motivieren können, ästhetisch zu arbeiten. Gleichzeitig fühlen sie dadurch eine höhere Wertschätzung ihrer Arbeiten. Es gibt den Teamlehrer, der durchgehend immer die höchste Arbeitsmoral einfordert und dadurch immer wieder den Fokus auf den Lernzuwachs legt, wodurch alle Erwachsenen angehalten sind, genau mit zu beobachten, wo für jedes einzelne Kind die stofflichen Hürden liegen.

Als Teamleitung weiß ich immer ein wenig mehr „vom ganzen Klassenalltag", versuche den Überblick zu behalten und sorge für Ausgleich und notwendige Gelassenheit und den notwendigen pädagogischen Optimismus.

Eine häufige Aussage unseres Schulleiters zu uns KlassenlehrerInnen ist zum Beispiel: „Wer ein Team gut leiten kann, hat die Fähigkeit eine Schule zu leiten."

Wenn es beispielsweise darum geht, den Stundenplan für die Klasse zu gestalten (siehe Punkt 2.2.4) habe ich darauf zu achten, dass die Ressourcen (das Stundendeputat) der Mitarbeiter und Mitarbeiterinnen sinnvoll eingesetzt werden. In offenen Unterrichtsphasen macht es wenig Sinn, nur einen Erwachsenen einzuplanen, wenn die Möglichkeit bestünde, zwei oder sogar mehrere Erwachsene einzusetzen. In klar strukturierten Unterrichtsphasen, wie bei uns in der freien Arbeit, können in der Regel zwei Erwachsene ausreichen. Wenn die Lehramtsanwärterin zum Beispiel mittwochs nie da ist, weil das ihr Seminartag ist, muss der von ihr geleitete „Bingo-Club" (Laut-Buchstabe-Zuordnungs-Training) von mir übernommen werden oder zu einem anderen Zeitpunkt stattfinden.

Wir können immer den Gesamtplan verändern, Aufgaben delegieren und nach kreativen Lösungen forschen. In der Mitte stehen die Kinder.

So gab es in der Vergangenheit die Situation, dass ein Kind durch seine mangelnde Impulskontrolle sich selbst und die Gesamtgruppe beim Lernen massiv störte. Wir brauchten schnell eine 1:1-Begleitung, um handlungsfähig zu bleiben. Erfahrungsgemäß gibt es in solchen Fällen **keine** kurzfristige Bewilligung einer Unterstützung seitens der Ämter, sondern es beginnt ein **langandauernder** (manchmal dauert es über ein halbes Jahr) Kampf um diese notwendige Hilfe.

Als ich im Jahre 2008 für einige Zeit in Kanada in einer inklusiven Schule gearbeitet habe, kamen regelmäßig MitarbeiterInnen der Schulbehörde und der Universität in die Schule und fragten die Lehrerinnen und Lehrer und die Schulleitung: „What do you need?"

Zurück zum obigen Beispiel. Wir können erfahrungsgemäß nicht so lange warten, bis die Ämter eine Entscheidung getroffen haben. Unsere Lösung des Problems war, dass eine pädagogische Mitarbeiterin (Lehramtsstudentin) sofort die

1:1-Begleitung übernahm und diese Stunden als Praktikastunden für ihr Studium angerechnet bekam. Diese Maßnahme führte dazu, dass das Kind keine Unterrichtszeitverkürzung brauchte und zu ersten Erfolgen kommen konnte.

Wer bei uns an der Schule in einem Team als Lehramtsstudent arbeiten möchte, muss alle seine Praktikastunden bei uns absolvieren. Das ist eine äußerst sinnvolle Regelung, die von der Universität mitgetragen wird. Die Lehramtsstudierenden können nachhaltige Praxiserfahrungen sammeln und gleichzeitig ihre Pflichtpraktika erfüllen.

Als Klassenlehrerin habe ich Rede und Antwort zu stehen bezüglich des Unterrichts, des Lernens und Vorankommens eines jeden Kindes. Auf Elternabenden bin ich es, die den Eltern im Beisein anderer Teammitglieder darüber berichtet, was in diesem Schuljahr ansteht, wie wir arbeiten und welche Aufgaben die einzelnen Teammitglieder haben. Von mir wollen die Eltern an Elternsprechtagen und zwischendurch wissen, „Wo steht mein Kind?“ Letztendlich verfasse ich die Berichtszeugnisse, Entwicklungsberichte und Förderpläne. Immer sind alle Mitarbeiter und Mitarbeiterinnen in dialogischen, mehrperspektivischen Verfahren beteiligt, aber nicht formal verantwortlich.

Ich muss als Klassenlehrerin manchmal Entscheidungen treffen, die nicht basisdemokratisch sind. Um beispielsweise die Sicherheit zu gewährleisten, darf die sportbegeisterte Studentin als nicht hauptamtliche Mitarbeiterin nicht alleine mit einer kleinen Gruppe in die Turnhalle. Stehen zum Beispiel jeden Tag Fleisch und kein Salat auf dem Essensplan, weil es sich die Kinder angeblich gewünscht haben und der oder die Mitarbeiterin sich darauf eingelassen haben, greife ich ein und teile das den Kindern dann mit.

Auf der anderen Seite gibt es sehr viele Entscheidungsprozesse, die ich nur mit den Kindern gemeinsam löse. Da sind dann Wunsch und Entscheidung der Kinder oberstes Gebot und auch darüber staunen manchmal Teammitglieder, die diese Art der Mitbestimmung in der eigenen Schulzeit nicht erlebt haben. Durch diese Mitbestimmungskultur lernen die Kinder schon sehr früh, dass immer viele Wünsche und Bedürfnisse zu berücksichtigen sind, weil sie alle einzigartig sind. Kinder haben erfahrungsgemäß ein gutes Gespür für Ungerechtigkeiten und kommen erstaunlich schnell zu Kompromiss- und Lösungsvorschlägen.

2.2.4 Kontinuität und Verlässlichkeit im Stundenplan

Wir gestalten unseren Stundenplan selbst, indem wir gemeinsam den Einsatzplan aller Erwachsenen in unserem Team besprechen. Klassenlehrerin und Lehrerin für Sonderpädagogik, Fachlehrer und Fachlehrerinnen haben unterschiedliche Stundendeputate. Der Klasse steht eine genaue Anzahl von Unterrichtsstunden und Stunden für Sonderpädagogik zu. Hinzu können pädagogische Mitarbeiter und Mitarbeiterinnen als nicht hauptamtliche Mitarbeiterinnen zum Einsatz kommen. Wir müssen die zur Verfügung stehende Anzahl der Stunden „am Kind", die alle Erwachsenen mit ins Team bringen, sinnvoll und pragmatisch einsetzen.

Die Planung eines Einsatzplanes ist nicht immer leicht und verlangt Kreativität und Flexibilität. Im Vordergrund stehen immer die bestmögliche sinnvolle, personelle Versorgung der Lerngruppe und eine kontinuierliche, verlässliche Handlungsfähigkeit des Teams.

Wer ist in der freien Arbeit dabei? Wer leitet an welchem Tag das Mittagessen, wer geht mit in den Wald (vgl. Stähling/Wenders 2012, S. 73 ff.), wer ist beim Freien- Forscher-Club (ebd. S. 50 ff.) dabei? Wann findet bei wem Englisch statt, Kunst, Musik und Sport. Vorgaben, wie der Turnhallenbelegungsplan oder der Stundenplan der Kollegin, die noch in anderen Klassen eingesetzt ist, erfordern immer wieder Kompromisse. Wir versuchen das Beste daraus zu machen. So ist in der Regel von Woche zu Woche unsere Rhythmisierung die gleiche. Viermal im Jahr findet eine klassenübergreifende Religionsprojektwoche statt.

Im gebundenen Ganztag sind an jedem Nachmittag **hauptamtliche** Mitarbeiter und Mitarbeiterinnen im Einsatz.

Studierende sind während des Semesters zeitlich nicht so flexibel, das müssen wir in der Gesamtplanung berücksichtigen. Wichtig ist, dass die Kinder sich generell auf uns Erwachsene verlassen können.

„Kommt Phil heute?" fragen manche Kinder zum Beispiel erwartungsvoll.

Im Stundeneinsatzplan sind ausschließlich die Stunden dokumentiert, die wir Erwachsene „am Kind" arbeiten. Nicht aufgeführt sind die Stunden, die wir neben Konferenzen und Fortbildungen auch in der Schule verbringen, um neben der Teamsitzung noch in anderen Zeitfenstern (die sind rar) Absprachen und Vorbereitungen mit Kolleginnen zu treffen.

Ich brauche als Klassenlehrerin und Lehrerin für Sonderpädagogik Zeit für „meine Verwaltungsaufgaben" (organisatorische Vorausplanungen, wie zum Beispiel Ausflüge, Fahrten, Feste, entsprechende Vorbereitung der Teamsitzung, Kontrolle von Schülerarbeiten, Klassenführungsaufgaben, Berichte und Gutachten, Elterngespräche, Planung der Hausbesuche u. a.). Bei einer so genannten „vollen Stelle" führt das in der Regel zu einer 55-Stunden-Woche.

An dieser Stelle kommen Fragen auf wie, Arbeitsplätze für Lehrer und Lehrerinnen in der Schule, Betriebskindergärten u. a..

Eine gute Teamarbeit, in der die Einhaltung von Absprachen durch gute Kommunikation gewährleistet ist, führt im Idealfall zu einer sicheren und störungsfreien Führung der Kinder und Jugendlichen, auch wenn die Klassenlehrerin zum Beispiel **nicht da ist.**

2.3 Aufgabenfelder

Wichtige Aufgabenfelder während eines ganzen Schultage sind zum Beispiel

- Begleitung und Unterstützung des Lernens
- die Leitung des Mittagessens
- die Leitung einer Kleingruppe im Nachmittagsbereich
- die Mitbegleitung der Gesamtgruppe in den Wald
- die Mitgestaltung der Übergänge während verschiedener Unterrichtsphasen (darauf achten, dass während eines Raumwechsels auf dem Flur Ruhe herrscht, das Hereinholen der Lerngruppe aus einer Kurzpause vom Schulhof)
- alle Arbeiten, die nicht am Kind sind (z. B. Ordnungsaufgaben, Kopieraufgaben)

2.3.1 Begleitung und Unterstützung beim Lernen

Jeden Morgen lernen die Schüler in der freien Arbeit zunächst die „Fächer" Mathematik und anschließend Deutsch (vgl. Stähling/Wenders 2012, S. 23 ff).

Ein **Fachlehrer** leitet diese Phase mit mir zusammen. Andere Teammitglieder, die in der freien Arbeit eingesetzt sind, unterstützen unsere Arbeit, die der Fachlehrer zentral von seinem Tisch aus steuert. Von ihm kommt zum Beispiel der Impuls: „Bitte setz dich zu Armin, er hat große Vorstellungsprobleme bei Aufgaben am Zahlenstrahl." „Bitte begleite diese drei Kinder, sie sollen eine schwierige Sachaufgabe lösen und haben sprachliche Schwierigkeiten." „Setz dich neben Clara, sie kann sich heute überhaupt nicht konzentrieren." Ich helfe mit, diesen Prozess zu steuern, begleite die Arbeit der Integrationshelfer, arbeite mit einzelnen oder mehreren Kindern ebenfalls am gemeinsamen Lerngegenstand und behalte den Gesamtüberblick.

2.3.2 Fachlichkeit und Tagesablauf

Während der freien Arbeit (vgl. Stähling/Wenders 2012, S. 23 ff.) gibt es Zeit und Raum für gezielte Inputphasen. Der Fachlehrer führt beispielsweise an seinem zentralen Platz durch Einzelinstruktionen oder Instruktionen mehrerer Kinder ein neues Rechenverfahren ein. Im „Bingo-Club" fassen wir parallel Kinder zusammen, die Lesen durch Schreiben lernen. Sie trainieren täglich regelmäßig die Laut- Buchstabe-Zuordnung und verwenden dabei verschiedene Arbeitsmaterialien, Medien und Spiele. Dies ist eine intensive Lernzeit, die entweder durch mich oder einen anderen Fachlehrer geleitet wird.

Die Lernbereiche Mathematik und Deutsch sind zentrale Medien des Lernens allgemein. Als **Klassenlehrerin** bin ich für den Lernerfolg der einzelnen Kinder in beiden Bereichen mit **verantwortlich**, auch wenn ein Fachlehrer in meinem Team dafür zur Verfügung steht. In seiner Abwesenheit übernehme ich die Arbeit komplett und kann sie auch durchführen, ohne zum Beispiel Mathematik studiert zu haben. Wenn ich Kinder in ihrem Lernen intensiv begleite, lerne ich selbst fachlich dazu, weil ich durch das Nachvollziehen der Kindergedankengänge selbst weiter komme. Es macht Spaß mit den Kindern zu lernen und sich gegebenenfalls in Gebiete einzuarbeiten, die neu sind. Das Lernen hört auch für Lehrerinnen und Lehrer nie auf. Wir lernen von und mit Kindern und Jugendlichen in allen Jahrgängen. Von denen mit hohen Begabungen, von denen, die Lernschwierigkeiten haben, von Kindern mit herausforderndem Verhalten, von denen mit Behinderungen, von und durch Hospitationen bei Fachkolleginnen, und manchmal sogar von Fortbildungen.

Wir alle arbeiten gemeinsam mit dem Ziel, dass **jedes** Kind, jeder Jugendliche weiter kommt.

Eine meiner Rollen als **Klassenlehrerin** und **Lehrerin für Sonderpädagogik** besteht morgens während des offenen Anfangs darin, die Kinder (ab spätestens viertel vor acht Uhr) zu empfangen und mit ihnen zu sprechen, bevor sie in den Arbeitsraum zum Fachlehrer wechseln. Die Kinder treffen nach und nach ein und ich habe in der Regel genügend Zeit, jedes Kind persönlich zu begrüßen. Erst wenn ein Kind arbeitsfähig ist, wechselt es in den Arbeitsraum.

Ich fange dabei auf, in welcher Stimmungslage sich Kinder befinden, was sie beschäftigt, bedrückt oder freut. Ich frage nach eventuellen Träumen, Wünschen, Erlebnissen und bespreche mit einzelnen Kindern ganz konkret ihre persönlichen Ziele für den Tag, die wir in den Navigator (Lerntagebuch) eintragen.

Da wir meistens eine Tageszeitung zur Verfügung haben, sprechen wir früh morgens auch schon mal über wichtige Weltereignisse oder lokale Nachrichten. Wichtig sind zum Beispiel montags die Bundesligaergebnisse. So entsteht meistens eine lernförderliche Grundstimmung mit der Nähe zu den Themen der Kinder. Sie können darauf vertrauen, dass sie in der freien Arbeit ihr „Handwerkszeug" erwerben, um sich die Welt zu erobern. Ich kann schreiben lernen, um selbst eine Geschichte zu schreiben, lesen lernen, um zu verstehen, ich kann rechnen lernen, um zum Beispiel eine Bundesligatabelle zu lesen und zu deuten, um Vergleiche anstellen zu können.

Ich bekomme meistens ziemlich genau mit, wie arbeitsfähig die Kinder sind und kann – falls nötig – durch einen kurzen Hinweis an den Fachlehrer dafür sorgen, dass Kinder rechtzeitig eine Pause bekommen oder durchaus heute mehr leisten können.

In dieser offenen Phase des Ankommens sind die **Integrationshelfer** ebenfalls anwesend und bekommen genau mit, was ich mit den einzelnen Kindern bespreche. Kommt das zu begleitende Kind, wird es gemeinsam empfangen und wir besprechen im Idealfall gemeinsam die Ziele des Tages. Je nach Bedürftigkeit des Kindes geschieht dies allerdings häufig auch alleine mit dem Integrationshelfer. Ein autistisches Kind zum Beispiel braucht die immer gleiche Abgeschirmtheit. Die Ziele sind bereits in der Teamsitzung oder zwischendurch besprochen. Meine Aufgabe ist es, die Umsetzung dieser Arbeitsziele mit zu planen, vorzubereiten und mit zu unterstützen. Bei Bedarf schalte ich andere Experten ein, wenn es z. B. um bestimmte technische Hilfsmittel für ein Kind geht.

Sind **pädagogische Mitarbeiter** anwesend, bekommen sie gezielte Aufgaben entweder durch den Fachlehrer oder auch durch mich: „Tim braucht heute eine 1:1 Begleitung." „Bitte arbeite mit Salo am Computer."

Nach der **freien Arbeit** gibt es den so genannten **Lernklassenrat**, der entweder von mir (**Klassenlehrerin**) oder durch den **Fachlehrer** geleitet wird. Hier reflektieren die Kinder über das, was sie gelernt, trainiert oder geübt haben. Wünschenswert wäre dabei die Anwesenheit aller **pädagogischen Mitarbeiter**. Sie könnten eine Menge über das Lernen der Kinder erfahren. So kommt es erfreulicherweise manchmal vor, dass ein **pädagogischer Mitarbeiter** freiwillig daran teilnimmt und die Kinder so noch besser kennenlernt. Das Gleiche ist über den **Klassenrat** zu sagen, der einmal pro Woche stattfindet. Auch hier gibt es eine Menge zu erfahren und zu lernen von und über die Kinder. Wir können es uns nicht leisten, dass alle Erwachsenen daran teilnehmen, weil unsere Ressourcen begrenzt sind. Natürlich ist es total spannend mitzuerleben, was die Kinder miteinander aushandeln, worüber sie sich beklagen und wie sie ihre Konflikte lösen. Das bedeutet, dass wir uns gegenseitig in der Teamsitzung darüber berichten und austauschen.

2.3.3 Gebundener Ganztag

Zum **gebundenen Ganztag** gehören auch Aufgaben wie zum Beispiel das Spülen des Frühstücksgeschirrs, die Kontrolle der Ordnung und Hygiene im Waschraum mit den Zahnputzbechern, Zahnbürsten und Zahnpastatuben und, sehr wichtig, die Leitung des Mittagessens. Dies alles sind Aufgaben, die von uns Teammitgliedern erledigt werden müssen. Die Zuständigkeiten werden in der Teamsitzung genau festgelegt.

Daneben müssen wir Folgendes kontrollieren: Haben alle Kinder Wechselsachen? Wir brauchen zum Beispiel trockene Socken und Hosen, wenn Kinder im Wald über den Graben springen und im Wasser landen. Oder wenn ihnen ein anderes Missgeschick passiert ist.

An manchen Tagen ist Erbrochenes aufzuwischen, eine Klobrille zu reinigen, die ein Kind „bepinkelt" hat. Wir müssen unsere Regale entstauben und in gewissen Abständen gründlich aufräumen.

Die Kinder selbst werden über bestimmte Dienste an Aufgaben herangeführt, die sie selbst erledigen können, wie zum Beispiel den Kakaodienst oder den Obstdienst. Sie erledigen dies in der Regel selbstständig. Größere Kinder arbeiten zusammen mit jüngeren Kindern und helfen sich gegenseitig beim Obstschneiden und der Zubereitung des Kakaos. Aus Aufsichtsgründen brauchen wir dabei eine Begleitung „an der langen Leine" durch einen Erwachsenen aus dem Team.

Andere Dienste, über die jeder pädagogische Mitarbeiter informiert sein muss, sind: RSK-Dienst (die Rechtschreibkarteikarten müssen sortiert werden), Flurdienst (stehen die Hausschuhe und Straßenschuhe richtig, ist das Stiefelregal aufgeräumt?), Blumendienst, Fischedienst, Tisch- und Wagendienst, Baueckendienst, u. a.. Dies alles muss im Hinblick auf etwaige Aufsichten geplant und koordiniert werden.

2.3.4 Kommunikation und Vertrauen

Die wasserdichte Kommunikation innerhalb eines Teams ist entscheidend wichtig für den Erfolg der gemeinsamen Arbeit im gemeinsamen Unterricht.
Es können nicht alle Erwachsenen bei allen Unterrichtsphasen dabei sein.
Alle Mitarbeiterinnen, die zum Team gehören, brauchen alle wichtigen Informationen. Nicht weiter gegebene Informationen können zu schwerwiegenden Konflikten führen. Wenn zum Beispiel ein Mitarbeiter nicht weiß, dass ein Kind nach dem Mittagessen nach Hause gehen soll, und dieses Kind dann mit in die Pause geht und dort in Konflikt mit einem anderen Kind gerät, ist dies ein Konflikt, der zu vermeiden gewesen wäre.

Wenn ein Kind während bestimmter Arbeitsphasen immer an einem besonderen Platz sitzen muss, damit es zu besseren Ergebnissen kommt, ist dies eine wichtige Information für andere Mitarbeiter, damit dies konsequent eingehalten wird. Das betroffene Kind soll dadurch merken, dass es allen Erwachsenen wichtig ist, dass es weiterkommt, oder es spürt die notwendige Grenze, ich kann hier nicht machen was ich will.

Der Lernerfolg vieler Kinder, die zum Beispiel Unterstützung im Bereich emotionaler und sozialer Entwicklung brauchen, ist häufig von deutlichen Grenzziehungen abhängig, die im Idealfall alle Erwachsenen gleich handhaben.

Verantwortlich dafür bin ich als Klassenlehrerin, auch wenn ich selbst nicht immer anwesend sein kann.

Der **Freie Forscher Club** (vgl. Stähling/Wenders 2012, S. 50 ff.) ist zum Beispiel eine offene Unterrichtsform, die Grenzziehungen, Absprachen und eine verlässliche Kommunikation unter den Erwachsenen erfordert. Wenn Kinder nicht genau wissen, was sie tun sollen oder können, kommt es sehr leicht zu Störungen. Der Freie Forscher Club ist ein wichtiges Element des Unterrichts in der Sonnenblumenklasse. Die Kinder arbeiten alleine, zu zweit oder in einer Kleingruppe an selbst gewählten Sachthemen. Hier kann ich zum Beispiel pädagogische MitarbeiterInnen hervorragend einsetzen. Sie können Kinder oder Kleingruppen bei unterschiedlichen Aufgabenstellungen begleiten:

- bei der Themenfindung an sich
- beim Ordnen und Gliedern der Fragen
- beim Aussuchen von Büchern
- beim „Surfen" im Internet (nur Kinderseiten sind erlaubt, Googlesuche nur in Begleitung von Erwachsenen)
- beim Klären von Fragen
- bei verschiedenen Präsentationsformen (Plakat, Bericht,Vortrag, Power Point)
- beim Aufsuchen von Experten.

Für mich kam es durch den gleichzeitigen Einsatz von pädagogischen Mitarbeiterinnen zum Beispiel zu folgender Situation: Ich konnte mich fast eine halbe Stunde neben ein Kind setzen und diesem Kind helfen, endlich seine Gedanken zu ordnen. Dieses Kind hatte das Thema „Schiffe" gewählt und in mehreren Stunden bisher „nur" Schiffsmodelle gezeichnet. Ich wusste anhand seiner Fragen, wieviel Ideen und Konstruktionen Rico im Kopf zu haben schien. Eines seiner Probleme ist es, sich schriftlichen Arbeitsaufträgen zu stellen und sie ausdauernd zu bearbeiten. Rico vermeidet fast immer schriftliche Arbeiten. Rico kann auch nicht mit jedem Erwachsenen gut arbeiten, weil er dazu neigt, höfliche, abschweifende Gespräche zu führen und den Erwachsenen schließlich von der eigentlichen (seiner eigenen) Arbeit abzulenken.

Ich musste dieses Phänomen knacken, auch wenn es mir fast ungeheuerlich erschien, mich für eine gute halbe Stunde alleine mit einem Kind zu beschäftigen. Was machte die Gesamtgruppe in der Zwischenzeit nebenan? Schafften es die jungen Mitarbeiter alleine? In diesem Fall sagte meine innere Stimme, „habe Vertrauen", dies hier ist wichtiger. Wenn ich Ricos Arbeitsverhalten nicht endlich in eine positive Richtung gelenkt bekomme, ist der Schaden größer, weil Rico zukünftig immer wieder durch „Nichtstun" meine Aufmerksamkeit auf sich lenken würde. Einmal jetzt Zeit investieren, sagte ich mir und Vertrauen haben.

Es hat sich in diesem Fall gelohnt. Bei Rico kam es zum Durchbruch. Ich hatte darauf bestanden, seine 20 Fragen zu ordnen und sie auf Karteikarten zu schreiben. Anschließend half ich ihm dabei, die erste Frage zu beantworten. Das war wie eine Befreiung für ihn. Er hatte jetzt eine Methode, die ihn zufrieden machte. Von diesem Tag an, arbeitete er selbstständig und vertiefter. Die Gesamtgruppe hat sich durch meine relativ lange Abwesenheit nicht stören lassen und weitergearbeitet.

Das Lernen steht im Mittelpunkt. Das ist eine Gesamtleistung des Teams und wir suchen trotzdem immer nach Verbesserungen.

Wir haben eine Form der Kommunikation installiert, die bisher erfolgreich ist. Ich plane zusammen mit dem Fachlehrer die nächsten möglichen Arbeitsschritte der Kinder vor und schreibe sie auf farbige Zettel. So kann sich ein Mitarbeiter, der ein Kind oder eine kleine Gruppe beim FFC unterstützt, orientieren und das Kind selbst kann diesen Vorschlag als Hilfe aufgreifen oder auch verwerfen. Letzteres wird dann auf dem Zettel notiert und der neue Arbeitsschritt wird festgehalten.

Unabdingbar ist die gemeinsame Verständigung aller Erwachsenen darüber, welches unsere Arbeitsstandards im Hinblick auf Disziplinprobleme während aller Unterrichts- und Tagesphasen sind:

- jedes Kind hat das Recht auf störungsfreies Lernen
- jedes Kind hat das Recht auf störungsfreie Pausen
- bei Störungen greifen wir sofort ein

Wenn wir alle spüren, dass wir gebraucht werden, dass wir einander vertrauen, gehen wir in der Regel zuversichtlich an unsere Aufgaben heran. Wichtig ist, dass jeder von uns weiß, was er zu tun hat. Von Anfang an ist es unabdingbar, Fragen zu stellen. Ich als Klassenlehrerin muss ganz konkret sagen dürfen, was ich anders haben möchte. Eine lehrreiche Lektion für noch unerfahrene Mitarbeiter ist die, dass sie sich nicht blind auf Schülerinformationen verlassen können: „Die Kinder sagten mir, dass sie sich beim Mittagessen hinsetzen dürfen, wo sie wollen", sagte mir ein ziemlich entnervter Mitarbeiter, nachdem er zum ersten Mal das Mittagessen geleitet hatte. Das stimmte nicht und dementsprechend unruhig verlief das Mittagessen.

Miteinander sprechen, sich gegenseitig Rückmeldungen geben und sich vertrauen, alles führt zu mehr Erfolgen bei der Arbeit der MitarbeiterInnen. Loslassen können und delegieren können sind meine Entlastungsfaktoren. Ich gehe grundsätzlich davon aus, dass ein junger Mitarbeiter, eine junge Mitarbeiterin etwas kann. Ich glaube, dass junge Erwachsene „nah am Kind" sein können und eine Sprache finden, die Kinder gut verstehen. Ich weiß, dass junge Mitarbeiterinnen, die schon Erfahrung mit Jugendarbeit haben, sehr wertvolle für uns sind. Sie können in der Regel eine Gruppe leiten. Ich weiß, dass Kinder von Kindern lernen und auch gerne von jungen Erwachsenen, die keine hauptamtlichen Lehrer sind.

2.4 Disziplin und verschiedene Erwachsene

„Die Kinder hören nicht auf mich, wenn du nicht da bist“, war bisweilen ein Thema, über das wir sprechen mussten. „Rico zeigt keinen Respekt oder sagt, dass ich ihm gar nichts zu sagen hätte“, äußerte ein Mitarbeiter in der Teamsitzung. Um dieses in den Griff zu bekommen ist es erstens wichtig, dass wir alle davon erfahren. Zweitens darf dieses Phänomen nicht automatisch als persönliche Niederlage oder gar Scheitern eines Mitarbeiters oder einer Mitarbeiterin gedeutet werden. Kinder meinen es selten persönlich, sondern machen in der Regel auf ein nicht erfülltes Bedürfnis aufmerksam und reagieren aus ihrer Sicht logisch auf ein bestimmtes Erwachsenenverhalten oder eine bestimmte Situation. Entweder testen sie aus, ob die Absprachen tatsächlich bei allen Erwachsenen gelten und eingehalten werden. Oder sie versuchen ihr Vermeidungsverhalten, das oftmals vielschichtige Gründe hat, durchzusetzen. Je offener eine Unterrichtsorganisation ist, umso eher geraten Kinder, mit Schwierigkeiten ihr Verhalten zu steuern, an ihre Grenzen. Das sind die Situationen, die häufig in einen Machtkampf münden können: „Bei der nächsten Verwarnung verlässt du den Sitzkreis oder die Turnhalle oder die Gruppe.“ „Nö, mach ich nicht“, ist beispielsweise eine Antwort. Was ist zu tun? Unsere Erfahrung ist, dass Machtkämpfe nur ganz selten Sinn machen. Die Kinder brauchen eine klare Ansage, dass ihr Fehlverhalten eine Konsequenz haben wird. Sie sollte transparent sein. Auch wenn diese erst später erfolgen kann (das Nacharbeiten in der Pause, ein Verbot der Teilnahme an einer beliebten Sache beim nächsten Mal, die Information der Eltern u. a.) führt dies in der Regel dazu, dass die Gruppe ungestört weiterarbeiten kann und das störende Verhalten ignoriert wird. Wenn dies nicht hilft, müssen wir in der Teamsitzung eine besondere Handlungsplanung erarbeiten. Die Gruppe soll sich geschützt fühlen.

An manchen Tagen sind wir Erwachsenen es selbst, die Störungen durch unser eigenes Verhalten verursachen. Es geht uns selbst nicht gut und wir vergessen eine wichtige Absprache: Ein Kind hatte Pausenverbot, wir haben nicht daran gedacht. Das Kind geht in die Pause und schon kommt es auf dem Schulhof zu einem Konflikt, der vermeidbar gewesen wäre. Manchmal kommt es vor, dass andere Kinder mich oder einen anderen Erwachsenen daran erinnern, dass ein bestimmtes Kind Pausenverbot hat. Dies ist ein gelungener Beweis dafür, dass wir unsere Konsequenzen im Klassenrat transparent machen und mit der Gesamtgruppe besprechen.

Wenn ich der Klasse sage: „Das muss ich im Team besprechen“ oder „im Team haben wir besprochen, dass wir zum Beispiel die Sitzordnung ändern müssen“, hat diese Aussage Gewicht und wird von den Kindern respektiert. Sie spüren, dass die Erwachsenen sich Gedanken gemacht haben und sie gemeinsam über eine Sache gesprochen haben.

Notwendiges „Handwerkszeug“ für alle Teammitglieder sind einerseits die Kenntnis der Schul- und Klassenregeln und andererseits Handlungsperspektiven, wenn gegen Regeln verstoßen wird. Einige Kinder testen zu Beginn einen neuen Erwachsenen aus. Wie weit kann ich gehen? Die Mitarbeiterinnen müssen lernen, sicher darauf zu reagieren. Wenn ein Kind zum Beispiel wünscht, woanders sitzen zu dürfen, könnte eine Antwort folgendermaßen sein: „Ich kenne eure Regeln noch nicht so gut, ich werde mich erkundigen, bis dahin bleibt die Sitzordnung so, wie sie ist.“

Machtkämpfe mit einzelnen Kindern sind nicht effektiv. Wenn ein Kind z. B. aufgrund seines störendes Verhaltens den Raum verlassen soll und dies aber nicht tun will, könnte der Mitarbeiter oder die Mitarbeiterin sagen: „Dein Verhalten wird eine Konsequenz nach sich ziehen, ich möchte jetzt keinen Machtkampf mit dir führen.“

Jetzt kommt es darauf an, dass dies als Information an andere Mitarbeiter weitergegeben wird. Entweder gibt es ein **Übergabebuch**, wo dieser Vorfall eingetragen wird oder es gibt eine sofortige **Rückmeldung**. Das Team braucht eine „wasserdichte Kommunikation“, damit die angekündigte Konsequenz auch erfolgen kann.

Junge Mitarbeiter und Mitarbeiterinnen haben es manchmal schwer, sich durchzusetzen. Sie trauen sich nach eigener Aussage häufig nicht (trotz meines Vertrauens), klare und deutliche Ansagen zu machen. Andere interpretieren bestimmte Störungen der Kinder folgendermaßen: „Störungen haben doch immer ihre Gründe, vielleicht sollten wir darüber nachdenken, ob wir selbst etwas an unserem Unterricht zu verändern haben.“ Der Gedanke ist richtig, entbindet aber nicht von einer sofortigen Störungskontrolle.

Viele Störungen sind hausgemacht. Einige Beispiele:

- Bestimmte Kinder waren bei einem Raumwechsel nicht begleitet und es kam auf dem Flur zu Konflikten.
- Durch schlechte Unterrichtsorganisation kam es zu Leerlauf und somit zum massiven Störverhalten bei einem Kind.
- Wenn bestimmte Kinder nicht genau wissen, was wir von ihnen verlangen und sie sich über- oder unterfordert fühlen, machen sie durch ihr Verhalten darauf aufmerksam.
- Kindern, die sich bekanntermaßen gegenseitig ablenken, wurde gestattet, zusammenzuarbeiten und störten nun gemeinsam die anderen Lerngruppen.

- Wir haben nicht konsequent auf die Einhaltung der Regeln beim Mittagessen geachtet (zum Beispiel nicht reden von Tischgruppe zu Tischgruppe) mit dem Ergebnis, dass es viel zu laut war.
- Wir vergessen, bestimmte Kinder an ihre individuellen Ziele zu erinnern.
- Wir stehen nicht klar und deutlich zu unseren An- und Aussagen. „Alle Kinder gehen jetzt nach draußen", bedeutet, dass in der Tat **alle** nach draußen gehen.

Diese Beispiele ließen sich noch erweitern und nicht immer können wir jede Störung erklären oder verstehen. Wenn es uns häufiger gelänge mit Gelassenheit und Humor zu reagieren, könnten wir die eine oder andere Disziplinstörung leichter in eine positive Richtung kanalisieren. Wir bemühen uns im Team darum und dies führt zu interessanten, teilweise lebhaften Gesprächen in der Teamsitzung.

Ziel dieser Auseinandersetzungen ist immer die Weiterentwicklung unseres pädagogischen Tuns und das Einhalten von verbindlichen Absprachen und Standards.

2.4.1 Beispiel Mittagessen

Beim Mittagessen war es einfach zu laut. Zusammen mit der Klasse und im Team wurden die Regeln genau besprochen. Zwar dachten wir, dass sie schon bekannt waren, aber es funktionierte einfach nicht. Wir einigten uns auf folgendes Vorgehen: Das Kind, das laut ist, wird verwarnt. Im Wiederholungsfall muss es an einem anderen Ort alleine essen. Wenn das auch nicht funktioniert, muss es in einer anderen Klasse essen.

Hier zeigte sich, dass es Temperamentsunterschiede und unterschiedliche Toleranzgrenzen bei den pädagogischen Mitarbeitern gibt und gab. Wie gehen wir damit um? Folgende Fragen sind aufschlussreich:

Wie ist meine Ansprache? „Predige" ich erst, bevor die Kinder essen dürfen, oder sage ich deutlich, klar und laut genug, dass jetzt Ruhe herrscht und wir uns ein gutes Mittagessen wünschen?

Sanktioniere, verwarne ich sofort, wenn ein Kind anfängt von Tisch zu Tisch zu reden? Oder warte ich ab?

Behalte ich den Gesamtüberblick? Oder verweile ich an einem Tisch und hinter meinem Rücken geschehen Regelverstöße?

Achte ich darauf, dass alle Kinder zumindest probieren, wenn sie etwas nicht mögen usw.

Im Team ist es sehr effektiv, wenn die einzelnen beim Mittagessen eingesetzten Mitarbeiter ihre eigenen Erfahrungen untereinander austauschen und sich gegenseitige Rückmeldungen geben. Das kann in der Teamsitzung geschehen, aber auch zwischendurch. Die Informationen müssen allerdings in einer gemeinsamen Sitzung zusammengebracht werden, um gemeinsame Beschlüsse zu fassen.

Bei der Auswahl des Mittagessens müssen die Kinder mit einbezogen werden. Es hat sich bewährt, jedes Mal ein Kind, das Tischdienst hat, zu beteiligen.

Ist die Auswahl ausgewogen, entspricht sie unserem Verständnis von gesunder Ernährung? Wir möchten weniger Fleisch und mehr Gemüse essen.

In der Schule wünschen wir uns schon seit langem einen eigenen Koch. Da wir ihn nicht haben, versuchen wir das Beste aus der Küche, die uns beliefert „herauszuholen". Rohkost und nicht jeden Tag Fleisch sind Grundprinzipien. Kuchen zum Nachtisch? Manche Eltern lehnen dies ab. Manche finden es in Ordnung und die Kinder wünschen es sich. Wir sprechen mit den Kindern darüber und kreuzen nur noch manchmal Kuchen auf dem Speiseplan an. All dies müssen die pädagogischen Mitarbeiter wissen.

Trinken die Kinder genug? Manche Kinder vergessen zu trinken, nicht nur beim Mittagessen. Auch darauf ist zu achten durch die Mitarbeiter, die das Mittagessen leiten. Beim gemeinsamen Essen ist sehr viel zu beobachten und zu lernen.

Es geht nicht um ein „Abfüttern", sondern um eine gemeinsame Esskultur. Kein Kantinenessen, sondern eine gemeinsame Mahlzeit im Klassenraum.

Die Arbeitstische haben Tischdecken, die Kinder, die Tischdienst haben, decken für ihre Tischgruppe ein:

Teller, Besteck, Becher. Wie werden die Bestecke angeordnet, wie eigentlich Tischdecken gefaltet und wer achtet darauf, dass sie sauber sind? Wenn dies alles den Mitarbeitern auch selbst wichtig ist, können sie Kinder gut anleiten.

Das Essen wird auf einem Servierwagen aus der Küche geholt. Das erledigen zwei Kinder, die Wagendienst haben.

Die Erwachsenen, die das Essen leiten, füllen die Speisen in Schüsseln und verteilen sie auf die Tische. An jeder Tischgruppe hat ein Kind Tischdienst und ist dafür zuständig, den Erwachsenen zu bitten, dass eine leere Schüssel wieder aufgefüllt wird.

All diese Dienste und Abläufe sind Themen für pädagogische Besprechungen mit den Mitarbeitern, die übrigens regelmäßig zu Hygieneschulungen gehen müssen.

Je routinierter alle Handlungen laufen, desto entspannter ist das Mittagessen.

Der Lautstärkepegel ist meistens ein guter Indikator für verschiedene Dinge. Von sehr leise über angeregt bis hin zu Krach ist alles möglich. Letzteres ist natürlich nicht erlaubt.

Unsere Standards sind:

- Der Lautstärkepegel ist leise bis angeregt (Bei Krach ist etwas nicht in Ordnung und muss dringend abgestellt werden).
- Das Mittagessen ist weitestgehend gesund ausgewählt.
- Die Kinder essen und trinken genug.
- Die Tischdecken sind sauber und das Besteck liegt richtig.
- Die Tischregeln an den einzelnen Tischen sind klar (gemeinsamer Beginn und der Tischdienst achtet darauf, dass die Schüsseln bei Bedarf wieder gefüllt werden).
- Portionen werden gerecht aufgeteilt (gibt es zum Beispiel abgezählte Hähnchenschenkel, achtet der Tischdienst darauf, dass alle gleich viel bekommen).
- Mag ein Kind eine Speise nicht so gerne, muss es wenigstens probieren; abwertende Bemerkungen über das Essen sind nicht erlaubt (zum Beispiel: „Iiih, das ist ekelig.“)

Das alles hört sich entweder läppisch oder nach hohem Anspruch an. Es ist ein hoher Anspruch, weil beim Mittagessen unterschiedliche Kinder mit unterschiedlichen kulturellen Hintergründen aufeinandertreffen. Jeder Erwachsene bringt ebenfalls seine eigene Esskultur mit, die von den Kindern genau wahrgenommen wird.

Ich weiß aus eigener Erfahrung, dass die Leitung des Mittagessens eine Herausforderung ist. Ein entspanntes Mittagessen kann gelingen, wenn die Kinder selbst dafür Verantwortung übernehmen. Durch die Altersmischung und die dadurch gegebenen vorhandenen Erfahrungen einzelner Kinder erziehen sich die Schüler gegenseitig. „Du musst erst probieren“, sagen die Erfahrenen. „Wie viele Stücke Pizza hattest du schon? Die oder der hat erst zwei gehabt.“ Dadurch bleibt es gerecht. „Das kannst du ruhig essen, das ist kein Schweinefleisch“, sagt ein nicht muslimisches Kind zu einem verunsicherten muslimischen Kind. Und es stimmt garantiert. Wenn wir es in der Teamsitzung besprochen haben, trauen sich pädagogische Mitarbeiter immer mehr, die Vorteile der Altersmischung zu nutzen und ältere Kinder gezielt als Mithelfer anzusprechen. Es ist wünschenswert, als Erwachsene so oft wie möglich mit den Kindern gemeinsam essen zu können.

2.4.2 Rückmeldekultur

Es beeindruckt Kinder immer sehr, wenn sie von mir z. B. für eine besondere Leistung oder die Verbesserung ihres Verhaltens in einer bestimmten Situation gelobt werden, obwohl ich nicht dabei war. Sie spüren in solchen Momenten, dass alle Erwachsenen zusammenarbeiten, Informationen austauschen und wir uns gemeinsam über die Fortschritte der Kinder freuen.

„Der Leo ist einfach nicht nach draußen gegangen, obwohl ich es ihm gesagt habe. Außerdem hat er gesagt, dass ich ihm gar nichts zu sagen hätte."

In diesem Fall handelt sich um eine Beschwerde über ein Kind an mich durch ein Teammitglied. Das Kind hört dabei zu.

Im Team besprechen wir, dass es nicht gut ist, wenn eine Rückmeldung über ein Fehlverhalten als Beschwerde an mich im Beisein des betroffenen Kindes erfolgt. Das Kind könnte den Eindruck gewinnen, dass es „eine höhere Instanz" gibt und es mit seiner Einschätzung, dass es nicht auf die Mitarbeiter hören muss, Recht hat. Dies ist in der Tat schwierig zu lösen. Wir haben uns auf Folgendes geeinigt:

Ich sage im Beisein der Kinder, dass alle Erwachsenen im Team gleichwertig sind. Alle Kinder haben auf alle Erwachsenen zu hören und alle Erwachsenen sprechen miteinander und wir erfahren untereinander alles. Haben Kinder ein Problem mit einem Erwachsenen, können sie dieses Problem ins Klassenratsbuch eintragen. Es kommt garantiert dran.

Natürlich sind wir als Erwachsene alle unterschiedlich. Wir haben unterschiedliche Erziehungsstile und Herangehensweisen und vor allem unterschiedliche Erfahrungen. Wie können wir das unter einen Hut bringen, ohne dass sich einzelne „verbiegen" müssen oder andere sich täglich „aufregen" müssen?

Wir machen es zum Thema innerhalb der Supervision und machen uns klar, dass wir uns auf jeden Fall auf unsere gemeinsamen Nenner einigen müssen:

Wir reagieren schnell auf eine Störung. Wir haben gemeinsame Handlungsmöglichkeiten im Falle einer Störung. Kein Kind wird beschämt, kein Kind wird gedemütigt oder bloßgestellt. Auch wir Erwachsenen entschuldigen uns bei Kindern, wenn wir unangemessen reagiert haben. Es gibt nichts, worüber wir nicht reden können; auch über die Schwierigkeiten, die wir miteinander haben. Supervision ist eine Hilfe.

2.4.3 Wenn die „Chemie" nicht stimmt

Wenn durch das Ignorieren gemeinsamer Absprachen deutlich wird, dass ein Teammitglied eine andere Grundhaltung hat, gerät die Teamarbeit in Gefahr. Ein Teammitglied identifiziert sich zum Beispiel nicht mit der Haltung, dass **alle** Kinder lernen können und lehnt mehr oder weniger bewusst den gemeinsamen Unterricht ab. Er oder sie findet es vielleicht besser, dass bestimmte Kinder in Sonderschulen unterrichtet werden. Oder ein Teammitglied hat eine völlig andere Auffassung von „Unterricht“. Vielleicht sieht dieses Teammitglied die Vielfalt der Schülerinnen und Schüler täglich als Belastung und nicht als Bereicherung. Es leidet unter den Verhaltensweisen bestimmter Schülerinnen und Schüler. Er oder sie gehen grundsätzlich davon aus, dass alle Kinder sich zu „benehmen“ haben und dieses auch können.

Im Team wurde zum Beispiel darüber gesprochen, dass Michel grundsätzlich nicht ohne Vorbereitung von anderen Kindern angesprochen werden soll. Wird er zum Beispiel beim Lesen durch andere Kinder gestört, indem sie ihn im Vorübergehen ansprechen, reagiert er mit extremen Gefühlsausbrüchen oder wirft das Buch hinterher. Die Förderziele sind natürlich, dass Michel nicht laut schreit und keine Bücher wirft. Bis er dieses leisten kann, können wir die Konflikte, die vorhersehbar sind, vermeiden. Dazu würde gehören, dass wir Kinder daran hindern, Michel zu stören. Ein Teammitglied, das sich grundsätzlich nicht an diese Absprache halten würde und Kinder in bestimmten Situationen nicht hindern würde, Michel zu stören, wäre eine Belastung für die gemeinsame Arbeit.

Es ist nicht das **gelegentliche** Vergessen einer Absprache, das die Wirksamkeit eines Teams infrage stellt. Wenn mal der Kompostdienst vergessen wurde, weil ein Erwachsener nicht mit daran gedacht hat, oder die Milch im Kühlschrank sauer geworden ist, oder ein Erwachsener nicht, wie verabredet, früher gekommen ist, ist das im Einzelfall zwar höchst ärgerlich, kommt dann aber nach meiner Erfahrung anschließend in der Regel nicht wieder vor.

Teammitglieder, die sich nicht mit einer fürsorgenden Schule identifizieren und von Eltern, die nicht lesen und schreiben können, die arm sind, die teilweise massive Probleme haben, erwarten, dass sie sich umfassend um ihre Kinder kümmern und dass Geldbeiträge pünktlich und komplett gezahlt werden, stören die gemeinsame Teamarbeit. Elterngespräche laufen dann Gefahr, von oben herab geführt zu werden, oder diese Teammitglieder sprechen grundsätzlich be- oder abwertend über diese Eltern.

Wenn die „Chemie“ nicht stimmt, kann es auch daran liegen, dass Zuständigkeiten nicht klar sind. Sage ich als Lehrerin für Sonderpädagogik: „Die Kinder mit Etikett sind „meine“ Kinder, mit den anderen habe ich nichts zu tun“, ist ein gemeinsamer Unterricht nur schwer möglich. Es finden dann additive Maßnahmen statt und anstatt Kinder zusammenzubringen, werden sie stets separat angesprochen.

Wenn das Grundsätzliche stimmt, können kleinere Unstimmigkeiten innerhalb eines Teams aufgefangen werden. „Dream-Teams“ sind nicht die Regel, kommen aber bisweilen vor!

Supervision ist für alle Teams lebensnotwendig. In einzelnen Fällen haben wir uns auch schon von einem Mitarbeiter, einer Mitarbeiterin trennen müssen.

2.5 Die Einbindung der Integrationshelferinnen und Integrationshelfer

„Schulbegleiter“ werden in der Regel von einer Trägerinstitution eingestellt und haben somit einen anderen Vorgesetzten. Dies könnte zu Schwierigkeiten führen, wenn Schule und Trägerinstitution unterschiedliche Auffassungen zu bestimmten Aufgaben hätten. Dies ist bei uns zum Glück nicht der Fall. Es ist zum Beispiel unerlässlich, dass die Integrationshelfer und Integrationshelferinnen an der wöchentlichen Teamsitzung teilnehmen. Soll das begleitete Kind tatsächlich am Leben und Lernen im Schulalltag teilhaben können, muss die Begleitperson die Gesamtgruppe im Blick haben und alle Kinder und Abläufe kennenlernen. Da sie immer mit dabei sind, bekommen sie in der Regel am meisten mit und können wertvolle Rückmeldungen im Hinblick auf die Gesamtgruppe geben. Sie bekommen oft schneller mit, welche Kinder eine Affinität zum „begleiteten“ Kind haben und welche eher nicht.

Manchmal ekeln sich Kinder vor einem anderen Kind, weil dieses seinen Speichelfluss nicht kontrollieren kann. Sie wollen dann z. B. nicht neben diesem Kind im Sitzkreis sitzen und rücken systematisch von ihm weg. Hier müssen wir gemeinsam mit den Integrationshelfern aufklären und mit den Kindern darüber sprechen, warum die Spucke immer läuft und wie wir mithelfen können, damit es nicht mehr ekelig ist. Wenn wir es schaffen, dass Lisa, die sich zuvor geekelt hatte, nun nicht mehr abrückt und stattdessen Olivia auf das umgebundene „Spucketuch“ aufmerksam macht, haben wir viel erreicht. Es gab ein Kind, das alle Sachen in den Mund nahm, um sie besser begreifen zu können. So auch den geliebten „Succesball“, mit dem wir im Sitzkreis spielten. Es handelt sich dabei um einen Stoffball, der im Inneren aus vielen kleinen Schaumstoffwürfelchen besteht, damit ihn jeder fangen kann. Immer wenn Eva drankam, um ihn zu fangen, schrie die gesamte Gruppe: „Nicht in den Mund nehmen, Eva! Wir wollen keinen feuchten „Spuckeball“ fangen.“

Zusammen mit der Integrationshilfe hatten wir besprochen, dass wir die nachvollziehbare Abwehr der Gruppe nutzen wollten, um Eva selbst weiterzubringen. Eva wollte unbedingt im Sitzkreis mitspielen. Sie hatte nun große Ziele, die wir mit ihr besprachen: Erstens sollte sie den Ball fangen und werfen können, zweitens sollte sie den Ball anschließend nicht mehr an den Mund führen. Beides gelang uns mit Hilfe der anderen Kinder und der Integrationshilfe. Wir haben den Wunsch der Gruppe ernst genommen und zunächst selbst verhindert, dass Eva den Ball zum Mund führt. Danach hat das Nachbarkind von Eva diesen Vorgang verhindert und zum Schluss konnte Eva selbst daran denken. Sie freute sich darüber, dass sie selbstständig einen Ball fangen konnte und mitspielen konnte.

Weitere kritische Situationen im Laufe eines Tages werden von den Integrationshelfern benannt und können in der Teamsitzung zum Wohle des einzelnen Kindes und der Gesamtgruppe besprochen und verändert werden. „Olivia hatte wieder keine schöne Pause“, führte zum Beispiel zur Konsequenz, dass es ab sofort einen Plan gab, wo Kinder sich verbindlich eintragen konnten, wann sie mit Olivia die Pause verbringen möchten.

Die Aufgabe der Integrationshelfer besteht darin, das ihnen anvertraute Kind während des Schulalltags zu begleiten und ihm eine Hilfe zur Teilhabe am Unterricht und zur Integration in die Gruppenbezüge zu sein. Sie haben offiziell keine lehrende Funktion und „unterrichten“ diese Kinder nicht. Sie sind langfristig gesehen die Helferinnen und Helfer eines Kindes zur – je nach Möglichkeit – weitestgehenden Selbsthilfe und Autonomie eines Kindes.

Nachdenklich machten mich Besuche in anderen Schulen, wo Integrationshelferinnen den gesamten Vormittag neben „ihrem“ Kind saßen und diese Kinder keine Chance hatten, etwas alleine zu tun. Diese Kinder hatten einen Förderschwerpunkt im Bereich Lernen oder geistige Entwicklung. Die Erwachsenen legten das gesamte Arbeitsmaterial bereit, halfen beim Ausfüllen des Arbeitsblattes mit, packten die nicht benutzten Stifte wieder weg, radierten oder spitzten selbst einen Stift an, weil es schneller ging. Es war sichtbar, dass diese Kinder „mithalten“ sollten, sie sollten genau das tun, was alle Kinder tun. Ihr „Nachteilsausgleich“ bestand fälschlicherweise darin, dass ihnen permanent vorgesagt oder geholfen wurde. Interessant war eine Beobachtung in der Schulküche. Die Gruppe sollte Brötchen backen. Die Kinder mit Integrationshelfer standen dabei und sahen zu, wie ihre Integrationshelfer für sie die Brötchen buken und anschließend sehr zufrieden mit ihrer Arbeit zu sein schienen. Die Erwachsenen erklärten ihre Hilfe mit folgenden Worten: Das würde zu lange dauern, wenn wir sie alleine backen ließen, die Brötchen sähen außerdem nicht so gut aus. Die Kinder würden sich schlecht fühlen, weil die Brötchen der anderen Kinder besser aussehen. Dies alles hört sich zunächst verständlich an und scheint zum Wohle der Kinder gedacht zu werden. Allerdings war das Gegenteil der Fall. Ohne dass es den helfenden Erwachsenen klar zu sein schien, wurden strukturelle Gegebenheiten nicht hinterfragt (Faktor Zeit) und ein Vergleich mit „nicht behinderten“ Kindern als „normal“ hingenommen.

Wenn Kinder mit Integrationshilfe dazu gebracht werden sollen, langfristig ohne oder nur noch mit wenig Integrationshilfe lernen und in Kontakt zu anderen Kindern treten zu können, brauchen diese Kinder zunächst die Erfahrung, dass sie selbst etwas können.

Dazu brauchen sie die Hilfe, die ihnen ein „ehrliches“ Erfolgserlebnis ermöglicht. Sie brauchen die Erfahrung, dass Kinder unterschiedlich sind und dies auch sein dürfen. Der eigene Lernfortschritt ist wichtig und gibt ihnen Anlass zur Freude: „Ich kann endlich die Ziffern bis 20 lesen“. Kinder mit Handicaps wollen in der Regel genauso wenig oder viel „Schonung“ wie Kinder ohne Handicaps. Dieses kann durch begleitende Erwachsene beeinflusst werden. Ich kann ein Kind in einen ständigen Schonraum hineinbringen und ihm wenig zumuten oder sogar zutrauen. Dieses Kind ist dann ständig zu müde für eine Anforderung oder scheint ständig überfordert zu sein.

Hier ist es Aufgabe der Klassenleitung und des Teams, dafür zu sorgen, dass wir mit ganzheitlicherem Blick auf das Kind mit sogenanntem Handicap schauen. Auch diese Kinder wachsen mit den Anforderungen, die wir an sie stellen und schaffen mehr, wenn wir es ihnen zutrauen. Niemals darf es um „mithalten können“ oder „ich muss so sein wie die anderen“ gehen.

„Die Kinder merken, dass die Schere immer größer wird“, sagte mir einmal ein Integrationshelfer, der Schwierigkeiten mit dem gemeinsamen Unterricht hatte. In dieser Aussage liegt für mich genug Zündstoff, um das gesamte gegliederte deutsche Schulsystem in Gedanken in die Luft zu jagen. Die Schere kann gar nicht groß genug sein, um tatsächlich nachhaltigeres Lernen bei allen Kindern zu ermöglichen. Wenn ein Kind mit einem IQ von 130 sich mit dem Gedanken auseinandersetzt, warum ein anderes Kind sich die Ziffern bis 20 nicht merken kann und immer wieder falsch ausspricht, könnte er über dieses Ereignis zunächst in einen sozialen Bezug treten und vielleicht den Zusammenhang zwischen Sprache und Mathematik für sich ergründen und gleichzeitig verstehen, dass das Kind ohne IQ 130 ein Hochleister ist, wenn es endlich die Ziffern richtig aussprechen kann.

Es geht niemals um Leistungsnivellierungen. Ganz im Gegenteil. Im „echten“ gemeinsamen Unterricht werden die Leistungen **aller** Kinder gewürdigt. Wir erwarten von **allen** Kindern **Höchstleistung** und ermöglichen dieses. Dabei gibt es selbstverständlich große Unterschiede im Hinblick auf die Ergebnisse und im Hinblick auf die Zeit. Ein Vergleich dient niemals der Separation, Segregation, Aussonderung oder Abschulung, wie es leider im deutschen Schulsystem immer noch üblich ist. Ich bin immer mit dem gesamten Spektrum der Vielfalt und Einzigartigkeit von Kindern beschäftigt. Im Gegensatz zu Schulen des gegliederten Systems sind unsere Schülerinnen und Schüler nicht vorsortiert.

Wechsel der Integrationshilfe

„Wie gut, dass du nicht so groß bist", war Judiths erste Reaktion auf die neue Integrationshelferin. Ein Wechsel war notwendig geworden, weil die Lernentwicklung bei Judith zu stagnieren schien und keinerlei Fortschritt erkennbar war. Was tun? Hier gilt es offen zu sprechen. Zunächst mit der Integrationshilfe selbst, wie sie ihre Arbeit einschätzt, dann mit den Eltern und dem Kind. Kontinuität und Verlässlichkeit sind wichtig, eine rechtzeitige Trennung darf kein Tabu sein. In unserem Fall war es für beide Seiten gut.

Eine ehrliche Aussprache ohne Vorwurf oder gar Schuldzuweisung hat in unserem Fall dazu geführt, dass sich die Integrationshelferin von Judith verabschieden konnte. „Ich möchte an einer anderen Stelle arbeiten, ich glaube, das ist für uns beide gut. Ich habe das Gefühl, dass du mit mir nicht so gerne lernst. Ich kann das verstehen."

Judith war erleichtert und hatte kein „komisches" Gefühl.

2.6 Teammitglieder der Sonnenblumenklasse

2.6.1 Klassenlehrerin und Teamleiterin

Heute Morgen war ich schon um kurz nach sieben Uhr in der Klasse. Der Unterricht beginnt offiziell um 8 Uhr. Ich liebe es als Klassenlehrerin, früh da zu sein, um mich in Ruhe einzustellen auf alles was da kommt:

Der Tagesplan ist klar und hängt für alle sichtbar an der Wand mit der Wochentafel. Die Kinder können ihn lesen, auch die Erstklässler schon nach kurzer Zeit. Er wird täglich besprochen und hat eindeutige Symbole.

Klare Strukturen sind die halbe Miete, die andere Hälfte sind die Menschen, die großen und kleinen. An so einem Beispielmorgen geht mir Folgendes durch den Kopf:

Was wird heute mit Michel los sein, wie wird er den Begrüßungsraum betreten? Gestern hatte er auf mein „guten Morgen" mit einem lauten „lass mich", geantwortet. Wir müssen im Team über seinen Förderplan sprechen.

Kommt Olivias Taxi wieder so spät? Dann habe ich wenig Zeit für ihre Begrüßung, weil ich dann schon mit anderen Kindern beschäftigt sein werde. Wie gerne gebe ich ihr Anerkennung für ihre hart erworbene Selbstständigkeit beim Jacke An- und Ausziehen und beim Einrichten ihres Arbeitsplatzes.

Kann ich heute endlich das in der Teamsitzung vereinbarte Gespräch mit Lanis Mutter führen? Sie ist telefonisch nicht zu erreichen und kommt meistens zum Bringen und Abholen. Wir müssen über Lanis Müdigkeit sprechen, die allen Teammitgliedern auffällt.

Kommt Sali heute wieder nicht zur Schule und was ist da los? Ich würde gerne einen Hausbesuch machen.

Vladi muss sich noch bei Dina entschuldigen und ein selbst gemaltes Bild als Wiedergutmachung abliefern.

Hanna hat Geburtstag, hoffentlich kommt der Tafeldienst rechtzeitig für ein Geburtstagsbild.

Ich muss unbedingt die Mütter von Eva und Janis abfangen und sie fragen, ob sie den Kaffeedienst übernehmen für den Tag der offenen Tür.

Wenn das Kind der Lehramtsanwärterin weiter krank ist, kann sie heute Nachmittag nicht den Unterricht machen. Das bedeutet, wir müssen eine Vertretung finden. Entweder vertrete ich selbst oder der Fachlehrer.

Bei uns fällt nie Unterricht aus, das Team vertritt sich immer selbst.

Der Kompostdienst wurde gestern nicht gemacht: Die Kompostschüssel steht noch randvoll vom Vortag da. Ich nehme dies zur Kenntnis, nicht ohne einen leichten Ärger zu spüren.

Was bedeutet genau dieser Ärger? Ärgere ich mich über die Kinder, die ihren Dienst vergessen haben, oder mehr über den Erwachsenen, der auch nicht darauf geachtet hat?

Ich stelle ehrlicherweise fest, dass ich mich mehr über den Erwachsenen ärgere, der die Kinder hätte erinnern können. Ein Punkt für die Teamsitzung! Ich hole die Teamtafel hervor und schreibe es zur Erinnerung sofort mit einem Boardmarker auf unsere **Teamtafel**.

Für meinen Englischunterricht brauche ich noch die Kopfhörer für die Hörstationen.

Obwohl der Kopf voll ist mit der Gesamtübersicht, mit Absprachen, mit der Koordination und dem „nicht vergessen dürfen", freue ich mich auf die Kinder und die Erwachsenen. Es macht Spaß, gemeinsam erfolgreich zu sein und teilweise schwierigste Dinge zu schaffen:

Für meinen „Gesamtüberblick" brauche ich ein ziemlich gutes Gedächtnis. Damit ich es schaffe, schreibe ich mir sehr viel auf, manchmal direkt ins Klassenbuch oder ins Teambuch. Manchmal bitte ich Teammitglieder, mich mit zu erinnern.

2.6.2 Integrationshelferin Maja

Maja ist Olivias Integrationshelferin.

Maja kommt heute mit einem Anliegen zu mir. Sie hat beobachtet, dass Olivia, das Kind, für das sie zuständig ist, eine gewisse Affinität zu Vladi hat und umgekehrt. Da beide ein neues FFC-Thema suchen, läge es nahe, die beiden zu koppeln, wenn sie sich darauf einlassen könnten und sich ein gemeinsames Thema fände. Maja sieht den Vorteil, dass Olivia nicht alleine arbeiten müsste und sie selbst beide auf Unterrichtsgängen begleiten könnte. Wie kommt die Integrationshelferin auf diese Idee, von der ich begeistert bin? Auf der letzten Teamsitzung hatten wir noch einmal sehr genau abgesprochen, wie wir mit Vladis Fehlverhalten umgehen: **Jede** Form der Verweigerung von Unterricht muss Vladi nachholen. Alle Gewaltausbrüche in Wort und Tat werden sofort als logische Folge auf dieses Verhalten hin sanktioniert. So oft es geht, wird Vladi 1:1 begleitet, um nicht ständig den Misserfolg zu riskieren und andere Kinder zu schützen. Jetzt würde sich eine 1:1 Begleitung ergeben, von der sowohl Olivia als auch Vladi profitieren würden. Olivia hätte einen Lernpartner, mit dem sie sich gut versteht und Vladi bekäme Strukturen, die für seine Entwicklung förderlich sind. Jetzt hatte er durch die Begleitung durch einen Erwachsenen die Chance, sich sicherer zu fühlen. In diesem Fall bedeutet Majas Idee, dass Vladi während der FFC-Stunden im Schonraum von Olivia und Maja zu guten Leistungen auf allen Ebenen kommen könnte.

2.6.3 Integrationshelfer Mario

„Wir gehen", mit einem knappen Augenzwinkern und kräftigem Griff unter die Arme eines Jungen mit einer tiefgreifenden Persönlichkeitsstörung (Autismus) verlässt Mario den Klassenraum, den Jungen hinter sich herziehend. Ich weiß Bescheid. Michel kann nicht mehr. Seine Befindlichkeit lässt jetzt entweder nur noch lautes Schreien, Beleidigen, Schmeißen von Gegenständen oder Treten gegen jedes Schienbein oder gegen jeden Gegenstand, das oder der sich anbietet, zu. Die beiden gehen jetzt spazieren. Der Junge und sein Integrationshelfer. Bis ungefähr 8.50 Uhr war Michel in der Lage gewesen, sich auf sein Lernen zu konzentrieren. Sich die Schriftsprache weiter anzueignen, zu lesen und zu rechnen und aus seiner abgeschirmten Ecke das Englischtraining mit anzuhören, was ich mit den anderen Kindern im selben Raum jeden Tag bei der Begrüßung und zwischendurch anbiete. Michel arbeitet zum eigenen Schutz und zum Schutze anderer Kinder für sich alleine hinter einem Paravent. Mario setzt als Integrationshelfer die im Team vereinbarten und notwendigen Maßnahmen für Michel konsequent um. Dabei ist es seine große Kunst, Michel nicht nur aus der Klasse zu entfernen und dadurch für Ruhe zu sorgen, sondern jede gemeinsame Aktivität, die mit anderen Kindern zusammen möglich ist, zu suchen und zu planen. Wir sehen es als unabdingbar an, dass Michel zur Gruppe gehört. Die Teilnahmen am Sitzkreis oder gemeinsamen Frühstück oder Mittagessen oder an einer Geburtstagsfeier werden genutzt, um erfolgreich sein zu können. In der Teamsitzung legen wir zum Beispiel fest: 5 Minuten Sitzkreis muss Michel schaffen.

Dass Michel heute ca. 2 Minuten ohne Störung in einer Schlange von Kindern beim Fachlehrer gewartet hat, um seine geleistete Arbeit vorzuzeigen und sich einen Stempel abzuholen, war eine Höchstleistung. Dass Michel überhaupt Lesen gelernt hat, Wörter und Sätze schreiben kann und auch rechnen kann, wenn auch erst nur im Zahlenraum 20, ist ein großer Erfolg, über den wir uns im Team freuen.

Dass die anderen Kinder Michel akzeptieren, obwohl er meistens alleine mit seinem Integrationshelfer arbeitet, liegt meiner Meinung daran, dass wir bei jeder sinnvollen Gelegenheit mit und über Michel sprechen. Die Kinder wissen, jedes Kind ist anders, jedes Kind gehört dazu, jedes Kind hat die gleichen Rechte, jedes Kind fühlt sich geschützt und jedes Kind bekommt Hilfe. Das ist die Botschaft. So oft es geht, ist Mario als Integrationshelfer auch für die ganze Gruppe ansprechbar: Wenn er zum Beispiel ein kompliziertes Bauwerk aus Kapla-Bausteinen zusammen mit Michel baut, kommen andere Kinder hinzu und dürfen mitbauen. Wenn andere Kinder fragen, warum Michel so geschrien hat, antwortet Mario mit Güte und Humor. Gleichzeitig greift er wie verabredet knallhart in den Situationen durch, wenn das Werte- und Regelsystem der Schule und Klasse angegriffen wird. Das gibt allen Sicherheit, auch Michel. Mario reagiert mit Herz und gesundem Menschenverstand (eine oft verschüttete Ressource im Schulalltag).

Knappe und deutliche Anweisungen, Körperkontakt, viel Bewegung, Vorlesen, ein durchdachtes Verstärkersystem und Herausnahme aus der Situation sind verabredete Handlungsmöglichkeiten für Mario, durch die der Schulbesuch von Michel möglich wurde. Ohne Marios Herzblut, seinen unerschütterlichen Humor, seine gute physische Kondition und seinen und unseren absoluten Willen, diesem Kind, eine Chance und Erfolge zu ermöglichen, wären wir schnell ans Ende unserer Handlungsmöglichkeiten gekommen.

Das alles hatte gleichzeitig einen Synergieeffekt auf die Arbeit aller Teammitglieder, auf den pädagogischen Optimismus, der im Schulalltag für uns so wichtig ist. Der noch so kleine Erfolg bei Michel wurde von allen erleichtert wahrgenommen und mit der Zeit schien ein Funke überzuspringen: Wir können tatsächlich etwas erreichen, was niemals für möglich gehalten wurde.

Die gemeinsame Freude über den Erfolg eines Kindes ist die Kraftquelle, aus der Teamarbeit heraus gelingt und Spaß macht. Wenn dies an einem Beispiel so deutlich werden kann, schärft es den Blick für klitzkleine Entwicklungsschritte.

2.6.4 Lehramtsanwärterin im gemeinsamen Unterricht

Zum Team gehört eine Lehramtsanwärterin der Sonderpädagogik, die sich auf ihre Prüfung vorbereiten muss. Sie lernt, alle erwachsenen Teammitglieder in ihre Unterrichtsplanungen einzubeziehen und deren jeweilige Zuständigkeiten im Unterrichtsentwurf zu benennen. Vor allem den Integrationshelferinnen fallen wichtige Aufgaben zu:

Sie müssen die Kinder, die sie begleiten, so viel unterstützen wie nötig und so wenig wie möglich. Das ist Chance und Herausforderung gleichzeitig für die Kinder. Was kann Olivia tatsächlich alleine, wann benötigt sie Hilfe für den nächsten Schritt zur Selbstständigkeit?

Es kommt darauf an, dass sichtbar wird, was ein Kind ohne seine Integrationshilfe kann: Zum Beispiel selbstständig ein Abspielgerät bedienen, selbstständig einen Big-Mac (unterstützte Kommunikation durch ein Aufnahmegerät) besprechen, bei einer Gruppenaufgabe mitmachen und hierdurch echte Teilhabe erfahren. Kinder erleben und erkennen, dass auch ein vermeintlich schwaches, behindertes Kind Stärken und Potenziale hat. Sie lernen beispielsweise, dass ein Kind, dem man nichts zutraut, weil es sich nicht verständlich mitteilen kann, kluge Gedanken hat, rechnen kann, eine eigene Meinung hat und andere Stärken. Sie erfahren und sehen gleichzeitig die Grenzen und Einschränkungen und fangen im Idealfall an, wenn die Integrationshilfe gut läuft, sich selbst darüber Gedanken zu machen, welche Hilfen es für Olivia noch geben könnte und dass Olivia eigentlich eine „Hochleisterin“ ist. Wenn sie es schafft, im Sitzkreis während des Klassenrates auf der Bank sitzen zu bleiben, keine Geräusche zu machen und ihre Hände ruhig zu halten, ist das ihre persönliche Hochleistung. Wenn die anderen Kinder wissen, dass Olivia über ihren Körper innere Spannungen oder Freude abbaut, dann können Kinder verstehen, warum Olivia zwischendurch immer wieder mit den Händen klatschen und patschten muss oder heftig mit dem Kopf wackeln und aufstehen muss. Die Erwachsenen im Team und alle Kinder können Olivia eine wertschätzende Rückmeldung geben.

Unsere Referendarin wurde mehrmals im Unterricht besucht und begutachtet bzw. beraten. Auffällig war, dass die Kinder „ohne Etikett“ oder mit einem anderen Etikett als dem Etikett „geistige Entwicklung“ in den Nachgesprächen oder der Leistungsbeurteilung eine untergeordnete Rolle spielten. Es schien nicht so wichtig zu sein, ob die Lehramtsanwärterin es verstand, allen Kindern zum Erfolg zu verhelfen, auch dem Kind mit dem Etikett „emotionale soziale Entwicklung“, sondern der Fokus der Begutachtung und Leistungsbewertung lag auf dem einen Kind mit dem Förderschwerpunkt „geistige Entwicklung“.

Es stellt sich die Frage, wie Lehrerinnen und Lehrer für den gemeinsamen Unterricht ausgebildet werden sollen, wenn das gemeinsame Leben und Lernen in einer Schule, einer Klasse, kein Ausbildungsziel zu sein scheint. Warum bekam unsere Lehramtsanwärterin auf ihrem Zeugnis nicht attestiert, dass sie ihre Ausbildung im gemeinsamen Unterricht absolviert hat? Sie ist eine gute Lehrerin nicht nur für Kinder mit dem Förderschwerpunkt „geistige Entwicklung“.

2.6.5 Pädagogischer Mitarbeiter, Lehramtsstudent Phil

Phil gehört als Lehramtsstudent auch zu unserem Team. Er studiert Germanistik und Sport für die Sekundarstufe I. Er war es, der von mir klare Aufträge einforderte. Mein „Könntest du, wenn du Zeit hast, neue FFC-Hefte kopieren?“, war für ihn nicht geeignet.

„Mir ist lieber, wenn du mir genau sagst, was ich tun soll.“ Ich war ihm dankbar für den Hinweis, denn das ist genau mein Schwachpunkt. Es fällt mir nicht immer leicht, Aufträge zu erteilen. Durch Phil habe ich es besser gelernt.

Ihn zeichnet aus, dass er sein fast ungläubiges Staunen über all das, was er von Beginn seiner Mitarbeit in der Klasse an nun täglich erleben sollte, nie in Bewertungen oder Kritik ausdrückte. Phil stellte regelmäßig Fragen. Zwischendurch und in den Teamsitzungen. Manchmal war ich geradezu verblüfft über eine Frage oder sogar ungeduldig. Das Verhalten eines bestimmten Schülers sei doch nicht als normal zu bezeichnen, der könne doch sicher nicht hier bleiben oder dass die Eltern sich doch zu kümmern hätten. Wann denn Unterricht und Lernen stattfinden würde usw. Ich habe mir Mühe gegeben, die Fragen entsprechend meiner und der Haltung unserer Schule zu beantworten. Phils Fragen änderten sich nach relativ kurzer Zeit:

„Kann ich Vladi heute nach der Schule mit zum Handball nehmen?“ Aus dieser Frage ist Folgendes entstanden: In der Teamsitzung haben wir über einen Jungen gesprochen, der nur negativ auf sich aufmerksam macht. Wo sind seine Stärken? „Er kann gut Handball spielen, das habe ich in der Pause beobachtet“, sagte Phil. „Mein Freund ist Handballtrainer, ich würde ihn gerne einmal mit dorthin nehmen.“ Gesagt getan. Was jetzt folgte, war intensive pädagogische Arbeit: Die Eltern mussten ins Boot geholt werden. Das Training war in der Stadt und nur mit dem Bus zu erreichen. Es gab Bewegung im System der Familie. Der Opa kam ins Spiel, der bis dahin eher im Hintergrund stehende Stiefvater und die Mutter, die vor lauter Schichtdienst kaum Zeit für ihren Sohn zu haben schien.

Vladi geht jetzt regelmäßig zum Handballtraining und ist dort gerne gesehen, weil er tatsächlich gut Handball spielt. Das wirkt sich positiv auf sein Verhalten in der Schule aus. Die anfänglichen organisatorischen Schwierigkeiten des Bringens und Abholens hätten alles scheitern lassen, wenn wir als Schulteam nicht nachgehakt hätten: Telefonate, Hausbesuche, Eintragungen ins Postheft und persönliche Begleitung durch den pädagogischen Mitarbeiter Phil. Wäre mir das Talent zum Handball ohne Phils Blick aufgefallen? Nein.

Noch etwas habe ich durch Phil wieder mehr berücksichtigt. Auch Erwachsene brauchen ein Feedback. „Du hast da so geguckt, da wusste ich nicht, ob es gut war, was ich gemacht habe …“ Im richtigen Moment ein Feedback zu geben, gehört nicht nur bei den Kindern zu den wirksamen Faktoren des Lernens.

2.6.6 Pädagogischer Mitarbeiter, Lehramtsstudent Mats

Die Kinder freuen sich jeden Mittwochnachmittag auf das Improtheater mit Mats. Das sind Glücksfälle, wenn Teammitglieder eine besondere Leidenschaft, ein Hobby mit ins Team bringen. In diesem Fall ist es das Improtheater, von dem ich anfangs überhaupt nicht sicher war, dass es ein Erfolg werden könnte. Das erste Winterfest mit dem Auftritt der Improgruppe sollte mich eines Besseren belehren.

Vorausgegangen waren massive Disziplinschwierigkeiten mit einzelnen Kindern, mit Beschwerden der Kinder untereinander usw. und mit einem unbeabsichtigten „Fehler“ von Mats, der nach einer Stunde ein so genanntes „Ranking“ innerhalb der Gruppe durchführen wollte, welche Kinder am besten waren? Da war schlicht die Hölle los, es flogen Stühle.

Wir sprachen im Team darüber und die überzeugte Aussage von Mats, er möchte mit der Gruppe weiterarbeiten, hat mich bewogen, die Verantwortung dafür weiter zu übernehmen und die Gruppe weiter arbeiten zu lassen.

Zurück zum Winterfest, es war ein voller Erfolg. Nicht nur die Eltern waren begeistert, sondern das gesamte Team staunte nun über die Fähigkeiten der einzelnen Kinder, spontan ein Gefühl darzustellen oder eine körperlich improvisierte Szene sprachlich zu kommentieren. Sprachlich! Bei unseren Kindern, die in der Regel zwei Sprachen sprechen und häufig in beiden Sprachen noch nicht sicher sind. Hier war es für sie eine hervorragende Übung, in kurzen Sätzen etwas witzig oder sogar frech zu beschreiben. Das machte Spaß und sorgte für große Anerkennung.

Mats unterstützt wie auch Phil die Lerngruppe beim FFC, dem Freien Forscher Club. Das Recherchieren für ein Referat, das Vorbereiten und die Durchführung einer Präsentation, sind ihnen mehr als bekannt. Dass dies schon von Grundschulkindern verlangt wird, dass Grundschulkinder dies überhaupt können, war für sie neu. Das freie Lernen, das selbstständige Wählen eines Themas, veranlasste besonders Phil zur Frage nach den Lehrplänen usw.

Mittlerweile höre ich immer häufiger die Aussage, das hätte ich auch gut gebrauchen können in meiner Schulzeit …

Die Erfahrung machen zu können, dass ein Kind mit einer so genannten Mehrfachbehinderung (geistige Entwicklung, Hören, Sehen, Sprache und Motorik) mit Unterstützung einen Vortrag über den Zoo vorbereiten und halten kann, ist meiner Meinung nach eine wertvolle Erfahrung. Dieses Kind zählte nicht nur die Zootiere auf, sondern hatte sich mit der Frage beschäftigt, wie die Tiere überhaupt in den Zoo gekommen waren. Darüber staunten die pädagogischen Mitarbeiter, weil sie es dem Kind nicht zugetraut hatten.

Wie können Brücken gebaut werden? Diese Frage wollte Mats gerne mit einer Lerngruppe erforschen. Er brauchte dies für sein Studium. Im Team hätte ich sagen können, das passt jetzt nicht so gut, es gibt gerade so viel anderes. Die Kunst ist es, Anknüpfungspunkte zu entdecken und andere Einflüsse zuzulassen. Er konnte es umsetzen. Es gibt in der Regel immer Anknüpfungspunkte und in der Stundenplangestaltung sind wir als Team weitestgehend autonom. Meine Erfahrung ist es, dass Kinder gerne von und mit jungen Leuten lernen.

Die Unterstützung der Kinder bei ihren Forscherthemen oder die Begleitung zum Experteninterview außerhalb der Schule, auch das sind Aufgaben für pädagogische Mitarbeiter.

Vorab müssen allerdings unsere Standards besprochen werden:

Ordnung (zum Beispiel Heftführung, Struktur des Arbeitsplatzes, aufräumen)

Genauigkeit (zum Beispiel bei der Erledigung von Arbeitsaufträgen)

Ausdauer (Kinder sollen die Erfahrung machen, dass Anstrengung sich lohnt. Durchhalten, statt schnell aufgeben)

Tiefe und Qualität der Fragen (es geht ums Verstehen und um nachhaltiges, mehrperspektivisches Lernen)

Präsentationsmöglichkeiten (Plakat, schriftlicher Bericht, Vortrag, Power Point Präsentation)

Erwartungen (angemessene Lernangebote, keine Unterforderung, keine Überforderung).

Dies muss im Team zur Sprache kommen, damit die pädagogischen Mitarbeiter ihre Unterstützung sinnvoll und niveauangemessen einbringen.

Ich habe den Überblick zu behalten und Rückmeldungen zu geben und mir Rückmeldungen geben zu lassen.

2.7 Das Team nutzt Ressourcen

Was uns im Team entscheidend zusammenhält, ist die **gemeinsame** Freude am Lernen. Lernen ist ein hohes Gut und wir sind gemeinsam neugierig. Gestern gab es am frühen Morgen einen totalen Stromausfall im Stadtteil, so dass die Kinder auf ihr „Frühstücksfernsehen" verzichten mussten. Das war für viele eine ungeheuerliche Erfahrung. Wie funktioniert das eigentlich mit dem Strom? Was bedeutet Energie? Sollen wir das Angebot der örtlichen Stadtwerke nutzen, die zum Thema erneuerbare Energien zwei „Schauspieler" in die Klasse schicken würden und dazu eine kleine Performance liefern wollen? Teamberatung und -planung sind angesagt. Wie kompatibel ist ein gemeinsames Thema mit der Lern-Kultur des Freien Forscher Clubs? Diese Fragen werden besprochen und abgewogen. In der Teamsitzung werden die groben Planungen festgezurrt: Ja, die Schauspieler sollen unbedingt kommen. Der Termin wird gesetzt und festgehalten. Wie steigen die Kinder auf ein gemeinsames Thema ein, alle arbeiten ja bereits an selbst gewählten Themen? Wir blocken für eine Epoche zwei der vier Unterrichtsstunden des Freien Forscher Clubs für das gemeinsame Forschen und besprechen dies mit den Kindern. Die gemeinsame Erfahrung des Stromausfalls hilft sehr und gleichzeitig wissen alle, dass es zu einem Thema viele verschiedene „Nebenthemen" gibt, die wiederum in Gruppen bearbeitet werden können. Das ganz Besondere aber wird sein, dass für die Kinder des 4. Jahrgangs in der Forscherwerkstatt ein 6-stündiger klassenübergreifender Input zum Thema Strom durch eine Fachlehrerin geplant wird: Am nächsten Mittwoch gehen unsere Viertklässlerinnen (in diesem Schuljahr sind es ausnahmsweise nur drei Mädchen) für zwei Stunden in die Forscherwerkstatt der Schule und erhalten teamübergreifend eine „Kinder-Uni-Vorlesung" zum Thema Strom. Sie erhalten vorher aus unserem Team den Auftrag, dass sie alles, was sie dort lernen würden, anschließend in der Klasse den anderen Kindern vortragen sollten. Das motiviert ungemein und ich sehe, wieviel ernsthafter und motivierter die Viertklässerinnen zur Forscherwerkstatt aufbrechen. Sie wissen ganz genau, worauf es ankommt: Sie müssen das Thema so begreifen, dass sie anschließend die Fragen der Kinder beantworten können. Sie wissen aus ihrer Erfahrung mit den anderen Kindern ganz genau, dass es sich dabei um Fragen handelt, die sehr kompliziert sein können, etwas verworren und unpräzise formuliert oder auch ganz leicht sind. Was sie bereits gelernt haben, ist, dass wir in der Sonnenblumenklasse eine eingeübte Fragekultur haben: Es gibt keine dummen Fragen, jede Frage wird ernst genommen, ist erlaubt.

Am Donnerstag steht auf dem Tagesplan: Vortrag der Viertklässlerinnen zum Thema Strom. Sie bekommen während der Hofpause Zeit, ihren Vortrag vorzubereiten. Hätte ich eine Kamera dabei gehabt, wäre diese erstaunliche Vorbereitung beweiskräftig dokumentiert. Sie haben sich die Arbeit folgendermaßen aufgeteilt: Ein Mädchen stellt zeichnerisch dar, wann eine Glühbirne leuchtet. Ein anderes Mädchen zeichnet eine Batterie und stellt den Ausgleichsversuch der Positiv- und Negativneutronen dar.

Das dritte Mädchen bereitet den praktischen „Stromerfahrungsversuch" vor, Zunge an die Pole einer Batterie.

Dann beginnt der Vortrag. **Alle**, wirklich alle, hören zu und beobachten. Wann brennt die Glühbirne? Wann nicht? Was passiert in deiner Batterie?

Die **Vortragenden sind Kinder**, die genau wissen, vorauf es ankommt: Das praktische Tun ist wichtig! Alle dürfen ausprobieren: Wer bringt die Glühbirne zum Leuchten? Alle melden sich, es wird gewartet, bis man selbst dran kommt, das Gelingen des Versuchs bei einem Kind mit feinmotorischen Schwierigkeiten wird geduldig abgewartet und dann ehrlich erfreut beklatscht. Dies zu sehen und genau zu spüren, dass erst das weiter gegebene Wissen die Nachhaltigkeit des Gelernten ausmachen kann, gehören zu den Sternstunden, die uns als Team stark machen.

Wir hätten es auch dabei belassen können, dass nur die Viertklässlerinnen alleine etwas über den Stromkreis lernen können. Die Gesamtgruppe hätte ihre Mehrperspektivität nicht hineinbringen können und die Viertklässlerinnen selbst hätten ihr Wissen nicht in dieser nachhaltigeren Form weitergeben können.

2.7.1 Auswahl von Langzeitpraktikanten (pädagogische Mitarbeiterinnen)

Neue Teammitglieder müssen sich an unserer Schule bewerben und werden bei Interesse zur Teamsitzung eines betreffenden Teams eingeladen. Bevorzugte Auswahlkriterien sind:

- sie müssen sich mit unserem Schulprogramm beschäftigt haben,
- sie sollten gerne und zielgerichtet mit Kindern arbeiten wollen (wird hoffentlich in der Hospitationsphase deutlich),
- sie sollten keine Scheu davor haben, Grenzen zu ziehen,
- sie sollten mindestens ein halbes Jahr bleiben können,
- sie sollten Vorerfahrungen mit der Leitung einer Gruppe haben, zum Beispiel haben sie Ferienlager betreut oder geleitet,
- im Idealfall haben sie ein Hobby, welches sie gemeinsam mit Kindern ausüben können (Sport, Theater, Musik, Kunst).

Ist das Team der Meinung, dass der Bewerber oder die Bewerberin ins Team passen könnte, muss der- oder diejenige eine Woche mitarbeiten, damit alle Teammitglieder die Chance haben, mit dem neuen Teammitglied einmal zusammengearbeitet zu haben.

Die Erfahrung lehrt, dass sich erst im langfristigen praktischen Tun herausstellt, ob die Auswahl für das Team gut war oder nicht. Geduld und gegenseitige Offenheit gehören dazu, wenn Teammitglieder neu sind und sich einarbeiten müssen.

Die Kraft der Kinder ist in diesem Prozess nicht zu unterschätzen. Einerseits testen sie radikal aus, wie weit sie bei einem neuen Mitarbeiter, einer neuen Mitarbeiterin gehen können.

Beliebt sind harmlose Fragen von Kindern, wie:

„Darf ich neben meiner Freundin sitzen?" oder „Darf ich in die Bauecke?" und so weiter.

Genau diese Fragen sind für die Kinder Testfragen, ob die Erwachsenen wirklich alle an einem Strang ziehen oder ob es unterschiedliche Antworten bei verschiedenen Erwachsenen gibt.

Neue Mitarbeiter wissen oft nicht, was sie antworten sollen und wirken somit unsicher. Kinder spüren das und insistieren. In der Teamsitzung haben wir dafür eine Faustregel festgelegt. Weiß ein neuer Mitarbeiter nicht sofort, was er antworten soll, kann er sagen: „Ich kenne eure Regeln noch nicht genau, daher möchte ich, dass du den Platz nicht tauschst oder ich möchte, dass du jetzt nicht in die Bauecke gehst." Oder er gewährt dem Kind den Wunsch mit dem Hinweis, dass er sich beim Team erkundigen wird.

In einem funktionierenden Team wissen die Kinder, dass nichts unbemerkt bleibt, dass alles Positive und jede Störung im Team bei der Teamleitung ankommt, wenn auch nicht sofort am selben Tag. Das gibt Sicherheit für alle.

Kinder sorgen auch mit dafür, dass neue Mitarbeiter die Regeln kennen und sie machen darauf aufmerksam, wenn andere Kinder dagegen verstoßen:

„Wir dürfen nur zu bestimmten Zeiten in die Bauecke"

„Wir dürfen unsere Plätze nicht tauschen"

„Wir dürfen nicht mit Straßenschuhen in den Sitzkreis"

In der Einarbeitungsphase gehört zur Aufgabe aller Teammitglieder, dass bei den neuen Mitarbeitern möglichst schnell das Verständnis und die Umsetzung dessen, was uns im Team wichtig ist, gelingt.

Dazu gehören Geduld, transparente Kommunikation, Offenheit und auch Kritikfähigkeit.

Als Teamleitung und Klassenlehrerin gebe ich gerne Auskunft über unsere Pädagogik und über Kinder.

- Alles, was über Kinder gesprochen wird, unterliegt der Schweigepflicht und ich lege höchsten Wert darauf, dass wir in einem angemessenen Ton über Kinder und deren Eltern sprechen. Durch den eigenen Sprachgebrauch wird oft ganz schnell deutlich, welche Haltung oder welches Menschenbild jemand mitbringt. Dies müssen neue Teammitglieder lernen. Vorurteile, despektierliche Äußerungen wie zum Beispiel: „Was sind denn das für Eltern?", sind tabu.
- Wenn ich Mitarbeiter zu Hausbesuchen mitnehme (immer mit Einverständnis der besuchten Eltern), ist dies nicht selten ein Schockerlebnis für sie. So einen Hausflur, so eine Wohnanlage haben sie zum Teil noch nie gesehen. Sitzen sie dann gemeinsam mit mir auf dem Sofa und trinken den angebotenen Kaffee oder die Limonade, reden sie nach unserem Gespräch anders über ihre Mitmenschen.
- Ich kritisiere konkret eine Handlung oder Haltung eines neuen Mitarbeiters, einer Mitarbeiterin und zwar so, dass er oder sie es verstehen kann.

Zum Beispiel neigen Kinder dazu, jüngere Mitarbeiter oder Mitarbeiterinnen anzufassen, an ihnen zu hängen oder sie gar anzuspringen. Sie drücken damit aus, dass sie ihn oder sie so nett finden, und es ist ein Test, wie weit kann ich gehen? Hier sofort klar zu stellen, ich möchte nicht, dass du mich anspringst, fällt den meisten Mitarbeiterinnen am Anfang schwer. Es ist in der Tat nicht schlimm oder verwerflich, wenn Kinder körperliche Nähe suchen. Trotzdem ist es ratsam, dies in der Schule nicht zuzulassen. In dem Moment, wo ich mit rangelnden Kindern an meinem Körper beschäftigt bin, verliere ich andere aus dem Blick und ich bekomme zum Beispiel den Konflikt, der gerade hinter meinem Rücken entsteht, nicht mit.

Ständige Präsenz für die gesamte Gruppe zu signalisieren und zu repräsentieren, fällt am Anfang schwer. Das ist für eine neue Mitarbeiterin, einen neuen Mitarbeiter manchmal schlicht auch eine Überforderung. Ich mache sie in einer konkreten Situation darauf aufmerksam. „Schau mal, dort beim Zähneputzen gibt es Konflikte, das hast du jetzt nicht mitgekriegt, weil zwei Kinder an dir hängen."

Ressourcen verschiedener Teammitglieder

Im Einsatzplan berücksichtigen wir Stärken und besondere Vorlieben aller Mitarbeiter. Auf diese Weise ermöglichen wir den Kindern ganz viel Begeisterung und Anregungsvielfalt durch die Ressource der verschiedenen Erwachsenen im Team.

Wenn eine Studentin zum Beispiel begeisterte Hip-Hop-Tänzerin ist und bei Meisterschaften mitmacht, sollte sie dies unbedingt in die Klasse einbringen dürfen.

2.7.2 Einsatz von ehemaligen Schülerinnen oder Schülern als Praktikanten im Team

Ein Highlight ist es, wenn ehemalige Schüler als Praktikanten zu uns wiederkehren. Den Kindern zu sagen, der Marko oder die Maria waren auch einmal in der Sonnenblumenklasse, hat eine durchschlagende Wirkung auf beiden Seiten. Die Ehemaligen wissen, wie „der Laden" läuft, und die Kinder spüren etwas von Nachhaltigkeit und „ewigem" Wert. Der Klassenrat, die freie Arbeit, der Freie Forscher-Club, Kuddel-Muddel-Zeit, Wald, Alles ist allen vertraut und macht Sinn. Diese Praktikanten und Praktikantinnen sind vom ersten Tag an eine große Unterstützung für das Team und sie selbst erleben sofort, dass sie gebraucht werden. Im Englischunterricht machen sie im Sitzkreis mit und präsentieren sie ihren eigenen sprachlichen Fortschritt. Sie begleiten Kinder bei der Bearbeitung einer Karte aus der ihnen bekannten Rechtschreibkartei. „O, an diese Karte kann ich mich noch gut erinnern, komm ich helfe dir." In Mathematik werden sie beispielsweise als Lernbegleiter bei einer hoch komplizierten Sachaufgabe eingesetzt.

Bisweilen registrieren die Ehemaligen aber auch, dass etwas anders oder neu ist. In jedem System gibt es Entwicklung, Verbesserungen, Veränderungen. Sich darüber im Sitzkreis auszutauschen, ist für die Kinder interessant. Die tägliche Arbeit wird dadurch transparent.

Praktikant: „Früher durften wir vor dem Unterrichtsbeginn immer spielen."

Kind: „Wir dürfen sofort mit der Arbeit anfangen, wenn wir kommen."

Praktikant: „Dürft ihr während der Arbeit in die Pause?"

Kind: „Wir dürfen während der freien Arbeit eine Schaukelpause machen, damit wir uns anschließend wieder besser konzentrieren können."

Praktikant: „Cool, das gab es bei uns noch nicht."

2.8 Teamsitzung und Teamtag

Jeden Montag findet unsere Teamsitzung im Spieleraum der Sonnenblumenklasse statt. Wir tagen mindestens 1,5 – 2 Stunden. Die Kinder sind in verschiedenen Betreuungsangeboten oder zu Hause.

Auf dem Tisch stehen Gläser, Tassen und manchmal ziemlich viel süße „Nervennahrung“. Es hat sich eingebürgert, dass die ausscheidenden pädagogischen Mitarbeiter zum Abschied die Süßigkeitenkiste auffüllen, damit wir sie nicht vergessen …

Wir strukturieren unsere Sitzung nach folgendem Muster (dies war übrigens Ergebnis einer Supervision):

- Befindlichkeitsrunde
- Positiver Rückblick
- Wochenplanung / Termine
- Kinder
- Verschiedenes (auch Konflikte, Sorgen)

Ein Mitarbeiter, eine Mitarbeiterin sollte Zeitwächterin sein, ein anderes Teammitglied führt Protokoll in unserem sogenannten **Teambuch**.

Nach einer kurzen Befindlichkeitsrunde, in der wir sagen können, wie es uns gerade geht, was uns beschäftigt, starten wir mit dem positiven Rückblick: Was war gut in der vergangenen Woche, was haben wir geschafft, was ist uns positiv aufgefallen, warum waren wir erfolgreich? Die Qualität dieser Rückblickrunde auf das, was in der vergangenen Woche geschafft wurde, steigert sich von Sitzung zu Sitzung. Der Rückblick hilft mir, die Dokumentationen über die einzelnen Kinder noch genauer und ganzheitlicher werden zu lassen. Viele Augen sehen eben viel mehr als nur zwei Augen. Voraussetzung ist allerdings, dass der Blick geschärft ist. Noch unerfahrene Mitarbeiter und Mitarbeiterinnen brauchen etwas länger Zeit, um überhaupt eine Handlung oder ein Verhalten eines Kindes als etwas Positives zu deuten. Häufig war es für sie „selbstverständlich.“ Mit der Zeit kommen sie in die Rückmeldekultur hinein und freuen sich darüber, etwas Positives berichten zu können.

Als Team fühlen wir uns zum Beispiel gut, wenn wir folgendes rückmelden können: Hohes Arbeitsniveau bei allen Kindern während der freien Arbeit, produktive und effektive FFC-Stunden, keine Unruhe auf dem Flur, erfolgreiche Aufsicht bei den kleinen Übergängen und zum Beispiel beim Zähneputzen.

Was ist wichtig für ein Kind, welcher Entwicklungsschritt wäre dran, was hat es von dem schon geschafft, was wir mit ihm als Ziel vereinbart hatten? Welche unerwartete Fähigkeit ist beobachtet worden, welches positive Verhalten und welche sozialen Interaktionen wurden von einem pädagogischen Mitarbeiter beobachtet und lässt alle anderen staunen?

Wir versuchen uns an positive Situationen mit einzelnen Kindern zu erinnern und beschreiben sie. Zum Beispiel: Vladi hat den beiden Erstklässlern vorgelesen, er hat demnach anderen geholfen, das ist neu für ihn und gut. Wir sagen, wenn wir eine Planung für gelungen halten oder eine Aktion besonders gut für die Gruppengemeinschaft war: Beim Picknick auf dem Spielplatz waren alle Kinder entspannt, es hat allen Spaß gemacht. Der Aufwand hat sich gelohnt. Solche Aussagen tun gut und geben uns Kraft. Wir staunen darüber, was alles an Positivem zusammenkommt, wenn alle aufgefordert sind, positive Beobachtungen mitzuteilen. Wenn Kinder zum Beispiel das Dividieren nachweislich verstanden haben oder gezeigt haben, dass sie gut mit Geld rechnen können, gehört dies in den positiven Rückblick. Ebenso die Rückmeldung darüber, dass ein Kind einen fremden Text lesen konnte, ein anderes Kind die Buchstaben auf der Tastatur sicherer gefunden hat.

Wochenplanung

Es folgt die Wochenplanung mit all den täglichen Abläufen, Planänderungen, Vorhaben, Aktionen, Klassenarbeiten, Einsatzplänen, Vertretungsplänen und so weiter. Je genauer wir hier arbeiten, desto reibungsloser verläuft die Woche:

Wer übernimmt welche Kinder bei der geplanten Aktion außerhalb der Schule? Wer fährt mit zum Schwimmen und übernimmt die Aufsicht in der Jungenumkleidekabine?

Es ist ein Unterschied, ob wir mit den Mitarbeiterinnen planen: „In Sprachbildung kannst du Spiele mit den Kindern machen", oder ob wir genau festlegen, **welche** Spiele mit **welchen** Kindern gemacht werden sollen.

Die Planung der Arbeit der Integrationshelfer erfordert zu Beginn viel Zeit. Wenn alle Maßnahmen und Förderziele festliegen, reichen später eine kurze Aus- und Absprache darüber in der Teamsitzung. Die Evaluation (in der Regel nach ca. 8 Wochen) ist zeitintensiv. Dies muss ich bei der Planung einer Teamsitzung vorher berücksichtigen. Um grundsätzlich den zeitlichen Rahmen einer Teamsitzung nicht zu sprengen, sind „Zwischendurch-Absprachen" und kurze Gespräche mit den Integrationshelfern notwendig. In einer Teamsitzung werden alle auf den gleichen Informationsstand gebracht.

Bewährt hat sich, Freitag nach dem Unterricht zusammen mit dem zweiten Fachlehrer die Woche vorzuplanen. Wir können die Woche so vorbesprechen, dass die Zeit in der Teamsitzung am Montag effektiver genutzt werden kann. Wir planen zum Beispiel die FFC-Stunden vor und überlegen und organisieren, welche

Arbeitsmaterialien, Medien und Arbeitsschritte die Kinder für ihre jeweiligen Themen brauchen.

In der Teamsitzung legen wir fest, wann welcher Mitarbeiter da ist. Wie ist das mit dem Abschlusskreis, wer leitet den? Je minutiöser wir planen und Schwierigkeiten antizipieren, desto „runder“ läuft die Woche.

Nach der Wochenplanung und Terminplanungen, die für alle Mitarbeiter wichtig sind, sprechen wir über einzelne Kinder. Wir setzen Ziele und Maßnahmen fest, die für dieses Kind kurz- oder mittelfristig „dran“ sind.

Zum Beispiel:

Olivia soll täglich mit der Tastatur üben, um selbstständig schreiben zu können (Wer begleitet sie dabei?).

Dana muss täglich die Wortlisten am Computer trainieren (Wer begleitet sie dabei?).

Alle Erstklässler bis auf Pit müssen das tägliche Abhörtraining im Bingo-Club mitmachen (Lehramtsanwärterin).

Roy braucht täglich Mathematikaufgaben auf dem Niveau Klasse 5 (Fachlehrer).

Bela muss ohne Mutters Hilfe sich auf dem Flur an- und ausziehen (Klassenlehrerin spricht mit der Mutter und alle achten darauf).

Carola, Jola und Bela sollen ihre Arbeit im Buchstabenheft bis zu den Ferien abgeschlossen haben und dieses Ziel in ihr Lerntagebuch eintragen (alle Mitarbeiter achten darauf).

Olivia soll über ihre verschiedenen Therapien reden. Was lernt sie zum Beispiel in der Logopädie, in der Physiotherapie oder Ergotherapie? Die anderen Kinder verstehen dann besser, warum sie manchmal in einen anderen Raum geht, sie können auch Rückmeldungen darüber geben, ob Olivia sich zum Beispiel beim Klettern (im Wald) verbessert hat oder deutlicher sprechen kann (Integrationshelfer).

Die Dokumentation, Zielabsprachen mit dem Kind und den Eltern sind meine Aufgabe und alleinige Verantwortung. Die Integrationshelfer dokumentieren die tägliche Arbeit mit „ihrem“ Kind. Die Zielvereinbarungen, Lernangebote und Maßnahmen besprechen wir zu zweit gemeinsam und im Team.

Aus- und Fortbildung

Die wöchentliche Teamsitzung, die in der Regel 2 Stunden dauert, ist meistens zu kurz. Nicht alles kann in einer Teamsitzung besprochen werden. Vieles muss in den „Themenspeicher“ und kommt bei nächster Gelegenheit dran. Wir müssen mit unserer Zeit sorgfältig umgehen. Deshalb haben wir uns abgewöhnt, über die

Dinge zu klagen und zu jammern, die wir in der Regel nicht per Fingerschnipp verändern können. Wir fragen stattdessen: „Was machen wir jetzt, was können wir mit unseren Möglichkeiten tun?" Das hilft uns, ganz konzentriert und effektiv Dinge zu planen, über den Unterricht und das Lernen der Kinder zu sprechen und die Zeit der Teamsitzung so gut zu nutzen.

Eine Stunde wird Mitarbeitern und Mitarbeiterinnen vom Stundendeputat angerechnet, die weitere Zeit ist „Ehrensache", besser gesagt, dient der Ausbildung und Fortbildung. Sehr schnell ist zum Beispiel den Studierenden klar, dass diese Zeit reine Lernzeit für sie ist. Alle Theorie wird hier praktisch umgesetzt, angewandt und bisweilen auf den Prüfstand gestellt: „So etwas lernen wir an der Uni nicht, von Inklusion haben wir dort noch nie etwas gehört, Altersmischung, offener Unterricht, freie Arbeit und wie genau der Umgang mit stark heterogenen Gruppen geht, weiß kein Mensch dort", sind nicht seltene Kommentare der Studenten und Studentinnen.

Je unterschiedlicher die Teammitglieder sind, desto vielseitiger sind die Perspektiven auf ein Kind, dessen Tun oder auf einen bestimmten Sachverhalt. Wir kommen gegenseitig zu immer neueren Erkenntnissen, wenn wir die Beurteilung eines Kindes auf den Prüfstand all unserer Beobachtungen und Bewertungen stellen. „Ach so, das ist erstaunlich gut, dass das Kind bei dir dieses Verhalten gezeigt hat." Vor allem der persönliche Lebenshintergrund eines jeden Kindes lässt viele junge Erwachsene staunen: „Was, die Eltern können selbst nicht lesen?", das macht sie nachdenklich und lässt sie anders urteilen. Als Konsequenz wird kein Schonraum für das Kind geschaffen, sondern harte Arbeit ist angesagt. Das ist unser gemeinsamer Lernprozess.

Alle pädagogischen, sonderpädagogischen Begriffe werden durchdrungen: Eine Äußerung wie: „Aber die ist doch vielleicht lernbehindert", führt zu einer Kurzfortbildung über den Begriff der sogenannten Lernbehinderung und was unter diesem Konstrukt zu verstehen ist.

Nicht selten landen wir im Team beim deutschen, hoch selektiven Bildungssystem, mit all seiner Ungerechtigkeit. Ich halte es für meine Pflicht, den zukünftigen Lehrerinnen und Lehrern, die Augen zu öffnen und zum Widerstand gegen den täglichen pädagogischen Unsinn, gegen die verwaltete und genehmigte Ungerechtigkeit durch das gegliederte Schulsystem aufzurufen. Ganz oft reflektieren die jungen Mitarbeiter und Mitarbeiterinnen dann ihre eigene Schulzeit und stellen die „Betonhaftigkeit" dieses Systems fest, das sie deshalb auch nie hinterfragt haben: „Schule war halt so. Entweder war man gymnasial oder man gehörte dort nicht hin …"

Was bedeutet das für mich?

Am eigenen Arbeitsplatz ständig lernen zu dürfen, durch eigene Fragen oder Fragen anderer, selbst hinterfragt zu werden, das ist ein großes Privileg und ich habe jeden Tag das Gefühl, etwas Sinnvolles tun zu dürfen. Möge es auf den einen oder andern Mitarbeiter, die eine oder andere Mitarbeiterin abfärben.

Wenn ein Team plötzlich ehrgeizig wird für eine gemeinsame Sache, ist dies ein ganz besonderes Erfolgsgeheimnis.

Wir sind im Team alle unterschiedlich vom Charakter und Temperament her. Von unseren Ausbildungen her und Erfahrungen. Wir ergänzen uns, indem wir alle etwas anderes können oder auch nicht können. Wir sind mehr oder weniger:

Fachliche Experten, vielseitig interessiert, kreativ, haben gute Ideen, beherrschen den Computer, sind geschickt im Basteln und im Werken, können ein Instrument spielen, können Theater spielen, können tanzen, können Fußball spielen, können für eine Sache begeistern, können mitreißen, können organisieren, können planen, können gelassen bleiben, können die Nerven behalten, können geduldig sein, können in jedem Verhalten (auch dem unangemessenen) eine Herausforderung sehen, können die Kinder gern habe (oder gar lieben). Dieses und vieles mehr bringen Teammitglieder mit oder auch nicht.

Was uns verbindet, ist der gemeinsame Wille, **alle** Kinder höchstmöglich weiterzubringen, allen vorzuleben, dass hier keiner rausfliegt und alle dazu gehören.

Teamtag

Zweimal pro Schuljahr steht jeder Klasse in Berg Fidel ein Teamtag zur Verfügung. Dies ist Beschluss der Schulkonferenz.

Das gesamte Team begibt sich nach Möglichkeit an einen außerschulischen Ort, um Klausur abzuhalten. Die eigene Klasse wird von Teammitgliedern der Patenklasse vertreten. Kinder, die nur personenabhängig lernen können, bleiben im Einvernehmen mit den Eltern am Teamtag zu Hause. Dies ist in der Tat ungewöhnlich. Betroffene Eltern wissen allerdings, dass es bei ihrem Kind um mehr als nur reine Betreuung geht.

Wir sprechen über das Lernen der Kinder, die jeweiligen Entwicklungsschritte und über uns, die wir als Team dies alles planen und vorbereiten, begleiten und unterstützen.

Über Lern- und Förderziele, Zeugnisse und Berichte, Entwicklungsberichte und Förderpläne.

Wir sprechen über uns, über Konflikte, die wir miteinander haben, über Probleme und Erfreuliches.

Die positive Entwicklung, besonders von Kindern mit sonderpädagogischem Förderbedarf, ist auch abhängig von einer vorausschauenden und durchdachten Gesamtplanung, an der möglichst alle Teammitglieder beteiligt werden. Alle Teammitglieder müssen wissen, warum und wie ein Kind ein besonderes Lernsetting erhält, warum ein anderes Kind nicht unbeaufsichtigt in die Pause darf, warum bei einem Kind besonders auf das Einhalten einer bestimmten Regel geachtet werden muss und welche Konsequenz bei Nichtbeachten sofort gesetzt werden muss. Warum es wichtig ist, dass das Kind mit Vermeidungstendenzen besonders gefordert werden muss, auch wenn es überfordert zu sein scheint. Warum es kontraproduktiv wäre, seinem Pausenwunsch nachzugeben. Warum ein anderes Kind, das Unterricht verweigert hat, dies in der Pause nachzuarbeiten hat.

Der Unterschied von Lernen und Betreuung ist für manche pädagogische Mitarbeiter zu Beginn noch nicht ganz klar. Das Einfordern von Anstrengungsbereitschaft und Durchhaltevermögen fällt schwer. Sobald sie allerdings miterlebt haben, wie nachhaltig positiv sich Lernerfolg und Anstrengungserfolg auf die Psyche eines Kindes auswirken, ändern sie in der Regel ihre Haltung. Sie trauen sich, konsequenter „nein" zu sagen, wenn Kinder sich ohne zwingenden Grund schonen wollen, statt zu arbeiten.

Unser Team geht regelmäßig in die schulpsychologische Beratungsstelle. Nach dem Motto: starke Erwachsene, starke Kinder, haben die Klassenteams die Möglichkeit, regelmäßig eine **Supervision** zu bekommen. Am Teamtag kommt unser Supervisor am Vormittag dazu und führt uns in den Teamtag ein. Entweder habe ich ihm ein bestimmtes Thema mitgeteilt, über das wir sprechen wollen (zum Beispiel „Disziplin") oder er weiß gar nicht, über welche Themen wir sprechen wollen oder wie unser „Seelenzustand" ist. Beides ist für unseren Supervisor völlig in Ordnung.

In der Regel gestaltet er den Beginn des Tages durch ein Spiel, bei dem alle Teammitglieder eingebunden sind. Dabei ging es zum Beispiel um das gemeinsame Lösen einer Geschicklichkeitsaufgabe, ohne dabei zu sprechen. Es kam auf gemeinsame Geschicklichkeit, gemeinsames Überlegen an. Oder wir sollten jeder für uns persönlich eine Bewertung (auf einer Skala) vom Gelingen einiger Klassensituationen abgeben. Zum Beispiel: Wie wichtig ist für dich der Geräuschpegel auf dem Flur. Die bisherigen Erfahrungen waren allesamt positiv.

Nie war ein Spiel dabei, das Unmut oder Unwillen hervorgerufen hätte. Eher wurde die Stimmung gelockert und der Fokus lag auf dem Miteinander und darauf, dass jeder von uns wichtig ist.

Anschließend besprechen wir den Tagesplan und fangen mit unseren Tagesordnungspunkten an. Solange der Supervisor dabei sein kann, nutzen wir die Gelegenheit, um über Kinder zu sprechen. Der Blick von außen ist dabei höchst hilfreich, vor allem wenn wir im Team unterschiedlicher Meinung sind.

Meistens sind es Disziplinprobleme, die Teammitglieder unzufrieden machen. „Warum hören die Kinder oder ein bestimmtes Kind nicht auf mich?", ist die Frage der betroffenen Mitarbeiter. „Wie kann es sein, dass einzelne Kinder den Arbeitsauftrag nicht erfüllt haben?" oder „wie konnte es zum Konflikt im Waschraum kommen?", könnten zum Beispiel meine Fragen sein. Hier brauchen wir entweder eine genaue Analyse der Situation (Warum war kein Erwachsener im Waschraum?) oder wir müssen über ein Kind sprechen und was zum Beispiel im Umgang mit ihm besonders zu beachten ist. Wir besinnen uns dann auch auf unsere gemeinsamen Teamregeln: Keine Machtkämpfe, nie in eine Unruhe hinein sprechen, das Klatschzeichen konsequent als Zeichen für sofortige Ruhe einfordern, nicht inflationär anwenden, sich um eine deutliche und klare Ansprache bemühen, nicht beleidigt reagieren oder sich persönlich angegriffen fühlen, handlungsfähig bleiben durch im Team vereinbarte Konsequenzen.

So haben wir es an einem Teamtag geschafft, die **Übergänge** vom Sitzkreis in eine neue Lern- und Arbeitsphase von Störungen zunehmend zu befreien.

Ziel sollte sein, dass die Kinder auf dem Flur nicht sprechen, um die Nachbarklasse nicht zu stören. Wichtig war zunächst, dass dieses Ziel mit den Kindern vereinbart und von allen Erwachsenen eingefordert wurde. Zu Beginn stellte sich ein Erwachsener in den Flur und schickte die Kinder zurück, die es nicht schafften. Nach kurzer Zeit wurde es leise im Flur. Es kommt vor, dass pädagogische Mitarbeiter oft erst verzögert reagieren, wenn es zu laut ist. Dann muss ich als Teamchefin durchgreifen und für die Durchsetzung sorgen.

Das Mittagessen ist ruhiger geworden, weil wir an einem Teamtag in aller Ausführlichkeit über die Gelingensbedingungen gesprochen haben: Leitung, Sitzordnung, Ruhezeichen, Durchsetzen von Konsequenzen.

Wer das Mittagessen leitet, muss dies auch spürbar tun. Wenn ich als Teamleiterin beim Mittagessen dabei bin, darf ich bei Störungen nur im Extremfall eingreifen, um die Autorität des pädagogischen Mitarbeiters nicht zu untergraben. Manchmal bediene ich mich folgender Methoden:

Ich bitte darum, etwas sagen zu dürfen und spreche dann mit „Erlaubnis" des pädagogischen Mitarbeiters. Ich spreche den pädagogischen Mitarbeiter für die Kinder unauffällig an und mache ihn auf etwas aufmerksam oder erinnere ihn an unsere Absprachen. Ich suche den Blickkontakt mit dem Mitarbeiter und signalisiere, dass es zu laut ist.

Beispiel Lerntagebuch

Auf der letzten Teamsitzung gab es kurz eine Grundsatzdiskussion über Sinn und Zweck eines Lerntagebuchs. Dem war vorausgegangen, dass es Disziplinprobleme mit einem Kind gab. Es hatte die Arbeit verweigert, als es aufgefordert wurde, mehr zu schreiben und vor allem „gehaltvoller" zu schreiben.

Im Lerntagebuch, wir benutzen mittlerweile den so genannten Navigator (ein durch Wochentage, Zeitfenster und weitere Spalten vorstrukturiertes Buch), reflektieren die Kinder ihr Lernen. Sie notieren in welchen Lernbereichen sie gearbeitet haben und müssen konkrete Beispiele aufschreiben: Welche Matheaufgaben wurden genau bearbeitet oder welches Rechtschreibphänomen wurde trainiert oder welche Laute habe ich abgehört und geschrieben? Was habe ich im FFC bearbeitet, gelesen, gesucht, gestaltet, welche Technik habe ich im Kunstbereich erlernt, was habe ich in der Ideenzeit getan, was im Silentium, was habe ich heute im Wald empfunden? Wichtig sind bestimmte Zielabsprachen, die mit einzelnen Kindern vereinbart und besprochen wurden. Habe ich mein Ziel heute erreicht, teilweise erreicht oder gar nicht erreicht?

Kriterien, die ein Lerntagebucheintrag erfüllen muss, müssen allen Erwachsenen klar sein. Darüber hinaus kann es sein, dass bestimmte Kinder bei ihren Einträgen zu Beginn einen Erwachsenen an ihrer Seite brauchen. Auch das müssen alle wissen, dann hätte das oben beschriebene Kind anschließend selbstständiger und ausführlicher weiter gearbeitet. Wenn etwas im Team besprochen wurde, wissen die Kinder, dass es keine Diskussion gibt. Alle Erwachsenen ziehen gemeinsam an dem besprochenen Strang und zwar ohne Hierarchie.

Die Leitung ist für die Kinder immer zu spüren, weil alle wissen, alles läuft in der Teamsitzung wieder zusammen, wird bekannt und besprochen.

Vielleicht liegt das Geheimnis darin, dass die Kinder sich nicht negativ kontrolliert fühlen, sondern dass es eine **wohlwollende Kontrolle** ist, die einzig dem Erfolg dient und nicht der Meldung von Fehlverhalten. Dass dieses auch vorkommt, ist ihnen allerdings auch bekannt und falls sie sich ungerecht behandelt fühlen, wissen sie, dass sie ihre Beschwerde ins Klassenratsbuch eintragen können.

Das oben beschriebene Disziplinproblem hätte auch ein Beispiel dafür sein können, dass Teammitglieder – indem sie Verständnis für die Arbeitsverweigerung ausgedrückt hätten – eine andere Sichtweise einbringen. Sie könnten Sinn und Zweck eines Lerntagebuchs hinterfragen. Sie bringen die Arbeitsverweigerung eines Kindes in folgenden Zusammenhang: Müssen wir nicht mal wieder grundsätzlich über Sinn und Zweck des Lerntagebuchs sprechen? Ist die Verweigerung nicht für uns ein wichtiger Hinweis darauf, dass etwas, was wir einfordern, zu hinterfragen ist? Häufig sind nicht angemessene Verhaltensweisen von Kindern wichtige Indikatoren für die Qualität unserer Arbeit.

Ich schreibe mir in solchen Fällen dies als Tagesordnungspunkt für die nächste Teamsitzung auf. Wir alle werden uns darüber austauschen und übers Lernen erfahren und lernen.

2.9 Eltern und das Team

Beziehung des Teams zu Eltern im Unterrichts-Alltag

Es sind meistens die Mütter, die ihr Kind morgens bringen und es nachmittags wieder abholen. Sie kommen zu Beginn fast jeden Tag morgens und nachmittags, manchmal das ganze Schuljahr über. Im Laufe des ersten Schuljahres, vor allem in der helleren Jahreszeit, kommen die Kinder immer häufiger alleine zur Schule oder zusammen mit anderen Kindern und oder deren Müttern. Auch Väter kommen bisweilen, aber eher selten.

Ältere Geschwister oder andere Erwachsene, die die Mutter oder den Vater vertreten, kommen zum Bringen und Abholen. In der Regel ist es so, je älter das Kind, umso weniger kommt es in Begleitung. Ausnahmen gibt es immer.

Die Mutter, die schon kurz vor halb acht Uhr ihr Kind bringt, es mit tausend Küssen verabschiedet und jeden Morgen zum Abschied sagt: „Ich hab dich lieb", fährt anschließend zu ihrer Arbeitsstelle und scheint froh darüber zu sein, dass es die Schule gibt. Eine andere Mutter kämpft jeden Morgen mit ihrem Sohn einen Kampf, der schon zu Hause zu beginnen scheint: „Beeil dich, bring deine Tasche weg, häng die Jacke auf" ... Wieder eine andere Mutter hat – wenn sie mitkommt – ganz viel Zeit und hilft ihrem Kind bei Tätigkeiten, die es längst alleine bewältigen kann. Eine nicht berufstätige Mutter scheint jeden Morgen den Abnabelungsschmerz, den sie mit ihrer Tochter teilt, zu genießen. Sie lässt sich immer wieder auf die Umklammerung ihres Kindes ein, darauf ein, Küsschen zu geben, sich etwas anzusehen oder auf plötzlich aufkommende Tränen entsprechend zu reagieren.

Für mich sind dies alles aufschlussreiche Beobachtungen und ich kann mir eine Schule ohne offenen Anfang für mich nicht mehr vorstellen.

Es kommen Mütter, die morgens vor dem Unterricht eine oder mehrere Fragen haben, und die, die stolz zuhören, wenn ihr Kind auf die Frage nach der Befindlichkeit auf Englisch antworten kann. Schon in den ersten Schultagen. „Das ist toll, die lernen Englisch, ich kann das nicht", freute sich eine Mutter.

Die Mutter, die ihr fünftes Kind im Bauch trägt und das älteste Kind im ersten Schuljahr hat, lehnt sich erschöpft an den Türrahmen und hört mir aufmerksam zu, wenn ich mit ihr über die Zahngesundheit ihrer Tochter spreche. Klar, wie soll sie das auch noch schaffen, mit ihrer Tochter zum Zahnarzt gehen? Ein Fall für den Schulsozialarbeiter? Vielleicht.

Ich finde es wunderbar, auf diese Weise zu vielen Müttern einen schnellen Kontakt zu haben und Dinge auf kurzem Weg ansprechen zu können. Manchmal reicht schon ein kurzes Zuwinken, um Einvernehmen und Vertrauen zu signalisieren. Ich schätze diese morgendlichen oder nachmittäglichen Minuten vor und nach dem Unterricht sehr, auch wenn es Tage gibt, an denen ich nicht unbedingt kommunizieren möchte.

Meine Eindrücke und Bilder und das was ich sehe, teile ich dem Team mit, wenn es mir wichtig erscheint. So haben wir im Team beschlossen, dass das Kind, das jeden Morgen mit seiner Mutter kämpfte, zukünftig alleine den Flur betreten sollte und seine vorunterrichtlichen Tätigkeiten selbstständig zu erledigen hatte. Das war ein Erfolg. Seitdem kommt Michel ohne seine Mutter ins Gebäude und organisiert sich selbst.

Eine Schulstruktur, wo alle Schülerinnen und Schüler gleichzeitig um fünf vor 8 Uhr in die Klasse stürmen, hat für mich einen wenig einladenden Anstaltscharakter. Wenn sich zwei Schulformen mit unterschiedlichen Konzepten ein Gebäude teilen müssen, ist dieses manchmal nicht so leicht zu verändern.

Elterngespräche

Wichtig ist mir, dass wir alle angemessen über Eltern sprechen. Eltern sind in der Regel die Experten für ihre Kinder, sie kennen ihre Kinder am längsten. Wenn Eltern uns vertrauen, möchten sie beraten werden. Sie vertrauen uns, wenn wir ihr Elternverhalten nicht bewerten, sondern wenn wir in einen ehrlichen Dialog treten, zu dem natürlich auch Nachfragen und Anregungen gehören: „Bei ihrer anstrengenden Arbeit kann ich es gut verstehen, wenn sie abends zu müde sind, um mit ihrem Kind über den Videokonsum zu sprechen. Aber es gehört zu ihrer Aufsichtspflicht zu kontrollieren, mit welchen Spielen ihr Sohn sich beschäftigt. Wir können dann leichter mit ihrem Sohn auch in der Schule darüber sprechen und ihr Sohn spürt, dass es uns alle interessiert, was er tut.“

Es ist ein gutes Zeichen, wenn Mütter oder Väter die Erwachsenen alle als Ansprechpartner sehen und zum Beispiel Briefe nicht an die Klassenlehrerin richten, sondern direkt schreiben: „Liebes Klassenteam“. Trotzdem respektieren die Eltern und alle Teammitglieder die Regel, dass alle inhaltlichen Fragen zum

Beispiel zum Leistungsstand, zum Lernen, zur Lernentwicklung und dergleichen ausschließlich von der Klassenlehrerin beantwortet werden.

In der Teamsitzung laufen die Fäden zusammen, teilen wir die Arbeit auf, beraten wir. Dabei ist jede Beobachtung oder Feststellung oder Bewertung eines jeden Teammitglieds wichtig. Die letzte Verantwortung für die Gesamtkoordination und Bewertung trägt die Klassenlehrerin.

Teil III

Reinhard Stähling

Wie unterrichten wir eine extrem heterogene Klasse?

Ein didaktisch-methodischer Werkzeugkoffer

„Bolek reibt sich das Kinn, zieht sich am Ohr, wackelt mit dem Kopf, schaut aus dem Fenster, sitzt unruhig in der Bank, (…) 'Fräulein, ich möchte an die Tafel.' (…)

Er greift nach dem Federhalter, fuchtelt damit in der Luft rum, pustet heftig und taucht die Feder ungestüm ins Tintenfass. Einige heftige Bewegungen mit der Hüfte. 'Fräulein, ichhh…oh-oh-oh!' – Schlägt sich mit der Hand an die Stirn, springt auf – Stichwort: Addiere 332 + 332 – Er addiert blitzschnell – schaut sich um: 'Hast du es?' und leise flüsternd: 'Wir machen dasss schnell wie der Windddd …' Er schnalzt mit der Zunge und atmet erleichtert auf …

Kommentar: So verteidigt sich ein Kind, so entlädt es die angestauten Energien, so ringt es mit sich selbst, um den Unterricht nicht zu stören, so bittet es aktiv werden zu dürfen, so beklagt es sich (…). Registriere die Qualen eines lebhaften, leicht erregbaren Kindes – (…) wie es sich abmüht, ehe es mit etwas herausplatzt, was ihm die Ermahnung einbringt: 'Sitz ruhig.' – Wie glücklich ist da ein apathisches, verträumtes Kind!“

Janusz Korczak: Erziehungsmomente
(1919, SW Bd. 4, S. 324)

Janusz Korczak hat vielfach in seiner Arbeit als Arzt und Heimleiter beobachtet, wie sich Kinder und Jugendliche verhalten. So beschreibt er z. B. den lernbegierigen Bolek im Unterricht (1919). Korczak skizziert mit wenigen Worten diese zwar historischen, aber noch heute typischen schulischen „Erziehungsmomente“. Wir sehen, wie ein Kind leiden kann, dass es nicht „dran genommen“ wird und somit nicht „dran gekommen“ ist. Der Junge diszipliniert sich selbst und ihm gelingt mit großer Mühe, sich so „zusammenzureißen“, dass er den Unterricht nicht „stört“.

Wir nehmen einmal an, dass dieses Kind in einer heutigen Klasse säße. Die Lehrerin würde Bolek täglich erleben. Wie sieht sie diesen Schüler, für den sie zuständig ist? Ist er ein „Zappelphillipp“ oder ein „ADHS-Kind“, eine Ausnahmeerscheinung, ein „hoch begabtes Kind“ oder ein „typischer Junge“, oder sogar ein „gestörtes Kind“ oder ein „schwach lernendes“ Kind mit einer so genannten „Konzentrationsstörung“?

Was würde der Bolek selbst dazu sagen? Wie wichtig ist ihm die Anerkennung seiner Leistungen durch Erwachsene und Mitschüler? Würde er die gestellten Aufgaben *alleine* konzentriert lösen können? Müsste man bei Bolek eine „Diagnostik“ veranlassen? Würden solche „Erziehungsmomente“, wie sie Janusz Korczak vor 100 Jahren erlebt hat, nicht entstehen, wenn Bolek mit seinem Freund zusammen lernen würde?

Glauben die Lehrkräfte an Bolek? Trauen sie ihm zu, dass er gut lernen wird? Auch wenn das Elternhaus nicht helfen kann. Das weitere schulische Schicksal eines solchen Kindes hängt davon ab, wie die Pädagogen das Kind sehen.

Bevor wir die „Werkzeuge“ zum Umgang mit stark heterogenen Klassen näher beleuchten, beschreiben wir kurz die Basis aller pädagogischen Arbeit, die Beziehung zwischen Lehrer und Schüler. Diese pädagogische Beziehung, die natürlich auch auf ein Team bezogen werden muss, bewegt sich im Spannungsfeld zwischen Anerkennung, Verletzung und Ambivalenz, wie Annedore Prengel (2013) erläutert.

3.0.1 Die Lehrer-Schüler-Beziehung

„Es gibt ein schönes polnisches Wort: wychowywac (erziehen), chowac (bewahren). Nicht das deutsche Wort: erziehen – ziehen, schleppen, herausziehen. Chowac, das ist schützen, beschirmen, vor Hunger Misshandlung und Leiden in Sicherheit bringen."

Janus Korczak: Über die Rettung der Kinder (1937 SW Bd. 9, S. 229)

Nicht selten gibt es in Schulen Fälle, wo ganze Teams sich darin einig sind, dass sie „für das Fortkommen des Kindes nicht verantwortlich sind, wenn die Eltern nicht mitarbeiten!" Lehrern abzuverlangen, dass sie sich „mit solch einem Problem herumschlagen" müssten, sei unfair. Sie hätten schon genug andere schwierige Kinder, die sie auf die Probe stellten. Die Gesellschaft könne nicht verlangen, dass die Schule das „repariere", was Eltern nicht schafften. So ist man sich schnell einig, dass „man nicht auch noch dafür Zeit hat." „Inklusion" habe Grenzen, eine „zu heterogene Klasse" sei unzumutbar.

Ein Kind wie Bolek wird dann spüren, dass von ihm nichts mehr erwartet wird. Das Kind und seine Lernprobleme werden als „Zumutung" für die Lehrer hingestellt. „Das können wir hier nicht auch noch leisten!", so spricht man dann im Lehrerzimmer.

Zunehmend mehr Schüler schickt man wegen ihrer schwachen schulischen Leistungen in psychologische Behandlung. Damit ist zuweilen die weit verbreitete fatale Haltung verbunden, dass die Lehrkräfte die Lernprobleme eines Kindes nicht beheben könnten. John Hattie (2013) verweist auf eine Untersuchung von 5000 Kindern, die wegen schlechter schulischer Leistungen zum Psychologen überwiesen worden waren: „Nicht eine einzige Lehrperson schreibt das Problem einem schlechten Unterrichtsprogramm, einer schlechten Schulpraxis, einer schlechten Lehrperson oder etwas anderem zu, was mit der Schule zusammenhängt. Die Probleme, so die Lehrpersonen, seien auf Ursachen im Elternhaus oder in den Lernenden selbst zurückzuführen" (S. 298).

Wenn Lehrpersonen kaum darüber nachdenken, was sie selbst dazu beitragen könnten, damit ein „schwaches" oder „störendes" Kind besser lernt, haben sie das Kind „aufgegeben".

Sie haben die Verantwortung abgegeben, obwohl sie als erfahrene Lehrkräfte spüren, dass sie es in der Hand hätten, einem Kind „eine Chance zu geben".

Viele Lehrerinnen und Lehrer wissen genau, dass Schüler bereits dann besser lernen, wenn die Lehrpersonen ihre Ansicht über die Lernfähigkeit ihrer Schüler ändern. „Du schaffst das! Wir werden dir dabei helfen!" – Worte, die zuweilen

Wunder bewirken, wenn ihnen Taten folgen. Gute Lehrkräfte haben dies nicht nur einmal erlebt.

So weiß ein engagierter Lehrer auch, dass er an seinen Schüler glauben muss, um ihn für das Lernen zu gewinnen. Studien zeigen, wie sich bestimmte Fortbildungen der Lehrer auf das *Lernverhalten der Schüler* positiv auswirken, und zwar solche, bei denen die bis dahin verwendete Annahme *hinterfragt* wurde, dass „manche Lernende weniger gut lernen können oder wollen als andere" (Hattie 2013, S. 144).

Für den Lernerfolg und das Verstehen der Sache spielt der **„soziale Kredit"**, der einem Schüler gegeben wird, eine entscheidende Rolle (vgl. Jantzen 2008; Ziemen 2009; Stähling/Wenders 2012, S. 95 ff.): Das Pädagogen-Team glaubt an den Lernerfolg des Schülers. Die Erfahrung zeigt, dass „gute" Lehrer an ihre Schüler glauben, auch wenn sie noch nicht so viele Fortschritte gemacht haben, wie „im Vergleich zu anderen" zu erwarten war. In der Gegenüberstellung einer optimistischen und einer pessimistischen Haltung zweier Lehrerinnen im Teil I haben wir am Praxis-Beispiel die Gefahr von Fehlentwicklungen aufgezeigt, wenn wir an ein Kind nicht glauben und es erwägen, aus einer Schulklasse auszuschließen.

Kurz: Es wird kaum möglich sein, eine Klasse mit sehr vielen unterschiedlichen Schülern zu unterrichten, wenn man nicht **an ihre Potentiale glaubt**. Dies muss auch jeder Leiterin eines Klassenteams klar sein. Die Teammitglieder und die Schüler brauchen gleichermaßen den grundlegenden pädagogischen Optimismus, dass jede und jeder die Aufgaben bewältigen wird. Bevor wir uns der Frage stellen, **wie** wir eine extrem heterogene Klasse unterrichten können, muss uns die Grundbedingung klar sein: eine gute pädagogische Beziehung.

Sie ist das wichtigste Handwerkszeug jeder Lehrerin und jedes Lehrers. Der Lehrerberuf ist somit zuerst einmal eine Tätigkeit, die von der lebendigen Beziehung lebt.

Wie kommt es, dass nicht jeder „schwierige Schüler" bei jedem Lehrer auf gleiche Weise auffällig ist? Manche Kinder „stören" nur bestimmte Lehrerinnen oder Lehrer. Sie spüren bisweilen, dass sie von ihnen nicht anerkannt werden. Möglicherweise stören sie nur bei ihnen den Unterricht. Ist der „gestörte" Unterricht eine Folge einer „gestörten Beziehung" zwischen Schülern und Lehrern?

Aus tiefenpsychologischer Sicht müssen wir uns in der pädagogischen Beziehung immer auch das Phänomen von Übertragung und Gegenübertragung bewusst machen: Lehrerinnen und Lehrer reagieren auf ihre Schüler auch „aus dem Bauch", unwillkürlich oder intuitiv. Ebenso Schüler auf ihre Lehrpersonen. Sie „wiederholen" Reaktionen, „die in der Beziehung zu wichtigen Bezugspersonen der frühen Kindheit ihre Wurzeln haben und unbewusst auf Personen der Gegenwart übertragen werden. Übertragungen können zu Verkennung bzw. Verzerrung der Realität führen" (Seidel 2014, S. 260 f). Supervision kann helfen, diese unbewussten Anteile in der Persönlichkeit des Lehrers bewusst zu machen.

Die Lehrer-Schüler-Beziehung ist die Basis für alle pädagogische Arbeit, besonders für den **Unterricht**. In einer fruchtbaren Beziehung zwischen Lehrkraft und Lernendem wird schrittweise immer mehr offenkundig, wo der Schüler im Lernprozess steht. Kompliziert und paradox erscheint hier die Arbeit der Lehrkraft, weil bereits in dem Moment, wo sie den Lernstand des Schülers testet, dieser *Lernstand nicht mehr derselbe ist,* wie er ohne diese Intervention eines Testes war. Indem der Lehrer sich dem Lerngegenstand zusammen mit seinem Schüler nähert, vermittelt er dem Schüler im Idealfall nebenbei,

- dass er sich mit Geduld auf diesen Lernprozess einlassen wird
- dass er den Schüler nicht hängen lassen wird, wenn er etwas nicht versteht
- dass er anhand der Fehler des Schülers erst erkennen kann, welche Hinweise er nun brauchen könnte
- dass er die Hypothese und das Konstrukt des Schülers zum Lerngegenstand akzeptieren wird
- dass er sensibel bemerken möchte, was der Schüler schon kann
- dass er die Interessenlage zum Thema berücksichtigen wird.

Wenn diese Haltungen des Lehrers zum Schüler in einer Lernstandserhebung zum Tragen kommen, so lernt der Schüler bereits bei dieser Erhebung, dass er sich den Gegenstand aneignen kann. Diese hier beschriebene „ideale" Lehrerhaltung ist ein wichtiger Teil des Lernprozesses. Deshalb ist es für Lehrkräfte wichtig, die Dinge **mit den Augen der Schüler** sehen zu lernen.

Annedore Prengel betont in ihrer Studie über pädagogische Beziehungen, dass die Aneignung neuen Wissens und Könnens entsteht, indem die **kognitive Beziehung** zum Lerngegenstand auf erstaunliche Weise verbunden ist mit der **Beziehung zur Lehrperson**:

> „In dieser Perspektive können wir erkennen, dass es problematisch wäre, im Rahmen einer Theorie von Nähe und Distanz den Sachbezug als zur Distanz gehörig zu verorten. Es kann vielmehr eine außerordentlich empathische Wahrnehmung durch Lehrer und Erzieher erforderlich sein, wenn es darum geht, herauszufinden, in welcher Form, mit welchen Medien und auf welcher Kompetenzstufe ein Kind oder Jugendlicher sachlich ansprechbar ist und seine Zugänge zur Welt des Wissens und Könnens ausbauen kann. Darin liegt der Zusammenhang von didaktischer und diagnostischer Perspektive" (Prengel 2013, S. 76).

Schüler und Lehrperson richten gemeinsam den Zeigefinger, ihre Aufmerksamkeit auf den Lerngegenstand. In diesen komplizierten Momenten der Verständigung zwischen den beiden Personen über das angezeigte Objekt gewinnen sie ein „intersubjektiv geteiltes Wissen" (Habermas 2009, S. 45). Das so schlicht erscheinende Bild des didaktischen Dreiecks von Lerngegenstand, Lehrer und Schüler kann als Modell für eine professionelle Beziehung stehen, die sehr vielfältig sein kann.

Wenn sich eine Schülerin oder ein Schüler in Zusammenarbeit mit einer Lehrkraft einen Lern-Gegenstand aneignet, tritt die Lehrperson dabei in eine pädagogische *Beziehung* zu dem Lernenden. Dieses professionelle Verhältnis ist vielschichtig. Annedore Prengel (2013) stellt fest, dass diese Beziehung sich zwischen den Polen von Anerkennung und Verletzung bewegt und nicht selten ambivalent ist.

Der „Gegenstand" wird in der pädagogischen Beziehung zum „Lerngegenstand".

Wie kommt es nun zum Lernen des Lerninhaltes? Das Lernen als Aneignung des Lerngegenstandes ist auf eine **Halt gebende Beziehung** mit der Lehrperson angewiesen (vgl. Prengel 2013, S. 75 ff; 2014). Er wird von der Lehrperson didaktisch aufbereitet und berücksichtigt (mehr oder weniger) die Lernvoraussetzungen des Schülers. Der Lerngegenstand befindet sich nicht unabhängig vom Schüler und Pädagogen-Team, sondern ist historisch bedingt, *in der überwiegenden Mehrzahl der Fälle menschengemacht.* Er existiert in einem didaktischen Dreieck von Lehrer – Schüler – Sache. Er ist kommunikativ angelegt, so dass man sich über ihn verständigen kann.

Die **Lehrer-Schüler-Beziehung** gilt nach Hattie (2013, S. 141 ff) als eine der stärksten Einflussfaktoren auf die Schülerleistung. Dabei hat das aktive **sorgende Engagement** des Pädagogen-Teams auf das Lernverhalten des Lernenden großen Einfluss. Hattie folgert aus der Forschungsübersicht: „Lehrpersonen müssen direktiv, einflussreich, fürsorglich und aktiv in der Leidenschaft des Lehrens und Lernens engagiert sein" (Hattie 2013, S. 280).

Und er konkretisiert: „Lehrpersonen müssen *die Lehrintentionen und Erfolgskriterien ihrer Lehrsequenzen kennen* und wissen, *wie gut sie diese Kriterienpunkte für alle Lernenden erreichen*. Sie müssen *die nächsten Schritte identifizieren* – im Lichte der Lücke zwischen dem aktuellen Wissen und den Erkenntnissen der Lernenden sowie im Lichte der Erfolgskriterien des 'Wohin gehst du?', 'Wie kommst du voran?' und 'Wohin geht es danach?'" (S. 280 f.; vgl. auch S. 290).

Das Lernumfeld gilt dann als ideal, wenn sowohl Lehrpersonen als auch Lernende die Antworten auf diese Fragen suchen (vgl. Hattie 2013, S. 210). Gute Lehrpersonen verstehen also die Perspektive jedes einzelnen Schülers, indem sie die Auseinandersetzung mit dem Lerngegenstand beobachten und jedem eine ermutigend wirkende Rückmeldung darüber geben. Jeder Schüler erhält auf diese Weise ein Feedback und lernt, sich selbst einzuschätzen. Dadurch fühlt er sich sicher (vgl. Hattie 2013, S. 28).

Dabei spielt die einfühlende Kommunikation, die sensible Auseinandersetzung mit anderen Sichtweisen, die fruchtbare Mehrperspektivität eine zentrale Rolle. Die Einstellung und Konzeptionen der Lehrkräfte zu Kindern und Kindheit sind bedeutsam für die Lernatmosphäre und somit auch für den Lernfortschritt der Schüler (vgl. Hattie, S.152 ff).

Federico Fellini beobachtete eine „Unachtsamkeit, die wir mit unserer Überzeugung, das Kind sei nichts als ein Fehler, der behoben werden muss, gegenüber der Welt der Kindheit an den Tag legen“ (1984, S. 28).

Lehrpersonen dagegen, die warmherzig, empathisch und nondirektiv mit den Schülerinnen und Schülern kommunizieren, können am besten das Lernen fördern und zu guten Ergebnissen führen (vgl. Hattie 2013, S. 141 ff; S. 290). So wird die Basis gelegt für die Denkprozesse, die wir später nach Hannah Arendt als „stummes Zwiegespräch“ definieren werden.

In angesehenen Schulen, die seit Jahren mit sehr heterogenen Klassen arbeiten, hat man beobachtet, dass Kinder gerne und erfolgreich lernen, wenn sie sich auf die Erwachsenen verlassen können. Lernen braucht verlässliche Beziehungen, die Halt geben. Diese wachsen über Jahre und sind nicht von Beginn an vorhanden. In jahrelang erfahrenen und routinierten Klassen findet man eine inklusive, mehrperspektivische Lernkultur, die zu guten Leistungsergebnissen führt. Sie ist geprägt durch folgende Gütekriterien:

Achtung, Verlässlichkeit, Zugehörigkeit und Begleitung (vgl. Stähling 2006, S. 138 ff.; Prengel 2013, S. 69 f.).

Hattie (2013, S. 291) verwendet als Gütekriterien ähnliche Begriffe:

Beziehung, Vertrauen, Zugewandtheit, Sicherheit und anspruchsvolle Lernziele.

Wenn Schüler sich angenommen und wohl fühlen, wenn sie sich auf die Pädagogen verlassen können, lassen sie sich darauf ein, neue Schritte zu wagen, Fehler zu machen und andere Blickwinkel kennenzulernen. Auf der Basis dieser sicheren sozialen Lernatmosphäre wächst das mehrperspektivische Lernen.

Ada Fuest (2014 a) beschreibt aus dem Leben und Unterricht einer Schulklasse, wie Kinder in Gruppengesprächen begreifen, dass sie das Recht haben, langsamer oder schneller als andere zu lernen. Die Kinder können sich auf die Lehrerin verlassen, sie traut es ihnen zu und zeigt auf, dass es normal ist, etwas noch nicht zu können. Die pädagogische Haltung, dass jeder Schüler auf seine individuelle Weise zum Ziel kommt, gibt Kindern Sicherheit. Zugleich können sie erkennen, dass andere Menschen anders denken, andere Wege gehen und man von ihnen lernen kann.

Solche Gelingensbedingungen sind leichter erfüllt, wenn die Mitarbeiterinnen und Mitarbeiter in Klassenteams fest und ohne häufige Wechsel über Jahre zusammen arbeiten. Unter solchen Bedingungen zeigt es sich, dass eine heterogene Klasse gute Lernergebnisse erbringt. Die Skepsis der Eltern, dass diese Rahmenbedingungen allerdings nicht flächendeckend erfüllt sind, können nicht von der Hand gewiesen werden.

Welche Möglichkeiten sich eröffnen werden, wenn stufenübergreifend unterrichtet wird, zeigen die Erfahrungen aus Schulen des längeren gemeinsamen Lernens, wenn der Übergang von der Primar- zur Sekundarstufe aufgehoben wird. Die wissenschaftliche Begleitung zur Primus-Schule Münster Berg Fidel/Geist müsste erforschen, wie es gelingt, dass herkunftsbedingte Nachteile durch die Schule ausgeglichen werden können.

Tatsächlich kommt es – neben vielen anderen Faktoren – zunächst entscheidend auf die pädagogische Grundhaltung an: „Du gehörst zu uns“ (Stähling 2006): Jedes Kind kann lernen – „Schlechte Schüler gibt es nicht“ (Iris Mann 1981). Diese pädagogische Haltung erfordert – nach unserer Erfahrung in Berg Fidel – vor allem Mut und Engagement für die Rechte von Kindern (z. B. aus Flüchtlingsfamilien) und eine **solidarische Haltung** (vgl. Prengel 2013, S. 61 ff.) mit den „Schwachen“. Hier ist es zuweilen notwendig, im Interesse der Schüler „ungehorsam im Schuldienst“ zu sein (vgl. Stähling/Wenders 2009).

Wir erinnern hier noch einmal an die Erfolgsbedingungen dafür, dass alle Kinder, auch die verhaltenssauffälligen, dazu gehören (vgl. Teil I):

1. Ständige *Koordination* der Arbeit im Team: Kinder brauchen klare, im Team abgesprochene und sich nicht widersprechende Vorgehensweisen, die ihnen Sicherheit geben können.
2. *Kontinuität* fester Teams *über Jahre*.
3. *Ständige interne Aus- und Fortbildungen*, berufsbegleitend, während der konkreten Arbeit

Kommt ein Team gerade erst zusammen, hat seine Arbeit noch nicht koordiniert und ist sich nicht einig, wie es vorgehen will, so passiert erfahrungsgemäß immer das Gleiche: Einige Schüler „testen die Erwachsenen aus“, sie provozieren klare „Ansagen“ und fordern Grenzen ein. Viel Zeit hat dann ein Team nicht, um sich zu finden. Manche Schüler können sehr kreativ sein, die Widersprüche in den bisherigen regelnden Vorgaben herausfinden und die Erwachsenen mit ihren lückenhaften Lösungsversuchen konfrontieren. Wenn Regeln aus ihrer Sicht sinnvoll sein könnten, dann wären es aber nur gerechte. So geraten Lehrer in Zugzwang. Die Schülerinnen und Schüler wollen wissen, wo es lang geht. Wichtig wird spätestens dann, sie ernst zu nehmen und ihre Wünsche nach Sicherheit und einheitlichen Regeln zu erfüllen. Sie müssen sich beteiligen können, wenn Regeln aufgestellt werden. Am besten stellen sie ihre Regeln des Zusammenlebens im Klassenrat selbst auf.

Wir werden im folgenden Teil Situationen in Schulklassen beleuchten, die geprägt sind von ganz verschiedenen Schülerinnen und Schülern, die gemeinsam lernen. Alle Klassen sind naturgemäß heterogen – wir sprechen hier aber nicht von durchschnittlicher Verschiedenheit z. B. von jeder Klasse in einer Realschule oder in einem Gymnasium. Wir berichten in diesem Buch aus unserer Arbeit mit **extrem** unterschiedlichen Kindern. Wo andere vermuten „Die können nicht voneinander profitieren, das gemeinsame Lernen bringt nichts, die lenken sich nur ab!“, berichten wir aus der Praxis des inklusiven Unterrichts. Unsere Erfahrungen zeigen, dass Kinder in einer sehr stark heterogenen Schulklasse gute Chancen haben, viel zu lernen – vermutlich sogar mehr, als das in einer homogeneren Klasse möglich wäre. Vorausgesetzt die pädagogische Beziehung gibt Halt.

Klassenteams bieten mehr Potentiale als „Einzelkämpfer“, ihren Unterricht erfolgreich für jedes Kind zu gestalten, wie viele Beispiele aus Teil I und II zeigen können.

3.0.2 Drei Antworten auf die Frage: Wie unterrichten wir eine extrem heterogene Klasse?

Für den Integrationsforscher Hans Wocken (2013) gibt es nur ein Merkmal, worin sich ein inklusiver Unterricht von anderem unterscheidet, *„das nicht limitierte Maß der Heterogenität der Schülerschaft“* (S. 199).

Bisherige Studien können zeigen, dass *Behinderte* in integrativen Klassen nicht zu schlechteren, sondern eher zu besseren Lernergebnissen kommen als in Sonderschulen (vgl. Hattie 2013, S. 114; Schnell/Sander/Federolf 2011).

Deutsche Schülereltern haben inzwischen eine positive Sicht auf die gemeinsame Beschulung von Kindern mit und ohne Behinderungen – allerdings sind sie skeptisch, wenn „normale Schüler“ mit geistig behinderten bzw. mit verhaltensauffälligen Kindern zusammen lernen. In einer Untersuchung äußern Eltern mit niedrigem Bildungsabschluss und Eltern mit Migrationshintergrund (türkisch und russisch sprechend) häufiger als andere Bedenken. Negative Auswirkungen auf das fachliche Lernen befürchten häufiger Eltern, die sich wünschen, dass die Schulleistung im Vordergrund stehen sollte. Diese Ergebnisse einer repräsentativen Elternbefragung aus dem Jahr 2012 (vgl. Horstkemper/Tillmann 2012) führen zu der Folgerung: „Wenn es nicht gelingt, die Befürchtung auszuräumen, das fachliche Lernen der Kinder werde in integrativen Lernkontexten gebremst, wird die Unterstützung der Eltern nur schwer zu erreichen sein“ (Hostkemper/Tillmann 2012, S. 360).

Die Konsequenz wäre, dass Eltern sich von integrativen Schulen abwenden würden. Umso bedenklicher erscheint die Tatsache, dass zu zentralen Themen der Inklusionsforschung derzeitig kaum wissenschaftliche Begleituntersuchungen stattfinden (vgl. Preuss-Lausitz 2015, S. 413 ff.). So wissen wir z. B. noch immer wenig darüber, wie erfolgreich Schüler mit besonderen Behinderungsformen in heterogenen Klassen der allgemeinen Schulen lernen. Auch das Lernen von behinderten Schülern mit Migrationsherkunft ist wenig erforscht. Ebenso gravierend ist die Lücke in der fachdidaktischen Forschung: So wird eine Lehrerin mit einer stark heterogenen Klasse z. B. im Fremdsprachenunterricht methodisch anders vorgehen müssen als im Mathematikunterricht. Die Individualisierung in einem Fachgebiet wie Englisch, das sich stark mit dem Hörverstehen und der Praxis der mündlichen Kommunikation beschäftigt, wird sich unterscheiden müssen von einem stärker an haptischen und visuellen Anschauungshilfen orientierten Fach wie Mathematik.

Die Inklusionsforschung steht noch am Anfang, wenn es um fachdidaktische Fragenstellungen geht (vgl. Preuss-Lausitz 2015).

Die Befürchtung, dass „durchschnittliche“ Schüler im integrativen Unterricht besonders durch geistig behinderte bzw. verhaltensauffällige Mitschüler im fachlichen Lernen gebremst werden, ist ernst zu nehmen, weil sie für Eltern und skeptische Lehrkräfte einleuchtend ist. Ihnen erscheint zwar nachvollziehbar, dass die Schüler in inklusiven, sehr heterogenen Klassen im sozialen Bereich teilweise mehr lernen; sie bezweifeln jedoch die Vorteile für das fachliche Lernen, besonders, wenn im Fachunterricht nicht nach Leistungsniveau getrennt unterrichtet würde.

Dabei übersehen diese Skeptiker, dass im Schulalltag **nicht immer der gesamte Unterricht in der bunt gemischten Klasse** zusammen erfolgt, sondern gemeinsame und individuelle Lernsituationen sich sinnvoll abwechseln (vgl. Wocken 2013, S. 199 ff.). Es kommt dabei auf die Balance an.

Auch in reformpädagogischen Schulen wird man z. B. Englisch zuweilen in relativ leistungshomogenen Gruppen unterrichten, um talentierte Spitzenschüler zu fordern. Gerade die intensive, direkte, lehrergesteuerte Unterweisung in Kleingruppen ist bei vielen Schülern effizient. Eine inklusive Schule wird den Unterricht so organisieren, dass auch Schüler mit bestimmten Schwerpunktinteressen zusammen lernen. Diese Gruppen sind annähernd leistungshomogen und lernen sowohl selbstgesteuert als auch lehrergesteuert.

Hans Wocken (2013, S. 207) unterscheidet im inklusiven Unterricht vier „unterrichtsmethodische Grundtypen“:

- Unterricht mit *Lehrersteuerung*, z. B. Lehrervortrag, Stillarbeit, evt. Morgenkreis, differenzierte Kurse
- „Förder- und Assistenzunterricht“, individuelle Lernsituation mit *Lehrersteuerung*
- „Kooperatives“ Lernen mit *Selbststeuerung* unter den Schülern, z. B. Gruppenarbeit, Projektunterricht, Peer Tutoring
- „Individualisiertes“ Lernen mit individuellen Lernzielen und eigenem Lerntempo bei *Selbst- bzw. Lehrersteuerung*, z. B. freie Arbeitsformen

Ein Lehrer kann z. B. mit leistungshomogenen Kurs-Gruppen „im Gleichschritt“ lernen. Auch beim Förderunterricht wird nicht selten eine relativ leistungshomogene Gruppe gebildet. In einer heterogenen Klasse ist genauso Alltag, dass eine Schülergruppe, die relativ homogen zusammengesetzt ist, zu einem Interessengebiet selbstbestimmt arbeitet.

Inklusiver Unterricht findet also nicht nur in heterogenen Gruppen oder Klassen statt, sondern auch immer wieder in *relativ homogenen Teilgruppen*. Aber die Schulklasse als ganze ist heterogen und kommt immer wieder im Sitzkreisen zusammen.

Ob in den verschiedenen Unterrichtsorganisationen häufig an einem *„Gemeinsamen Gegenstand“* (Georg Feuser) gearbeitet wird, ist damit noch nicht gesagt. In vielen Schulen lernen die Schüler in freien Arbeitsformen kaum an einem „gemeinsamen Gegenstand“, sondern arbeiten an verschiedenen Aufgaben. Es hat jedoch sehr viele Vorteile, wenn viele an einem „gemeinsamen Gegenstand“ arbeiten, auch in den Phasen der „freien“ Arbeit. Die Schüler können dann leichter voneinander und miteinander lernen. Das Gefühl der Zugehörigkeit wächst und motiviert zu gemeinschaftlicher Leistung. Das Klassenklima ist auf ein Thema gerichtet und die unterschiedlichen Zugangsweisen sind für andere Schüler ebenfalls interessant (vgl. Stähling/Wenders 2012, S. 16 ff.). Die Perspektiven der vielen unterschiedlichen Schüler bereichern. Wir vertiefen und erläutern dieses mehrperspektivische Lernen am „Gemeinsamen Gegenstand“ weiter unten ausführlich.

„Wie gehe ich mit einer Klasse um, in der sowohl ein geistig behindertes und ein hörgeschädigtes Kind als auch ein Autist und einige verhaltensauffällige und lernbehinderte Schüler zusammen mit durchschnittlich und besonders begabten Kindern lernen?“, stöhnt eine Lehrerin im Lehrerzimmer.

Auf diese Kernfrage, die viele Lehrerinnen und Lehrer beschäftigt, versuchen wir drei Antworten zu finden, die wir ausführlich anhand von Beispielen erläutern werden.

Antwort 1:
Wir setzen auf die Kraft der Gruppe und machen **„kommunikativen“** Unterricht.

Antwort 2:
Wir nutzen die Vorteile der Vielfalt und machen **„handelnden“**, **„mehrperspektivischen“** Unterricht.

Antwort 3:
Wir holen die Schüler da ab, wo sie stehen und unterrichten **„entwicklungslogisch“**.

Dieser Unterricht lässt sich am sinnvollsten in einem **festen Klassenteam** verwirklichen. Wenn es die Arbeit „wasserdicht“ koordiniert und konsequent steuert, ist eine wichtige Voraussetzung für den Erfolg gegeben. Um nun im Einzelnen zu erfahren, wie ein Klassenteam mit einer stark heterogenen Klasse umgehen kann, damit die Schüler am besten lernen können, müssen wir Lernprozesse genau analysieren.

An Praxisbeispielen aus heterogenen Klassen lassen sich die Lernprozesse zeigen. Deutlich wird dabei, dass gerade der *inklusive, kommunikative und handlungsorientierte* Unterricht (vgl. Kaiser 2004, S. 4 ff.) besonders gute Voraussetzungen dafür bietet, mit stark heterogenen Klassen Lernfortschritte zu machen.

Eine stark heterogene Klasse bietet nämlich sehr große Chancen, die Lerngegenstände *mehrperspektivisch* zu betrachten. Die „Stoffe" werden durch den „fremden" Blickwinkel der anderen neu beleuchtet. Es entsteht so etwas wie ein *Verfremdungseffekt*, der das Denken weckt (Bertolt Brecht). Dies wird später ausführlich erläutert. Stark heterogene Gruppen bieten somit sehr viele Lerngelegenheiten. Die Klasse wird den „Stoff" ständig mehrperspektivisch erarbeiten können. Viele Lehrer machen dies ohnehin bereits, sind sich dessen möglicherweise aber nicht bewusst.

3.1 Erste Antwort: Wir setzen auf die Kraft der Gruppe und machen „kommunikativen“ Unterricht

Viele Lehrkräfte stehen alleine mit der Klasse. Schon vor mehr als 30 Jahren gab es auf dieses Problem eine Antwort: Differenzieren! Unterschiedliche Anforderungen an unterschiedliche Lerner! Wir erwarteten von den Schülern, dass sie miteinander und voneinander selbstständig lernen. Dass dies nicht bei allen Schülern so einfach gelang, war jedem erfahrenen Lehrer klar. Viele Kinder und Jugendliche in einer Schulklasse brauchen Strukturen und transparente Regeln. Dies gilt auch, wenn sie selbstständig lernen.

Natürlich können sie nur eigenständig zu Erfolgen kommen, wenn sie „passende“ Aufgaben bekommen. Wie kann eine Lehrkraft die Lernaufgaben passend zuschneiden, wenn sie ihre Schüler kaum kennt? *„Partner- und Gruppenarbeit“* war zwar immer in der Lehrerausbildung gefordert, aber diese Methoden brachten wenig, wenn Lehrkräfte die Schüler zu wenig kannten. So kam es, dass ein pädagogisches Handwerkszeug wie „Partner- und Gruppenarbeit“ bei manchen inzwischen verbraucht wirkt. Berufserfahrene Skeptiker fragen, ob dabei viel heraus kommt. Wenn sich manche Schüler eher ablenkten oder nicht kooperieren konnten, waren Lernergebnisse schlecht. Täuschten viele nur vor, dass sie etwas lernten, wenn sie sich zusammen in Kleingruppe mit dem Thema beschäftigten? Um nicht aufzufallen, dass sie den Lerngegenstand nicht verstanden hatten, „hängten sich manche an bessere Schüler dran“ und versuchten, ihre Ziffernnote aufzubessern.

Bewirkte nicht das Schulsystem mit Noten, Sitzenbleiben und Lehrplandruck, dass Eltern und Schüler gar keinen Wert mehr legten auf Kooperation im Unterricht, weil man dadurch „zu viel Zeit verlor?“ Auch der wohlmeinende Hinweis der Schulaufsicht, man solle sich doch einmal solche Schulen ansehen, wo das *„kooperative und kommunikative Lernen“* gelänge, ergab keine grundlegenden Änderungen. Auch in diesen „Vorreiter-Schulen“ arbeiteten durchschnittliche Lehrkräfte und „kochten nur mit Wasser“.

Hospitanten erkannten oft nicht, dass diese Lehrkräfte nur deshalb erfolgreich unterrichteten, weil sie ihre Schülerinnen und Schüler gut kannten. Nicht selten aus der Not heraus hatten sie ihren Unterricht verändert, damit die „schwachen“ Schüler, die zu Hause keine Hilfe bekamen, auch Lernfortschritte erzielten. Wer in Grund- oder Gesamtschulen mit stark heterogener Schülerschaft unterrichtete, musste erfahren, dass er als Lehrer es öfter nicht alleine schafft. Er nutzte die Mitschüler als *„Hilfslehrer“*, um z. B. das tägliche Üben zu gewährleisten. Auch dies musste vielen Eltern erst sehr sorgsam erklärt werden, damit es nicht aussah, als „missbrauche" man ihre Kinder, um die fehlenden Lehrer zu ersetzen. Ganz „unromantisch" etablierte sich in solchen reformpädagogischen Schulen Partnerarbeit. So bekamen beispielsweise zwei *gut ausgewählte* Kinder *„passendes"* Übungsmaterial zum 1x1 und konnten 15 Minuten alleine „sinnvoll beschäftigt" werden.

„Kooperatives und kommunikatives Lernen"? – Hinter dem schillernden Begriff steckte nicht selten etwas Banales, das nicht leicht zu machen war: So musste sich im Brennpunkt Berg Fidel jede Lehrerin für die „Schwachen" gewisse Zeiten „ermogeln", indem sie andere Schüler auswählte, die schon eigenständig gut lernen konnten, und ihnen Aufgaben gab, die sie ohne Hilfe erledigen konnten. Als war Selbstständigkeit der leistungsstarken Schüler beim Lernen nicht ein uneigennütziges Ziel, sondern „not-wendig", damit die Lehrerin Zeit bekam, um den „Schwachen" in einer Kleingruppe oder in Einzelarbeit kurzfristig besser helfen zu können. Aber es setzte immer voraus, dass die Lehrkraft die Kinder sehr gut kannte und eine tragfähige Beziehung zu ihnen hatte. Differenzierung – so einfach wie es klingt, war es nie (vgl. Stähling 2013 a).

Wir haben in der Grundschule Berg Fidel immer versucht, jedem einzelnen Kind gerecht zu werden. Aber die Probleme lagen da immer im Detail: Ein Junge wollte heute statt der Pflichtaufgabe lieber mit seinem Freund zusammen selbstständig eine neue Geschichte erfinden. Eine Absicht, die man ja begrüßen müsste. Aber wie oft hatte dies dazu geführt, dass er die Übungsaufgaben nicht erledigte? Der Übungsbereich in Mathe kam bei ihm allmählich zu kurz, regelmäßige Schreibarbeiten in der Rechtschreibkartei verloren ihren Wiederholungseffekt. Ein Zwiespalt, den viele Lehrkräfte kennen, die Erfahrungen mit offenem Unterricht haben.

Wir fragten uns schließlich, ob freie Arbeitsformen wirklich jedem Kind so viel Freiheit bieten sollten? Wie konnten „gemeinsame" Übungsroutinen entstehen? Gemeinsam eine Geschichte zu schreiben, war ja auch eine sinnvolle Lernform. Aber dies in der Stunde zu tun, wenn die anderen Kinder gerade etwas völlig anderes machten? Hier gab es Zweifel: Machte es einen Sinn, dass die Kinder zu verschiedenen Zeiten nach ihren Stimmungen entschieden, was sie machen wollten? Können die Geschichtenschreiber ihr kreatives Bedürfnis auch später am Schultag ausleben?

Wir haben unsere eigenen Zweifel ernst genommen – übrigens kamen diese Zweifel nie von anderen, die unseren Unterricht gesehen hatten, sondern eher entstanden sie, wenn wir in anderen Schulen Unterricht besuchten. Dort sahen wir auch andere Formen des freien Arbeitens, teilweise noch freiere als bei uns. Bei den Hospitationen wurde uns klar, dass jeder seinen eigenen Stil finden muss, wie er unterrichtet und mit welcher Freiheit er selbst gut leben kann. Mit dem Abstand zur eigenen Unterrichtspraxis lernten wir ebenso Schritt für Schritt, welcher Stil zu unserem Klassenteam passte: es war ein ganz eigener, aber sicher nicht ein ganz neuer Weg, den wir dann in der **Sonnenblumenklasse in Berg Fidel** erprobten (vgl. Stähling / Wenders 2012, S. 16 ff.):

Morgens kommen die Kinder im gleitenden Schulanfang nach und nach in die Klasse. Sie fangen zuerst alle mit Mathematik an. Sie suchen ihre Mathe-Aufgaben des Vortages heraus und stoßen dabei meist auf Lernpartner, die gerade etwas Ähnliches bearbeiten oder an einem ähnlichen mathematischen Problem tüfteln. Einige Freunde lernen fast immer zusammen mit anderen. Sie bilden feste Lernpaare, ohne dass wir dies vorgegeben hätten. Andere finden sich je nach Interesse oder Aufgabenstellung zusammen und entdecken, wie hilfreich es ist, gemeinsam zu arbeiten. Fast alle Kinder der altersgemischten Klasse sind irgendwann Paten für Schulanfänger gewesen. Sie helfen gerne und erklären Aufgaben. Es gibt auch Kinder, für die es selbstverständlich ist, dass sie alleine arbeiten und zunächst fast immer auf die Einzelunterstützung eines erwachsenen Lernbegleiters angewiesen sind. Dies werden erfahrene Lehrkräfte kennen: Beim freien Arbeiten suchen viele Kinder von sich aus nach dem *„gemeinsamen Gegenstand“* (Georg Feuser), der auch ihre Freunde beschäftigt und fasziniert. Wenn in der altersgemischten Klasse die älteren Kinder z. B. Flächen zeichnen und deren Inhalte berechnen, so ist dies für Jüngere faszinierend. Sie wollen dann auch mit Lineal, Buntstiften und Bleistift Flächen zeichnen und farbig ausgestalten. Dabei interessiert einen Schulanfänger offenbar genauso wie einen älteren Schüler, auf welche Weise z. B. 24 Kästchen im Matheheft dargestellt werden können: 2 x 12 oder 4 x 6 oder 8 x 3. Durch Ausschneiden der Flächen kann dem älteren Schüler dabei klar werden: Verdoppelung des Faktors 4 und Halbierung des Faktors 6 ergibt aus der 4 x 6 die Aufgabe 8 x 3 und den gleichen Flächeninhalt.

Ein jüngerer Schüler, der diese ernsthaften Tüfteleien seines älteren Mitschülers wissbegierig beobachtet, versucht selbst, ob es ihm auch gelingt, die Fläche mit 24 Kästchen in 4er-Streifen auszuschneiden. Beim Aufkleben entdeckt er nun wieder ganz nebenbei, dass er diese 4er-Streifen verschieden anordnen könnte. Dann will er sie mit bunten kräftigen Farben ausmalen, so dass ein schönes Muster entsteht, was den älteren Schüler zu einer überzeugenden Anerkennung bewegt. Mehrere Perspektiven auf den Lerngegenstand werden fruchtbar.

Ein anderes Schulanfänger-Kind sucht die Sicherheit bei der Lehrerin und will ebenfalls Kästchen ausmalen, weil es dies bei anderen gesehen hat und davon beeindruckt ist. Nun beginnt es mit Farbstiften wiederkehrende Muster zu malen: 4 rote Kästchen, 4 blaue Kästchen, dann wieder 4 rote usw. In der nächsten Reihe beginnt es zuerst mit den blauen. Eine außergewöhnlich ordentlich gestaltete Fläche mit rot und blau entsteht. In der nächsten Reihe verschiebt sich plötzlich wegen einer Unaufmerksamkeit das Bild etwas: es sind nur 3 blaue in der Mitte. Dann wird mit 4 roten fortgesetzt. Das verzerrte Muster bekommt Spannung – ein fantastisches Bild entsteht.

Der mögliche „Irrtum" beim Abzählen der 4 Kästchen war der Ausgangspunkt für eine künstlerische Besonderheit.

Das Herangehen der anderen Kinder an verwandte Aufgabenstellungen eröffnet neue Perspektiven. Es **„verfremdet"** das Selbstverständliche (siehe Kapitel 3.2). Kinder arbeiten gerne frei unter einer thematischen Vorgabe.

Im Gespräch mit der Lehrerin äußert ein Kind den Wunsch, nach einer Pause auf jeden Fall weiter Bilder zu malen – so „wie die anderen auch". Das Kind hat hier vom ersten Schultag an die Freiheit, selbst zu bestimmen, wann es eine Pause braucht. Bei so viel Konzentration und Vertiefung will es nun – wiederum am liebsten mit einer Freundin – zusammen auf dem Bauteppich spielen. Die Freundin will zwar noch etwas weiter arbeiten, kommt aber kurz danach auch gerne zum Bauteppich, um einen Turm zu bauen. Geduldig wartet das Kind auf seine Freundin, bis diese ihre Muster auch zufrieden ihrer Lehrerin und ihrer Mitschülerin gezeigt hat. Eine Rückmelde-Kultur, ohne die Lernen schwer vorstellbar wäre.

Das Interesse an Mathematik wächst aus reiner Freude am gemeinschaftlichen Tun. Freundschaften sind wichtig für das Lernen. Tragende und entspannte, freudige Beziehungen innerhalb der Klasse bei der freien Arbeit sind das Fundament für eine eigene Entwicklung.

In stark heterogenen Klassen entwickeln sich Kinder in und durch anregende und offene Lernumgebungen. Die sozio-emotionalen Aspekte des Lernens rücken in den Mittelpunkt und können die Schüler mit Begeisterung für die Lerngegenstände erfüllen. Wir möchten unser Konzept mit dem **Begriff „kommunikativer Unterricht"** bezeichnen: „In Kürze heißt es, dass kein Lerngegenstand von oben herab durch die Lehrperson definiert werden kann, sondern dass er kommunikativ erschlossen werden sollte. Dazu ist es nötig, dass sich die Kinder verschiedene Zugänge (…) erarbeiten. Die vorläufigen Ergebnisse und Erkenntnisse der Kinder werden ausgetauscht" (Kaiser 2014, S. 5). Die Lehrkräfte müssen dabei an ihre Schüler glauben und ihre **entwicklungslogischen Zugänge zum Lerngegenstand** (siehe Kapitel 3.3.) entdecken und wertschätzen. Dass das Pädagogen-Team den Schüler grundsätzlich für fähig hält, bestimmt das Lernklima in dem „Treibhaus der Zukunft" (Reinhard Kahl) und schafft Vertrauen zwischen den Lernenden und zwischen Lehrern und Schülern.

Aus zwei Perspektiven nähern wir uns in folgenden Abschnitten weiter dem „kommunikativen Unterricht“ an:

- Zusammen mit Freunden lernen – in freien Arbeitszeiten.
- Von Freunden lernen – Schüler lernen durch Lehren.

3.1.1 Zusammen mit Freunden lernen – Beobachtungen und Konsequenzen für die freien Arbeitszeiten

Stellt eine Lehrkraft im Frontalunterricht einer stark heterogenen Klasse zugleich dieselben Aufgaben und nimmt sie dabei an, dass die Schüler sie einheitlich bearbeiten können, so ignoriert sie die Lernausgangslage und missachtet damit ein zentrales Lerngesetz. Der traditionelle Frontalunterricht geht „im Gleichschritt“ voran. Individuell unterschiedliches Fortschreiten im Lernprozess ist dabei möglich, wenn stark differenzierte Aufgaben gestellt werden. Das *Lerntempo* des Frontalunterrichts beruht allerdings in der Praxis auf dem Feedback von leistungsschwächeren Schülern, während das *Anforderungsniveau* sich an den mittleren und stärkeren Schülern orientiert. Über- bzw. Unterforderung sind die Folge (vgl. Hattie 2013, S. 289). Unzweifelhaft erscheint der Frontalunterricht nicht als optimale Lösung, wenn unterschiedliche Schüler von „hochbegabt bis geistig behindert“ zusammen lernen.

In einer gründlichen Studie von Nuthall (vgl. Hattie 2013, S. 284 ff.) ist man der Frage nachgegangen, was Kinder und Jugendliche wirklich im herkömmlichen Unterricht tun. Man hat Schüler in Regelschulklassen mit einem Mikrofon ausgestattet und deren Dialoge aufgezeichnet. Dabei sind neben der für Beobachter sichtbaren öffentlichen Welt des Unterrichts die „privat-soziale Welt der informellen Interaktion zwischen Peers, des Weiterflüsterns und Weitergebens von Zettelchen“ und die „privat-individuelle Welt der Selbstgespräche und der eigenen Gedanken“ (Hattie 2013, S. 284) sehr interessant.

Die Nuthall-Studie zeigt bemerkenswerte Fakten auf:

- Die Schüler kennen bereits mindestens 40 % des Unterrichtsstoffs.
- Ca. 33 % dessen, was jeder einzelne lernt, wird nur von ihm gelernt und von niemand anders in der Klasse.
- Ca. 25 % der gelernten Konzepte und Prinzipien hängen ab von privaten Gesprächen mit Peers, eigenen Aktivitäten oder der Nutzung verschiedener Ressourcen.
- Die meisten Schüler denken während des Unterrichts daran, wie sie mit möglichst wenig Anstrengung antworten und möglichst schnell mit der Arbeit zu Ende kommen können.

- Schüler lernen, sich den Anschein der aktiven Teilnahme am Unterricht zu geben.
- Die Erfahrungen von leistungsschwachen und leistungsstarken Schülern sind ähnlich.

In einem herkömmlichen frontalen Unterricht sind die Lehrer „weitgehend von Informationen abgeschnitten, was einzelne Schülerinnen und Schüler lernen. Lehrpersonen sind gezwungen, sich auf sekundäre Indikatoren zu verlassen, wie die sichtbaren Anzeichen, dass Lernende motiviert und interessiert sind" (Nuthall 2005, S. 919f, zit. nach Hattie 2013, S. 285).

Erschreckend wenig wissen im frontalen Unterricht manche Lehrer über den Leistungsstand ihrer Schüler. Sie haben teilweise so niedrige Erwartungen an die Fähigkeiten ihrer Schüler, dass ihre messbaren Leistungen tatsächlich absinken oder „zurückfallen" im Vergleich zu dem auf Basis der Lernausgangslage zu erwartenden Wert. Eine steile Lernkurve ist nicht zu erkennen, wäre jedoch bei besserer Ausgangslage zu erwarten gewesen (vgl. Hattie 2013, S. 293ff.).

Ein solcher Frontalunterricht wäre also ungeeignet für eine stark heterogene Klasse, um die Sichtweise der Kinder und Jugendlichen auf das Lehren und Lernen nachzuvollziehen. Hattie fordert, dass „Lehrpersonen mehr Zeit und Energie investieren müssen, um das Lernen mithilfe der Augen der Schülerinnen und Schüler zu verstehen" (2013, S. 284).

Zu diesem Zweck sind **offene Lernsituationen** nötig.

Viele Lehrer fragen sich, wie sie mit einer sehr stark heterogenen Klasse „fertig werden" können, besonders dann, wenn sie nicht einmal alle Schüler beim Namen kennen, geschweige denn ihre speziellen Interessen und Problembereiche. „Ich kann ja nicht jedem Schüler eine eigene Aufgabe geben", beklagen sich manche, besonders im Fachunterricht, wo sie die Schüler nur wenige Stunden unterrichten und auch nicht so gut kennen, um ihnen passende und zusätzliche Aufgaben anbieten zu können. „Bei so unterschiedlichem Leistungsniveau in meiner Klasse kann nicht viel herauskommen", beschreiben sie ihre Erfahrungen.

Wie könnten sie aber die starke Heterogenität als Vorteil wertschätzen? Wie nutzen Reformpädagogen im integrativen Unterricht die unterschiedlichen Perspektiven der heterogenen Schülergruppe für den Lernprozess am gemeinsamen Gegenstand? Wie können die Schüler sich den Lerngegenstand gemeinsam erschließen? Ist „gemeinsamer Unterricht" kooperativ strukturiert? Wie müsste ein kommunikativer Unterricht aussehen, der das gemeinsame Lernen und Forschen verschiedenster Schüler ermöglichte? Ein umfassender empirischer Blick auf den Unterricht verschiedenster Integrationsschulen steht noch aus. Können uns ehrliche Berichte aus der Unterrichtspraxis überzeugen. Wissen wir dann, wie heterogene Klassen zu führen sind? Oder werden unsere Zweifel genährt? Einfache Rezepte sind nicht zu erwarten.

Es tauchen immer wieder skeptische Fragen zum „gemeinsamen Unterricht" auf, die ernsthaft beantwortet werden müssen: Wird z. B. ein behindertes oder ein sehr begabtes Kind zuweilen mit seinem eigenen Lernprozess alleine gelassen, weil die Lehrkraft keine Zeit für sie hat? Lernen die Schüler wirklich, sich mit ihren Freunden über eine Sache auseinanderzusetzen? Gibt es überhaupt eine ausgeprägte Rückmeldekultur in den erfahrenen Schulen mit gemeinsamem Unterricht?

Natascha Korff (2012) vermutet aufgrund des derzeitigen empirischen Forschungsstandes, dass in der Praxis des integrativen Unterrichts die *individualisierenden Maßnahmen* am häufigsten vorkommen, während die notwendige *„gegenseitige inhaltliche Anregung"* vielfach der Eigeninitiative der Kinder überlassen wird. Wenn sich diese Hypothese nicht widerlegen ließe, wäre dies ein alarmierendes Warnsignal und eine dringende Aufforderung, den inklusiven Unterricht so weiterzuentwickeln, dass der „gemeinsame Gegenstand" stärker in den Mittelpunkt rückt.

Wir werden weiter aufgeschreckt, weil der von Wissenschaftlern so genannte „individualisierende Unterricht" (gemeint ist hier ein rückmeldearmes und isoliertes Lernen des einzelnen Schülers) in der empirischen Forschung keine optimalen Leistungsergebnisse zeigt: Individualisierende, **rückmeldearme** Unterrichtssituationen, die dazu führen, dass das Lernergebnis des Mitschülers **unwichtig für die anderen ist und ignoriert wird**, führen zu weniger guten Schülerleistungen als kooperatives Lernen. Im Vergleich zum Lernen in individualisierten, rückmeldearmen und unstrukturierten Lernsituationen bringt **kooperatives Lernen in gut strukturierten Klassen** bessere Schülerleistungen. Selbst der Wettbewerb mit den Mitschülern oder das Übertreffen eines Standards (kompetitives Lernen) scheint einem „isolierten" und rückmeldearmen, individualisierten Lernen überlegen zu sein; es führt zu höheren Schülerleistungen (vgl. Hattie 2013, S. 250 ff.).

Konkrete Unterrichtsbeschreibungen, in denen nicht der soziale Aspekt, sondern der *inhaltliche Aspekt gemeinsamen Lernens, also die* „(andauernden) inhaltlichen ko-konstruktiven Prozesse" (Korff 2012; vgl. Seitz/Scheidt 2012) im Zentrum stehen, sind jedoch bis heute in der (inklusions-)pädagogischen Literatur selten. Es ist anzunehmen, dass dies die Unterrichtsrealität widerspiegelt. Die Befürchtung von Korff (2012), dass „freie Arbeitsphasen" im integrativen Unterricht teilweise nicht optimal genutzt werden, um über die Sachverhalte zu kommunizieren, ist nicht unberechtigt. Schülerinnen und Schüler lernen teilweise individuell an verschiedenen Aufgaben, die keinen inhaltlichen Zusammenhang erkennen lassen: Einige bearbeiten Mathematikaufgaben, während ihre Freunde sich mit Rechtschreibübungen beschäftigen und wieder andere sich einzeln zum Lesen zurückziehen. All dies kann im Unterrichtsalltag einen pädagogischen Wert haben, wenn die Aktivitäten im größeren Zusammenhang stehen und anschließend ausgewertet würden. Dies ist gerade in offenen Übungsphasen der freien Arbeit allerdings weniger der Fall.

Wir müssen uns indessen fragen, ob die Mitschüler nicht mehr Chancen hätten, den jeweiligen Dingen auf den Grund zu gehen und sie zu verstehen, wenn sie häufiger in freien Arbeitsphasen am selben „gemeinsamen Gegenstand" arbeiten, kooperativ und kommunikativ voneinander lernen und sich intensiv einer Sache in gemeinsamen Gesprächen widmen würden.

Schon der Lehrer und Schulleiter Hugo Gaudig (1917) hatte in seiner Schulpraxis die „Freie Geistige Schularbeit" entwickelt und das „Prinzip der Selbsttätigkeit" ins Zentrum gerückt. Es galt für ihn sowohl bei der notwendigen Einzelarbeit, als auch beim gemeinsamen Lernen an einem Lerngegenstand in der Klasse. Der Lernende wurde bereits als selbsttätig „handelndes Subjekt" gesehen.

Nach unserer Erfahrung ist eine solche von Hugo Gaudig beschriebene „Freie Geistige Schularbeit" unter einem **thematisch vorgegebenen Rahmen** (z. B. alle Kinder unterschiedlichen Alters arbeiten an ähnlichen mathematischen Fragen zur gleichen Zeit) mit **unterschiedlichen Zugangsweisen** offensichtlich geeigneter als das freie Arbeiten *ohne* „gemeinsamen Gegenstand". Berichte über die Unterrichtspraxis der inklusiven Grundschule Berg Fidel (Sonnenblumenklasse) zeigen, dass daran gearbeitet wird, individualisiertes und gemeinsames Lernen in diesem Sinne mehr auszubalancieren (vgl. Stähling/Wenders 2012; Scheidt 2014; Korff 2015).

Aus der Werkstatt des inklusiven Unterrichts mit stark heterogenen Klassen wissen wir, dass Freunde in einer Klassengemeinschaft gerne und effizient gemeinsame Themen zu gleichen Zeiten bearbeiten. Dass es zu einem gemeinsamen Lerngegenstand (z. B. das Teilen in der Mathematik) zur gleichen Zeit kommt, hängt nicht selten von realen Situationen im Alltagsleben ab, aus denen sich projektartige Vorhaben entwickeln. Für die Bearbeitung dieser Projekte oder Themenfelder werden in der Regel Zeiten vereinbart bzw. festgelegt, in denen die Kinder möglichst viele Lernpartner finden können, die am ähnlichen Themenschwerpunkt, aber in jeweils unterschiedlicher Zugangsweise arbeiten.

Wenn Kinder den Unterricht selbst frei mitgestalten, wollen die meisten ohnehin nicht so gerne z. B. an Rechtschreibaufgaben arbeiten, wenn gerade etwas anderes bei ihren Freunden „dran" ist. Falko Peschel berichtet aus seinem offenen Unterricht: „Merkwürdigerweise tauchen auch abstrakte Fragestellungen, wie z. B. spezielle Inhalte aus der Mathematik, fast immer von selbst in der Klasse auf. Zahlen werden immer größer, Begriffe wie 'Malnehmen' oder 'Minus' ziehen genauso die Runde wie 'Wurzelziehen' oder 'Bruchrechnung'" (S. 248). Die Fähigkeiten der Kinder entfalten sich „in Korrespondenz mit den Entwicklungen der anderen Kinder in diesem Bereich" (Peschel 2002 II, S. 247 f.).

Unter strukturierten Rahmenbedingungen freier Arbeitsphasen wie in Berg Fidel sehen wir zuweilen Kinder, die sich *automatisch und freiwillig* mit einem „gemeinsamen" Lerngegenstand unter Freunden beschäftigen. Das bedeutet nicht, dass z. B. die gesamte altersgemischte Sonnenblumenklasse an derselben Matheaufgabe arbeitet, sondern es ergeben sich – besonders in altersgemischten Klassen – **Teilgruppen mit ähnlichen Aufgaben**, aber unterschiedlichen Zugangsweisen (vgl. Seitz / Scheidt 2012; Scheidt 2014). In anderen Phasen der freien Arbeitszeit üben Kinder dann wieder für sich und gerne zur selben Zeit z. B. an einer Rechtschreibkartei, die den Lerngegenstand in kleine Einheiten aufgeteilt hat. An ihr arbeiten die Schüler in der individuell nötigen Zeit selbstständig Schritt für Schritt – ähnlich dem sehr effektiven Mastery-Learning (vgl. Hattie 2013, S. 202 ff.).

In solchen freien Arbeitsphasen sprechen Schüler über die Lerninhalte und tauschen ihre Meinungen aus. Unter solchen kommunikativen, **rückmeldereichen** Strukturen haben Schülerfreundschaften einen sehr starken Einfluss auf die Leistung. Peers erklären ihren Freunden den Lerngegenstand und unterstützen sie (vgl. Hattie 2013, S. 253). Diese Potentiale von gegenseitiger Rückmeldung nicht zu nutzen und stattdessen vereinzelt jedes Kind alleine ein Pflichtprogramm unabhängig von den Freunden durcharbeiten zu lassen, verschenkt wichtige *kommunikative und kooperative Anregungs- und Rückmelde-Potentiale des offenen Unterrichts*.

Weil Kinder und Jugendliche meist gerne mit Freunden und Freundinnen gemeinsam an der gleichen Thematik oder am gleichen Lerngegenstand ihre Fähigkeiten erproben möchten, kann es auch sinnvoll sein, bestimmte Themen in dafür vorab festgelegten kleinen Ateliers, Lernbüros, Forscherwerkstätten (z. B. Nebenräumen für Mathe, Sprache, Sachunterricht) anzubieten.

Freies Arbeiten der Lernenden ist nicht schon per se lernwirksam, besonders dann nicht, wenn Schülerinnen und Schüler nicht für die „Hingabe an die Sache" gewonnen werden, sondern es zu einer „verzweifelten Abrichtung auf gefordertes Lernverhalten“ (Gruschka 2011, S. 27) kommt. Uns scheint die „freie Arbeit“ oder „Wochenplanarbeit“ dann uneffektiv, wenn jeder Schüler isoliert arbeitet und daher eine Atomsphäre entsteht, in der Schüler sich nicht ermutigt fühlen, sich gegenseitig zu helfen und Rückmeldung zu geben. Bereits früh hat Astrid Kaiser auf diese Gefahr der Atomisierung der freien Arbeit hingewiesen und gemeinsame Planungen und Auswertungen im Sitzkreis gefordert (vgl. Kaiser 1992). In Berg Fidel wurde die nachträgliche Reflexion über das Lernen in der Freien Arbeit zum täglichen Ritual in Form eines „Lernklassenrats“ oder „Lern-Coachings“ (vgl. Stähling/Wenders 2012, S. 41 ff., S. 85).

Weitere Erprobungen und Untersuchungen werden nötig sein. Empirische Studien scheinen zu belegen, wie wenig wirksam offene Lernformen, jahrgangsübergreifender Unterricht und Teamteaching dann sind, wenn sie nicht mit klarer *inhaltlicher* Strukturierung verbunden sind (vgl. Steffens/Höfer 2012a, b; Stähling/Wenders, S. 114 ff.). Die für den Lernerfolg wirksamsten Einflussfaktoren sind nach internationalen Studien (vgl. Hattie 2013):

- Den Lernstand rückmelden, Lernmöglichkeiten besprechen mit Lehrern und Schülern.
- Die Klasse mit klaren Regeln und Strukturen führen.
- Zum Lernen aktivieren durch kooperatives Lernen, problemlösendes Lernen, Schüler als Lehrer, Lernreflexion der Schüler (vgl. Lernklassenrat, Lerntagebuch), u. a.

Karl Dieter Schuck (2011) stellt in einem Forschungsüberblick zum „Unterricht bei heterogenen Voraussetzungen“ zusammenfassend fest, dass es „kein deterministisches Verhältnis zwischen Lehrerverhaltensweisen, äußeren Bedingungen, Schülermerkmalen und Schulerfolg gibt. (...) Der Unterrichtserfolg wird vielmehr im Prozess der **lerngegenstandsbezogenen** Auseinandersetzung von der Lerngruppe und den lernenden Subjekten selbst hergestellt“ (Schuck 2011, S. 108, Hervorh. R. S.). Ergebnisse und Lernzuwächse sind „nur durch die täglichen Kooperationsprozesse und die individuelle Lerntätigkeit erklärlich“ (Schuck 2011, S. 108). Sie lassen sich nach dem Stand der Forschung nicht durch komplexe Bedingungsanalysen vorhersagen.

Die Arbeit am gemeinsamen Gegenstand (Feuser) ist wesentlich und erfolgversprechend. Das Kerngeschäft der Schule vollzieht sich in der Schulklasse: „Schüler und Lehrer kooperieren auf dem Hintergrund ihrer bisher entwickelten Weltsicht und konstruieren alltäglich ihre Handlungsbedingungen neu. Sie gestalten ihren unmittelbaren Lebensraum Klasse (...)“ (Schuck 2011, S. 108).

Wir können in integrativen Schulen sehen, wie Schüler mit sehr unterschiedlichem Leistungsniveau in freien Arbeitsphasen an einem *gemeinsamen Gegenstand* arbeiten. Dabei wird die Verständigung des Klassenteams über klare Regeln und Strukturen, gerade in freien Arbeitsphasen, wichtig. Schüler müssen erleben, dass sie bei der Bewältigung von *„stofflichen Hürden"* im richtigen Moment Unterstützung durch Freunde und Lehrkräfte („adaptive learning experts", Hattie 2013, S. 290 f; 2009, S. 246) erhalten und Lernerfolge besonders von ihren Mitschülern gewürdigt werden. All das entspricht jahrzehntelanger Erfahrung reformpädagogischen Unterrichtens, wie z.B. bereits die Sichtweisen der Schüler des Chemnitzer Schulversuchs von 1921–1933 dokumentieren (vgl. Pehnke 2002).

Zugleich scheint die Zusammenarbeit in festen Teams noch immer Neuland in vielen Schulen zu sein. Klassen mit sehr unterschiedlichen Schülern lernen am besten, wenn die Pädagogen feste Klassenteams bilden und so ihre Arbeit ständig koordinieren. Ein gemeinsamer Lerngegenstand wird sich nur dann produktiv finden lassen, wenn die Pädagogen sich auf ihn konzentrieren und die Vorhaben, Projekte, Lehrgänge und Vorgehensweisen absprechen.

3.1.2 Von Freunden lernen – Schüler lernen durch Lehren

Die Lehrerhilfe kann nicht jedem Schüler dauernd zur Verfügung stehen. Einzelunterricht als Regelfall würde dem Wesen einer gemeinsamen Schule widersprechen. Das schulische Lernen in der Gemeinschaft ist auf das *Voneinander-Lernen* der Lernenden angewiesen. Kooperation ist kein Selbstzweck. Dies erfahren die Schüler von Anfang an, weil ihre Hilfe wirklich gebraucht wird. Wenn Lehrkräfte den Schulerfolg und das Lernen jedes einzelnen Schülers im Sinn haben, kommen sie also an **kooperativen und kommunikativen Lernformen** nicht vorbei. Es ist notwendig, um einen Lerngegenstand zu begreifen oder etwas zu üben, dass die Schüler kommunizieren. Sie helfen sich gegenseitig, weil sie ohne diese Unterstützung die Aufgabe nicht bewältigen könnten.

Zuweilen stellt sich Gruppen- oder Partnerarbeit auch als unbegründet dar: Eine Klasse oder ein Kurs wird zur Gruppenarbeit gebracht, aber keiner kann plausibel erklären, wozu dies dient. In manchen Lernsituationen fragt man sich, wieso denn diese Methode angewandt wird, wenn der Lerngegentand hier z. B. besser in Einzelarbeit oder durch einen anschaulichen Vortrag erarbeitet werden könnte. Gruschka (2011) beobachtet im Regelschulunterricht den Vorrang der Methoden- vor der Sachkompetenz als Unterrichtsziel. Das Bemühen der Lehrkräfte sei, Schüler „bei der Stange des Unterrichts zu halten“ (S. 21): „Der mögliche Bildungseffekt, ein Verstehen der Sache, wird zum privaten Glücksfall eines Einsichtigen“ (S. 21). Es besteht die Gefahr der inhaltlichen Beliebigkeit.

Bevor eine Lehrkraft eine geeignete Methode auswählt, muss sie zunächst das Lernziel definieren. Dabei darf natürlich die zentrale Person nicht außer Acht gelassen werden: Welche Lernvoraussetzungen und Interessen hat der Schüler? Was will er lernen? Was soll er lernen? Wie lernt er dies am besten?

Die Aufgabe der Lehrperson ist es dabei, **in der pädagogischen Beziehung** zum Schüler diese Fragen zu klären. Das hört sich leicht an, ist aber die schwierigste und wichtigste Herausforderung im Lehrerberuf. Dies ist besonders dann offensichtlich, wenn wir es mit „anstrengenden“, „herausfordernden“, „auffälligen“, „ungezügelten“ oder „unaufmerksamen“ Schülerinnen und Schülern zu tun haben. Solche Lernenden stellen die Arbeit einer Klasse immer wieder auf die Probe. Manche von ihnen provozieren oft die Lehrkräfte und fordern klare Regeln und konsequentes Reagieren des Teams ein. Diesen Schülern ist letztlich zu verdanken, dass in vielen Schulen Klassenräte eingerichtet wurden. Dort stellten die Klassen klare Regeln auf, machten sie für alle transparent und vereinbarten Maßnahmen bei Missachtung.

Eine bewährte und lange überlieferte Organisationsform, die auch dazu dient, mit herausfordernden Schülern umzugehen, ist die **Altersmischung**. „Die älteren passen auf die jüngeren auf und zeigen ihnen, wie es hier zugeht und sorgen dafür, dass die jüngeren die Regeln des Zusammenlebens befolgen", hätte ein Dorfschullehrer erklärt, der acht Schuljahre in einem Raum zugleich unterrichtete. Man gewinnt dabei die älteren Schüler, für die jüngeren **Verantwortung** mit zu übernehmen.

Welche große Chance für den Unterricht darin liegt, wenn Schüler verschiedener Alters- und Entwicklungsstufen – also mit ihren unterschiedlichen Perspektiven auf den Lerngegenstand – zusammen lernen und dabei die „unermesslichen Schatzkammern" (Fellini 1984, S. 29) der Kinder eine Wertschätzung erfahren, kann man heute in altersgemischten Klassen beobachten (vgl. Stähling 2006, S. 114 ff.; Stähling / Wenders 2012, S. 14 ff.). Empirische Forschung bestätigt dies (vgl. Grittner 2013).

Wenn ein Schüler in einem bestimmten Alter etwas „Altersgemäßes durchgenommen" hat, hat er „die Sache" nicht verstanden, wenn er sich den Lerngegenstand nicht *subjektiv* angeeignet hat. Bildung aber kann nur in subjektiven, handelnden *Aneignungsprozessen* gelingen. *Altersnormierte* Bildungsstandards bleiben „blind (...) für die Eigenlogik der subjektiven Bildung" (Gruschka 2011, S. 59).

Ziel inklusiven Unterrichts muss sein, dass *jeder Schüler und jede Schülerin den Lerngegenstand versteht.* Dies gelingt dann, wenn jede und jeder den „Stoff" in der Lerngruppe, in Kommunikation mit anderen, für sich allein fremd erleben und das eigene Befremden ausdrücken kann, und zwar so, dass jede und jeder entwicklungslogisch vorankommt. „Kompetenzerwartungen" lassen sich folglich in inklusivem Unterricht subjektorientiert, entwicklungslogisch bestimmen, sie sind nicht „altersnormierbar" oder „altersinhaltlich normierbar" (Feuser, im Interview Stähling / Wenders 2012, S. 202 ff.).

Die **Partnerarbeit** eines älteren mit einem jüngeren Schüler ist sehr effektiv. Dieses Vorgehen wird in jedem Sportverein sinnvoll genutzt, wenn z. B. ein Sportler eine Technik, eine Turnübung oder einen Bewegungsablauf neu erlernen möchte. Das Alter spielt dabei keine entscheidende Rolle. Auch ein jüngerer kann Trainer eines älteren Sportlers sein. Ebenso würde niemand in Frage stellen, wenn in einer Musikgruppe partnerweise Fähigkeiten und Techniken weiter gegeben werden.

Die künstliche Trennung der altershomogenen Schulklassen macht es schwer, diese Chancen zu nutzen und auch auf Kernfächer wie Sachunterricht, Mathematik und Sprachen zu übertragen. Besonders wenn ein Schüler eine Begleitung beim Lernen braucht, kann ein Lernpartner sehr nützlich sein. Der ältere Lernpartner wiederholt den Lerngegenstand und erfährt seinen Selbstwert; das schafft eine gute Basis für die eigene Entwicklung. Ebenso wichtig ist für ein Migrantenkind, wenn ein gleichsprachiges Kind als Dolmetscher für alltägliche Situationen oder für bildungssprachliche Herausforderungen im Unterricht fungieren kann.

Wenn in Deutschland die Brüche zwischen den Jahrgängen 4 und 5 aufgehoben würden, könnten ohne großen Aufwand mehr als bisher altersgemischte Partnergruppen gebildet werden. Die Lernpartner bearbeiten gemeinsam Aufgaben. Der jüngere Schüler lernt etwas Neues oder erarbeitet sich mit seinem Partner den Inhalt, während der ältere Schüler den „Stoff" festigt und wiederholt.

Es gibt auch leistungsstarke Kinder, die schwächeren zunächst nicht helfen können, weil sie deren Lernprobleme nicht verstehen. In einer altersgemischten Klasse, in der die Kinder regelmäßig über das Lernen und die Schwierigkeiten dabei „im Lernklassenrat" reflektieren (vgl. Stähling/Wenders 2012, S. 41 ff.), qualifizieren sich auch diese leistungsstarken Schüler zu „kleinen Lehrern".

In einem **Peer-Tutoring-Projekt** mit dem Titel „Miteinander die Welt erkunden" (Kaiser/Schomaker 2010) wurden überraschende Ergebnisse zum Sachlernen im naturwissenschaftlichen Bereich gefunden. **Kindergartenkinder lernten dabei mit Grundschulkindern zusammen**.

In einer empirischen Studie zum politischen und sozialen Lernen konnten Astrid Kaiser und Iris Lüschen (2014) zeigen, dass Zweitklässler (ca. 8 Jahre alt) als Tutoren mit Vorschulkindern (ca. 5 Jahre alt) gemeinsam in der Lage waren, über Krieg und Gerechtigkeit zu forschen. Jedes Grundschulkind hatte ein Patenkind aus dem Kindergarten und lernte mit ihm zusammen. Nach inhaltlicher Vorbereitung und „Tutorenschulung" erarbeiteten die Kinder mit geeignetem Material die anspruchsvollen politisch-sozialen Themen zusammen mit ihrem jüngeren Patenkind.

Ein Logbuch enthielt die Aufgaben, die während des Unterrichts und des Peer-Tutorings zu bearbeiten waren. So wurde beispielsweise eine Phantasiereise auf eine „unbekannte Insel" unternommen, um dort Aspekte von Verteilungsgerechtigkeit oder Engagement für andere zu thematisieren. Die Lernpartner sollten sich beim Kofferpacken auf bestimmte Dinge einigen, die sie unbedingt auf die Insel mitnehmen würden. Die Arbeitsergebnisse der Kinder (z. B. Bilder, Fotos von Rollenspielen u. a.) wurden in das Logbuch eingetragen bzw. eingeklebt (a. a. O., S. 61).

Das Denken der Kinder zeigte sich auf hohem Niveau und differenzierter als gedacht, was u. a. auf die gut strukturierte Lernumgebung zurückzuführen war (vgl. Kaiser/Lüschen 2014, S. 157). Stufenförmige Entwicklungstheorien werden offenbar keine Erklärung dafür liefern können: „Die Entwicklung von moralischem Wertbewusstsein ist nicht primär eine Frage des Alters, sondern vielmehr eine Frage der aktiven Auseinandersetzung des Kindes mit gegebenen Anregungen" (Kaiser/Lüschen 2014, S. 157).

Lernpartner arbeiten gemeinsam an einem Lerngegenstand. Das **Lernen durch Lehren** kann somit als eine Sonderform des kooperativen, kommunikativen Arbeitens am *gemeinsamen* Gegenstand betrachtet werden. **„Kinder lernen von Kindern"** (vgl. Scholz 1996) ist eine im Schulalltag normalerweise sehr bekannte Realität, die bisher besonders bei jüngeren Kindern noch wenig erforscht wurde (vgl. Kaiser/Lüschen 2014, S. 8 ff. und S. 148). Schüler zeigen ihren Mitschülern etwas und lernen dabei selbst bemerkenswert gut. Hattie beschreibt solches „Peer-Tutoring" als sehr effektive Methode, „um Lernenden beizubringen, ihre eigene Lehrperson zu werden" (2013, S. 221). Dabei ist es besser, wenn die Lernenden unterschiedlich alt sind. Tutoren wie auch die Unterrichteten lernen auf diese Weise hervorragend. Dabei werden Lernende zu „Managern ihres eigenen Lernens und des Lernens anderer" (S. 222). Die Peers können sich besonders in schwierigen Lernsituationen leichter auf das Niveau der Schüler einstellen. Nach Hattie (2013, S. 222) ist bisher noch recht wenig erforscht worden, wie die Tutoren den Lerngegenstand durchdrungen haben müssen, um am effektivsten zu *lehren*.

Ein weiteres Beispiel für das Lernen durch Lehren ist die sogenannte **Kinder-Uni- „Vorlesung"**. Aus den Klassen kommen „Gesandte", die in einem lehrergesteuerten Vorbereitungskurs einen Lerngegenstand so erschließen, dass sie ihn didaktisch aufbereiten und ihrer eigenen Klasse beibringen können. Die „gesandten" Forscher-Schüler müssen den Lerngegenstand so gut be-griffen haben, dass sie ihn anderen begreifbar machen können. Ein Beispiel für das Thema Strom wird im Teil II beschrieben.

Aus unseren Beobachtungen in der Praxis des „Freien Forscher Clubs" oder der „Kinder-Uni" (vgl. Teil II und Stähling/Wenders 2012, S. 50 ff) verläuft der wirkungsvolle Lernprozess bei den Schülern in folgenden Schritten:

1. Eine kleine Schülergruppe (Tutoren) aus einer Stammgruppe oder Klassengemeinschaft bekommt den *Auftrag*, sich beispielsweise zu dem Thema „Wie funktioniert Strom?" in der Forscherwerkstatt bei einer Fachlehrerin zu informieren.

2. Die Klasse wünscht von den Tutoren, den Mitschülern der eigenen Klasse, die nicht in der Forscherwerkstatt waren, einen didaktisch *aufbereiteten* Vortrag zum Thema zu halten. Die Mitschüler sollen das Thema verstehen lernen.

3. Die Tutoren lernen in der Kinder-Uni den Gegenstand durch Experimente und ihre eigenen Zugänge. Dabei haben sie zugleich die „Brille“ der Mitschüler auf. Sie verstehen die Sache, indem sie die Fragen und Perspektiven der – meist weniger vorbereiteten – Mitschüler mit sich tragen und an den Lerngegenstand stellen. Die Tutoren trauen sich, hier auch ungewöhnliche Fragen zu stellen. Schon beim Lernen wirkt also die fremde (imaginierte) Perspektive der Mitschüler. Sie hören also „kritisch“ zu, weil sie die Fragen der Mitschüler beim Vortrag beantworten wollen. Es ist daher wichtig, dass die eigene Klasse einen Vortrag erwartet und die Tutoren dies *vorher* schon wissen. Nicht erst am Ende einer Lernphase wird überlegt, ob man daraus einen „Vortrag“ für die Mitschüler erarbeiten könnte. Dabei ginge viel an Lernchance verloren.

4. Die Lehrer-Rolle überfordert die Tutoren nicht. Sie orientieren sich an dem Modell der Fachlehrerin in der Forscherwerkstatt. Dieses Modell der Fachlehrerin, die mit den Tutoren u. a. Experimente macht, übertragen die Tutoren auf ihre Lehrsituation. Sie bereiten dann auch Experimente für die Mitschüler vor.

5. Beim Vortrag in der Stammgruppe, der eigenen Klasse oder einer interessierten Gruppe werden die Tutoren mit Fragen konfrontiert, die sie nun auf den Lerngegenstand werfen. Ihre möglicherweise als selbstverständlich angenommene Hypothese über das Thema wird nun kritisch hinterfragt. Was vorher als „klar“ erschien, erfährt erneut eine Prüfung und wird verfremdet.

Die Tutoren arbeiten zwangsläufig schülerorientiert. Sie orientieren sich an den Fragen ihrer Freunde und lernen dadurch sehr effektiv. Wie gute Lehrer stellen sie sich auf die Schüler ein, differenzieren ihre Angebote je nach Bedarf, um jedem zum Erfolg zu verhelfen. Auch die Unterrichtspraxis zeigt, dass „Peer-Tutoring“ für die unterrichteten Mitschüler hocheffektiv ist.

Bisher wurde deutlich, dass eine stark heterogene Klasse am besten zu führen ist und am effektivsten lernt, wenn

- freie Arbeitsformen einen thematischen Rahmen erhalten,
- die Klassen altersgemischt sind,
- die Schüler voneinander lernen,
- einzelne Schüler anderen etwas beibringen.

Mögliche pädagogische Leitsätze für das Klassenteam:

> „Wenn Sie die akademische Leistung der Lernenden steigern wollen, geben Sie jeder bzw. jedem Lernenden einen Freund bzw. eine Freundin." (Roseth, Fang, Johnson & Johnson 2006, zit. in Hattie 2013, S. 253)
>
> „Das Ziel ist, den Lernenden die Fähigkeit zu vermitteln, sich selbst zu unterrichten – ihr Lernen selbst zu regulieren." (Hattie 2013, S. 289)
>
> Lehrpersonen sind „adaptive learning experts" (Hattie 2013, S. 290 f; 2009, S. 246) und sollen „mehr Zeit und Energie investieren (...), um das Lernen mithilfe der Augen der Schülerinnen und Schüler zu verstehen." (Hattie 2013, S. 284)

3.2 Zweite Antwort: Wir nutzen die Vorteile der Vielfalt und machen „handelnden", „mehrperspektivischen" Unterricht

Astrid Kaiser (2014) beantwortet die Frage danach, wie Lehrer die **Vorteile der Vielfalt** einer heterogenen Klasse nutzen können, anhand von vielen Unterrichtsbeispielen. Das Unterrichtsvorhaben zum Thema „Arbeiten/Berufe" verdeutlicht modellhaft, wie gute Lehrkräfte an dem bisherigen Wissen und den Interessen der Kinder anknüpfen. Dabei erkennen die Kinder klar, welche Fragen bereits gelöst sind und welche noch erkundet und erforscht werden müssen:

„a) Jedes Kind malt sich in 30 Jahren.
b) Diese Vorstellungen werden alle gleich wertgeschätzt und nicht bewertet, sondern auf der Bilderwäscheleine der Klasse aufgehängt.
c) Beruferatenspiel
d) Arbeitsplatzerkundungen
e) Besuche von verschiedenen Berufstätigen in der Klasse
f) Kennenlernen untypischer Berufe
g) Berufebuch als Dokumentation der verschiedenen Arbeitsplatzerkundungen und Besuche in der Klasse erstellen
h) Gespräch über Berufe und Zukunft
i) Gesprächskreis über Kinderarbeit in anderen Ländern"

(Kaiser 2014, S. 30).

Das Beispiel zeigt, was wir meinen, wenn wir von handelndem und mehrperspektivischen Unterricht sprechen: Der Lerngegenstand wird hier **kommunikativ, aus mehreren Perspektiven** und **handelnd** erschlossen.

Der **Perspektivenreichtum** der heterogenen Klasse ist geradezu unentbehrlich, um dem Thema didaktisch gerecht werden zu können.

Dies gilt für alle Lerngegenstände. Denn jedes Ding hat viele Seiten: Mehrperspektivität und Veränderbarkeit sind **dem (Lern-) Gegenstand selbst eigen**. Die „Sache selbst", der Lerngegenstand stellt sich dar als ein „Produkt" menschlicher Tätigkeit und menschlicher Beziehung: So z.B. die Gesellschaft, Wirtschaft, die Technik einer Maschine, Forschungen zur Natur, Geschichte, die Sexualität, Literatur, Musik, das Theater und der Sport usw.

Um also mit stark heterogenen Klassen einen erfolgreichen Unterricht machen zu können, müssen wir die Tatsache nutzen, dass wir in unseren Klassen bei Schülern sehr viel mehr unterschiedliche Perspektiven auf den „Stoff" vorfinden als in herkömmlichen „mono-kulturellen" Schulklassen. Zunächst laden wir ein, genauer zu beobachten, wie Kinder Dinge verstehen oder Fähigkeiten erlernen. Sie nutzen ständig andere Perspektiven. Anschließend schauen wir uns die

Praxis des Unterrichts in stark heterogenen Klassen an. Wir achten dabei besonders darauf, wie Lehrer die Mehrperspektivität nutzen, um Schüler zum Lernerfolg zu bringen.

3.2.1 Zum „Be-greifen“ braucht man viele Perspektiven – Anregungen von Picasso, Brecht, Arendt

Wie lässt sich die Tätigkeit des Lernens begreifen? Was passiert beim einzelnen Lernenden, wenn er einen Lerngegenstand zu verstehen oder be-greifen versucht?

Wer lernt, der sucht – bewusst oder unbewusst – einen Sinn für sich selbst, während er sich mit dem Thema (das so zum Lerngegenstand wird) auseinandersetzt. Dabei **„konstruiert“** er sein Wissen in „individuellen Konzepten“ selber (vgl. Reich 2008, 2010, 2014; Hattie 2013, S. 290). Dieses Lernen bedeutet ihm viel und das Denken steht – bewusst oder unbewusst – im Dialog, in der Interaktion – ja nicht selten im Widerspruch – mit auf ihn möglicherweise noch fremd wirkenden Perspektiven anderer.

Diese unterschiedlichen Perspektiven miteinander zu konfrontieren, ihre Widersprüche bewusst zu machen, ist Aufgabe eines Gesprächsleiters, der sich zum Ziel setzt, dass sich die eigenen Gedanken entwickeln können. Die Lehrkraft ist dabei die „Hebamme“, die den Schüler im Dialog darin unterstützt, aus eigener Kraft sich ein Bild von der Welt zu machen. Die **Hebammenkunst oder Mäeutik** geht auf den Philosophen Sokrates (469–399 v. Chr.) zurück und wurde in den 1920er Jahren in der sozialistischen Reformpädagogik zu Gruppengesprächen weiter entwickelt. So haben Lehrkräfte unter Leitung von Leonard Nelson und Minna Specht im Landerziehungsheim **Walkemühle** von 1924 bis 1933 in Gruppengesprächen ihre Schüler zum selbstständigen Nachdenken bewegt (vgl. Ullrich 2013, S. 526 ff). Dabei ging es darum, die eigenen Erfahrungen ernst zu nehmen und sich selbstständig Urteile zu bilden, kurz: „im Konkreten Fuß zu fassen“, wie es Gustav Heckmann (1993, S. 85) für das „sokratische Gespräch“ forderte. Vorurteile sollten dabei aufgelöst werden.

Wie wichtig zu diesem Zweck die vielen fremden Perspektiven sind, wird deutlich, wenn wir wissen, dass selbst gebildete „individuellen Konzepte“ als Fehlkonzepte auch in die Sackgasse führen können. Schüler können – schlicht gesagt – etwas Falsches erlernen, auch wenn sie es sich in Auseinandersetzung mit anderen erarbeitet haben. Ein Beispiel: Wenn ein Theaterstück im Unterricht als bloßer Text – oft nur ausschnittsweise oder als Inhaltsangabe – „besprochen“ wird, statt zu proben, zu spielen oder zu inszenieren. Auf diese Weise würde der Lerngegenstand „Theater“ *vom Wesen her* nicht adäquat dargestellt, also etwas „Falsches“ oder „Einseitiges“ gelernt.

Denn das Theater ist auf die Bühne und das Publikum angewiesen, ohne diese nicht zu verstehen. Es bedeutet auch ästhetisches Erlebnis und Erproben in Kommunikation mit anderen. Der Blick der anderen von außen, der distanzierte Blick ist bestimmende Voraussetzung für das Theater, er ist zugleich notwendig für die Produktion des Theaterstücks.

Desgleichen könnte z. B. die nur mediale Begegnung mit einem Theaterstück zum „Entsorgen des Inhalts" (Gruschka 2011, S. 66 ff) führen und von der Erschließung der Sache ablenken und notwendige Erkenntnisse behindern. Der Einsatz verschiedener Methoden oder gar die Entwicklung von „Methodenkompetenzen" beim Schüler (vgl. Reich 2008) unabhängig vom Lerngegenstand *führt nicht von selbst zum Verstehen.*

Auch die didaktische Reduktion durch einen isolierten, kognitiven Zugang erzeugt im schlimmsten Fall eine verfälschte und einseitige Perspektive auf den Gegenstand. Ebenso wertlos wäre es, wenn ein Lehrer seinen Schülern sportliche Fertigkeiten und Kenntnisse nur dadurch beibringen wollte, indem er ihnen Bewegungsabläufe im Video zeigen würde.

Nach Gruschka (2010) gehört es z. B. bei der Begegnung mit einem Gedicht „zum Charakter des Objekts", dass Schülerinnen und Schüler es mit der „Kraft der Poesie" zu tun bekommen, „die es zuweilen schafft, dass das Subjekt sich fühlt ‚sicher zu schweben im Sturze des Daseins' (H. v. Hofmannsthal)" (S. 102).

Aber auch der Lerngegenstand selbst ist veränderbar

Bevor Lehrkräfte didaktisch reduzieren, ist es wichtig, dass sie der Sache selbst, also den zu lernenden *Realitäten*, oder didaktisch gesagt, den so genannten „Lerngegenständen", „Lerninhalten", „Unterrichtsinhalten" oder „Lernstoffen" auf den Grund gehen. Ein „sokratisches Gespräch" zur „Ent-Bindung" der eigenen Gedanken im reformpädagogischen Sinne von Nelson/Heckmann (vgl. Birnbacher/Krohn 2002, S. 118) gehört somit eigentlich für Lehrkräfte zum Wesen ihrer Arbeit, wenn sie sich auf den Unterrichtsinhalt vorbereiten.

Es gibt keine menschliche Errungenschaft, keine Forschungen über irgendeinen Gegenstand, und also auch keinen Lerninhalt, der nicht durch menschliche Arbeit entstanden und *verändert* oder durch menschliche Kommunikation beeinflusst worden ist. Somit ist vieles „nur Menschenwerk" und prinzipiell veränderbar, nicht „selbstverständlich" so gegeben, sondern auch ganz anders denkbar.

Wenn nun schon der Gegenstand selbst *nicht selbstverständlich* so sein muss, wie er sich *derzeitig* darstellt, dann ist ihm sowohl zu eigen, dass man ihn *verschieden betrachten*, als auch *anders gestalten* könnte. Kinder sehen die Dinge anders als Erwachsene, Eltern haben einen anderen Zugang als Lehrer, diese wiederum unterscheiden ihre Sicht auf die Sache je nach Auftrag, Fach und Bezug zu den Schülern und den Kollegen.

Zusätzlich spielen die Gesichtspunkte der unterschiedlichen Menschen eine Rolle, die sich mit dem Gegenstand beschäftigen. Will man ihn nutzen, verbessern, erneuern, genießen, erhalten oder beseitigen: immer stellt sich der Gegenstand anders dar. Es gibt also nicht einen alleinigen richtigen Blickwinkel auf ein Ding.

Die *Mehrperspektivität und die Veränderbarkeit sind also dem (Lern-)Gegenstand selbst zu eigen.* Das Wesentlichste, das Elementare und das Besondere ist seine *Veränderbarkeit.* Nichts ist ewig beständig, die meisten Dinge sind von Menschen gemacht, ein „Produkt“, oder ein „Konstrukt“ (Reich 2008, 2010, 2014).

In einem Gedicht über die Kunst der Beobachtung bahnt Brecht die wesentliche Grundannahme an, auf der die hier skizzierte didaktische Konzeption beruhen könnte:

> „Schlecht beobachtet der, der mit dem Beobachteten
> Nichts zu beginnen weiß. Schärferen Auges überblickt
> Der Obstzüchter den Apfelbaum als der Spaziergänger.
> Keiner aber sieht den Menschen genau, der nicht weiß, dass der
> Mensch das Schicksal des Menschen ist.“
>
> Bertolt Brecht (1967, Bd. 9, S. 764)

Eine *stark heterogene Klasse* ist insofern eine *exzellente Lerngruppe*, weil sie mit ihrem Perspektivenreichtum die Chance bietet, die einzelnen Schüler zum Verstehen und **Staunen** zu bringen. Für Albert Einstein stand „das Staunen an der Wiege der Kunst und Wissenschaft“ (vgl. Reich 2008, S. 199). Das Forschen, das Fragen scheint eine menschliche Grundeigenschaft zu sein, die allen Menschen naturgegeben zu eigen ist. Albert Einstein erkannte die gewohnten „alten“ Denkmodelle der Physik als hinderlich. Sie zu „stören“, zu hinterfragen und sogar sie zu **zer-„stören“**, war der Weg, in der Erkenntnis weiter zu kommen. Neue Blickwinkel, viele Perspektiven müssen wir wagen, um verstehen und lernen zu können.

Der Begriff **„Fragen“** ist seiner Herkunft nach dem Begriff **„Forschen“** ähnlich. Forschen (im Sinne Einsteins) braucht sowohl einen distanzierten Blick auf den Gegenstand als auch ein „Feuer“, einen begeisterten Zugang auf ihn.

Dieser Zusammenhang führt uns zum Kern des schulischen Handelns. Phänomene werden beobachtet und hinterfragt. „Forschendes Lernen" führt nach Hattie (2013, S. 247 f.) zu deutlich verbesserten Leistungen. Forschen und Erleben in „Projekten" (vgl. Kaiser 2011 c; 2014) sind die wichtigsten Formen, wie man sich etwas an-„eignen", „zu Eigen machen" kann. Dabei stehen die Fragen der Kinder im Mittelpunkt (vgl. Miller u. a. 2013).

Die „ko-konstruktiven Lernprozesse" (vgl. Seitz/Scheidt 2012; Reich 2008) können am Beispiel eines Naturphänomens verdeutlicht werden: „Wasser ist somit nicht einfach Wasser, das mit einer einfachen chemischen Formel beschrieben werden kann, sondern Wasser ist Gegenstand verschiedener Interpretationen, Deutungen und Zugriffsweisen" (Kaiser/Pech 2004, S. 26). Wasser kann sowohl Leben als auch Tod bringen. Es kann von Menschen verschmutzt, aber auch geklärt werden. Zugang zum Wasser hat mit der ökonomischen Lage der Menschen zu tun usw.

Jeder Blickwinkel, jeder Aspekt, jede Zugangsweise (kognitiv, ästhetisch, technisch, emotional, sozial, ethisch) **verfremdet das alt bekannte „Konzept"**, jede Perspektive zer-„stört" Vorurteile und *eröffnet neue berechtigte Fragen* für die ganze Lerngruppe.

Der Lerngegenstand selbst wird in der Auseinandersetzung mit anderen und *aus der Perspektive des eigenen Entwicklungsniveaus* erfasst und durchdrungen (siehe auch Kapitel 3.3). Natürlich überprüft auch der so genannte „behinderte" Schüler *seine Hypothesen von dem Lerngegenstand*, seine eigene Perspektive ständig durch seine *entwicklungslogischen* eigenen Versuche in der Auseinandersetzung mit den Realitäten und (falls er es kann und nicht gehindert wird) anderen ungewohnten Perspektiven auf die Welt. Alle Schüler kooperieren am **„Gemeinsamen Gegenstand"** (vgl. Feuser 2011), jeder aus seiner eigenen Perspektive, mit seinem „individuellen Konzept" (Wittmann 2010).

Die heterogene Schulklasse als Verantwortungsgemeinschaft ermöglicht dem einzelnen Schüler, seine *eigene* Sicht auf den „Gemeinsamen Gegenstand" weiter zu entwickeln, die ihn auch von anderen unterscheidet.

Das stumme Zwiegespräch nach Sokrates

Was ist gemeint, wenn wir von *guten Lernergebnissen* bei Schülern sprechen? Sicher wollen wir nicht, dass die Schüler nur lernen, unter Testbedingungen schnell eine große Menge an Wissen wiederzugeben. Vielmehr geht es im Wesentlichen darum, dass sie **Denken lernen.** Aber wie sieht selbstständiges Denken aus? Wie funktioniert es eigentlich, wenn wir uns Dinge durch den Kopf gehen lassen, sie von allen Seiten betrachten?

Hier hilft das Bild vom **„stummen Zwiegespräch“**. Als Anstoß zur Beantwortung dieser komplexen Frage lohnt sich ein kleiner Exkurs in die Philosophie von Sokrates, den Hannah Arendt 1965 in ihrer Ethik-Vorlesung gegeben hat. Sokrates erklärt in dem Dialog über das Wissen („Theaitetos“), was er darunter versteht, *eine Sache zu durchdenken* („dianoeisthai“), nämlich

„eine Rede, welche die Seele bei sich selbst durchgeht über dasjenige, was sie erforschen will“ (zit. nach Arendt 2007, S. 72).

Gemeint ist ein stummes Zwiegespräch *zwischen mir und mir selbst.* In diesem **inneren Dialog** kann ich sowohl Dinge erkennen als auch Urteile über Recht und Unrecht finden.

Um die grundlegendsten Denkvorgänge zu verstehen, können wir uns auf Sokrates beziehen, der den Diskurs in den Mittelpunkt des Erkennens stellte. Hannah Arendt (2007) führt diesen Gedanken aus und erläutert das Denken als einen Diskurs zwischen uns und uns selbst in einem inneren Dialog:

„Selbst wenn ich Einer bin, bin ich nicht schlicht Einer; vielmehr habe ich ein Selbst und stehe zu diesem Selbst als meinem eigenen Selbst in Beziehung. Dieses Selbst ist keinesfalls eine Illusion; indem es mit mir spricht, macht es sich hörbar (ich rede mit mir selbst, ich bin mir nicht nur meiner selbst bewusst), und in diesem Sinne bin ich, als Einer, Zwei-in-Einem, und es kann Harmonie und Disharmonie mit dem Selbst geben“ (Arendt 2007, S. 70).

Wenn wir dies als richtig annehmen, dann ergibt sich daraus eine Schlussfolgerung: Unterricht als Ort des Lernens muss die Lernenden zum „stummen Zwiegespräch“ führen. Die Schüler drehen und wenden die Dinge, sie überlegen. Wie und wodurch ist dies machbar? Dieser Frage nähern wir uns schrittweise, indem wir untersuchen, auf welche Weise sich ein Lernender einen Lerngegenstand aneignet und dabei das Denken erlernt.

Hannah Arendt erforscht nicht nur das Denken, sondern auch das Handeln des Menschen. Sie führt aus: „So wie ich mein eigener Partner bin, wenn ich denke, bin ich mein eigener Zeuge, wenn ich handle. Ich kenne den Täter und bin dazu verdammt, mit ihm zusammenzuleben. Er ist nicht stumm. (…) Wenn Sie mit Ihrem Selbst uneins sind, ist das so, als wenn sie gezwungen wären, täglich mit ihrem eigenen Feind zu leben und zu kommunizieren. Das kann sich keiner wünschen. Wenn Sie übles tun, leben Sie mit einem Übeltäter zusammen (…)“ (Arendt 2007, S. 71).

Hannah Arendt suchte dann auch nach Erklärungen dafür, wie es passieren konnte, dass so viele Deutsche aller Schichten angesichts der faschistischen Todesfabriken geschwiegen und kollaboriert haben. Wie konnte das Denken, das „stumme Zweigespräch" bei so vielen Menschen massenhaft aussetzen? Wie konnte das Urteilsvermögen derartig versagen, dass die inneren Stimmen des Widerspruchs, die Zweifel nicht mehr gehört wurden?

Nach Arendts Erörterungen zu diesen Kernfragen der Ethik stellt sich für die Schule eine Aufgabe: Das Denken und der damit verbundene *innere Dialog muss Kerngeschäft des Unterrichtens* sein, wenn man ernst nimmt, was Adorno betonte: Der Sinn aller Erziehung ist, dass Ausschwitz nicht noch einmal sei (vgl. Adorno 1973).

Wenn wir von guten Lernergebnissen sprechen, meinen wir hier, dass Schüler in diesem Sinne die Lerngegenstände „von allen Seiten betrachten" lernen.

Denken ist hier etwas, was wir tun, indem wir konkret mit uns selbst einen inneren Dialog führen. Die so beschriebenen *Handlungen* des Denkens, diese „Zwiegespräche" mit sich selbst, entwickeln sich schon im Kindesalter sehr weit. Kleine Kinder führen oft Selbstgespräche oder Gespräche mit Personen, die sie sich im *inneren Rollenspiel* vorstellen.

Könnte es also sein, dass das Denken sich sehr früh in einem inneren Dialog beim Spiel und in der Phantasiewelt entfaltet? Ein Kleinkind steht in einer Beziehung zu seinen engsten Vertrauten. Es *ordnet* die äußere Umgebung und erklärt sie sich. Es versucht eine Struktur zu erkennen, um die Geheimnisse seiner Umwelt zu entschlüsseln.

Diese Struktur muss mit unserer so genannten „realen", erwachsenen und zugleich begrenzten Welterklärung nicht übereinstimmen, es kann eine traumhafte, intuitive Sinndeutung entstehen. Das **Kleinkind** wird keine Grenze ziehen zur Welt des Phantastischen, es wird sich eine ureigene Deutung der Welt „erarbeiten" und dabei froh sein, wenn diese Deutung von seinen Nächsten, Kindern oder Erwachsenen verstanden und nachvollzogen wird. Das Urvertrauen in die Familie gibt dem Kind Halt bei seinen vorsichtigen Denk-Versuchen. Gerne lässt es sich auf Deutungssysteme anderer Kinder oder Erwachsener ein, hat aber keine Scheu, diese dann erneut wieder in Frage zu stellen und weiter zu forschen, wie seine Umwelt so „tickt". Es erforscht das Wesen seiner Umgebung und findet Schritt für Schritt immer mehr Sicherheit in dem eigenen Bild von der Welt.

Es konstruiert sich dieses Bild und die eigene Perspektive auf die Dinge. Andere können das Kind bei seinen wertvollen sprachlichen und spielerischen Forschungsreisen und Ordnungsversuchen begleiten und unterstützen. Sie können ein **einfühlendes Zwiegespräch** mit dem Kind führen und es ermutigen, weiter zu forschen, um (wesentliche) Strukturen zu begreifen. Dabei stoßen zwei Perspektiven aufeinander: Erwachsener und Kind, oder Kind und Kind. Die Perspektiven der beiden können sich in der Handlung oder in der Sprache ergänzen, bestätigen, widersprechen, aber sie können auch viele Fragen offen lassen.

Eine innere Stimme oder das Gewissen entsteht früh bei Kindern, wenn sie erfahren, dass Andere für sie einen Wert darstellen. Fühlen sie sich aufgehoben in ihrer Familie, so lernen sie früh, dass andere Menschen (hier zunächst die Familienmitglieder) ihnen Sicherheit geben und deren Perspektive und Urteil beachtenswert ist. Auf dieser Vertrauensbasis lernt das Kind dann, dass *andere* Perspektiven und Meinungen es wert sind, gesehen und gehört zu werden. Sie sind lebensnotwendig. Das Kind übernimmt Schritt für Schritt die Urteile von vertrauten Menschen und wandelt sie gewissermaßen in eine „innere Stimme“ um. Diese innere Stimme wird allmählich zum Dialogpartner bei der eigenen Urteilsfindung im Rollenspiel und zunehmend im „stummen Zwiegespräch“. Die Gruppe des Kindergartens und die Klassengemeinschaft erweitern in den folgenden Jahren den Horizont für alle Kinder.

Findet ein Kind in der eigenen Familie keinen sicheren Rahmen, kann es vermutlich kaum erleben, dass man sich auf die Blickweise der anderen Menschen verlassen kann. Der Wert anderer Perspektiven ist damit in Frage gestellt und die eigene verunsicherte Perspektive sucht wahrscheinlich verzweifelt nach einer Orientierung. Misstrauisch betrachten manche Kinder die anderen und deren Ansichten. Sie brauchen eine haltgebende Gemeinschaft. Sie muss ersatzweise die Kernaufgabe übernehmen, das Kind erfahren zu lassen, dass andere Perspektiven helfen können, sich zu orientieren und das eigene Denken zu entwickeln. Die innere Stimme und das Gewissen bauen sich dann langsam auf. Im Innern werden die wertvollen Ansichten der Mitschüler zur inneren Stimme im stummen Zwiegespräch.

Gerade in stark heterogenen Klassen besteht die Möglichkeit, das Denken auf natürliche Weise zu lernen, weil die verschiedenen Blickwinkel nun einmal anwesend sind – mehr als in Klassen mit relativ homogener Schülerschaft.

Der italienische Filmemacher **Federico Fellini** (1921 – 1993) stellt das Phänomen des mehrperspektivischen Denkens beim Kind fest. Im Kindesalter trifft die *Welt des Träumens und der inneren Kommunikation auf die Welt des Bewusstseins*,

„wo zwischen der gerade erst in den Anfängen stehenden Welt des Bewusstseins und der sehr viel weiteren und freieren Welt des Irrationalen, des Traums, der inneren Kommunikation noch sehr zarte Grenzen bestehen (…)", wie Federico Fellini (1984, S. 27) schreibt.

Fellinis Beobachtungen bei Kindern führen unmittelbar dazu, diese Nähe von Phantasie und Realität als wertvolle „Erweiterung der vitalen Fähigkeiten" (S. 28) zu erkennen und für das Lernen zu nutzen: „Ich meine, dass das Kind in einem Alter in die Schule kommt, (…) wo die beiden Welten erst von einer hauchdünnen, porösen Membran voneinander getrennt sind, die noch einen ständigen Austausch, Osmosen und unvermutete Infiltration zulässt. Statt diesen Zustand der Gnade (…) als goldenen Speicher von Wissen (…) zu erkennen und zu schützen, ignoriert ihn die Schule planmäßig (…)" (S. 27 f).

Fellini charakterisiert das Kind und seine Betrachtungsweise als „unermessliche Schatzkammer (…), die voller Geheimnisse steckt" (S. 29), die er gerne für einen Film genutzt hätte, einen Film aus Sicht des Kindes (vgl. S. 29).

Hella Wenders ist mit dem Dokumentarfilm „Berg Fidel – Eine Schule für alle" (2011) ein Film aus der Sicht von Kindern gelungen, der diese Chance, von der Fellini spricht, erahnen lässt. Fellini beklagt die Unachtsamkeit gegenüber dieser *„Schatzkammer"*: „Dabei haben wir es doch mit einer zumindest merkwürdigen, ungewöhnlichen Persönlichkeit zu tun, die über zwar rudimentäre, aber intakte Mittel verfügt, mit der Realität in Kontakt zu treten, und (…) sehr viele Dinge weiß, die wir vergessen und gezwungenermaßen in uns ausgelöscht haben. Wenn ich ein Kind hätte, würde ich vor allen Dingen versuchen, selbst von ihm zu lernen. Normalerweise tun die Eltern genau das Gegenteil: Sie zwingen ihrem Kind die paar Ungereimtheiten auf, die sie im Kopf haben (…)" (S. 28).

Wir folgen Fellini in seiner Wertschätzung dessen, wie sich ein Kind bildet und zum Wesentlichen seiner Umgebung aktiv spielend vordringt. So wird sich jedes Kind die Welt aneignen und mit den so genannten „Realitäten" (und was jeder dafür hält) in Berührung kommen. Dabei kann das Kind auch behindert werden durch Vorgänge, die die Phantasie „töten", wie z. B. Isolation (vgl. Jantzen 2008). Wenn die strukturierenden Versuche des Kindes keinen liebenden Partner finden und ins Leere laufen, fühlt sich das Kind möglicherweise hilflos und verloren. Das Urvertrauen schwankt. Eine Lehrkraft wird dies spüren und möglicherweise darunter leiden.

Bevor wir der Frage weiter nachgehen, wie Lehrer in einer stark heterogenen Klasse solche Prozesse des Denkens und Forschens anbahnen können, erweitern wir unseren Blickwinkel auf *mehrperspektivische* Denkvorgänge und Bildungsprozesse mit Hilfe von zwei herausragenden Künstlern, Picasso und Brecht:

Pablo Picasso (1881–1973) erschließt sich z. B. einen Stier, den er zunächst naturalistisch, fotoähnlich zeichnet. Die „Erscheinungs"-Ebene. Der Stier erscheint uns so wie auf dem Foto, aber seine wesentlichen Züge sind damit noch nicht abgebildet. Dann dringt der Künstler immer mehr zum **„Wesentlichen"** des Stiers vor, indem er Elemente der Stierzeichnung verändert, entfernt, zer-„stört" und den Stier durch seine *ästhetische Zugangsweise* auf das Zentrale reduziert. Das so genannte „kindliche" Ausprobieren dient dazu, die Welt zu erkennen. Die Suche nach der Wahrheit in der Wissenschaft entspricht hier dem Versuch, einer Sache auf den Grund zu gehen, sie zu verstehen.

Mit Picasso können wir sagen, dass Bildung dann eintritt, wenn man den Gegenstand der Erforschung verändert und damit sein „Erscheinen zer-stört", nämlich das gewohnte Bild von etwas, was einem vorher völlig *selbstverständlich „erschien"*. **Erkennen gelingt durch Verändern, durch Zer-„stören"** der Perspektive auf einen Gegenstand und der Abbildung dessen. Dieser Erkenntnisvorgang geschieht bei jedem, der etwas Neues lernt.

Der Bildungsbegriff von Theodor W. Adorno (1903–1969) ist auch auf diesem Hintergrund zu begreifen. Bildung „ist antinomischen Wesens. Sie hat als ihre Bedingung Autonomie und Freiheit, verweist jedoch zugleich, bis heute, auf Strukturen einer dem Einzelnen gegenüber vorgegebenen, in gewissem Sinne heteronomen und darum hinfälligen Ordnung, an der alleine er sich zu bilden vermag. Daher gibt es in dem Augenblick, in dem es Bildung gibt, sie eigentlich schon nicht mehr. In ihrem Ursprung ist ihr Zerfall teleologisch bereits gesetzt" (Adorno 1959, S. 194).

Bertolt Brecht (1898–1956) beschreibt Denkvorgänge als **Verfremdung**: Durch Verfremdung nehmen wir einen ungewohnten Blickwinkel, eine andere *Perspektive* ein. Wir verlieren kurzfristig die Sicherheit, die Sache sei „selbst-verständlich“ so und nicht anders. Erst diese Unsicherheit provoziert, dass der Gegenstand uns neu – auf einer höheren Ebene – begreiflich wird.

Mit Brecht könnte man diesen Verstehensprozess so beschreiben:

Fremdmachen von etwas, was man zuvor zu kennen glaubte.

Indem wir vielfältige Perspektiven auf die Sache zulassen, ja geradezu suchen, lassen wird das *Wesen der Gegenstände, das Veränderbare an den Gegenständen sichtbar* werden.

Ziel dieser Verfremdung ist, dass die Vorgänge dem Menschen veränderbar und damit handhabbar erscheinen.

Mehrere Perspektiven sind „not-wendig“, um sich im Leben zurecht zu finden und Veränderungen zu erzeugen. Ohne sie könnten viele Vorgänge nicht verstanden werden. Mehrperspektivität gehört wesensmäßig zur Erkenntnis und zur Veränderung.

Picassos und Brechts intensive Bemühungen um Erkenntnisse in den Bereichen Malerei und Theater lassen sich zusammen führen. Ihnen gemeinsam ist, dass Erkenntnisse gewonnen und errungen werden, indem man den Blick auf das Gewohnte verändert, das Übliche *verfremdet*. Dazu dienen ihnen ihre Künste, die die vorhandenen Gegenstände als „fremde“ darstellen in Form von Bildern, Skulpturen, Dichtung und Theater. Sie helfen, den inneren Dialog, die *Gedanken zu vergegenständlichen*. Die Arbeiten sind zugleich Produkte von Erkenntnisprozessen, insofern auch von Bildungsprozessen der Künstler selbst.

3.2.2 Tiefgreifendes Lernen in einer heterogenen Klasse

Die Vielfalt einer stark heterogenen Klasse ist didaktisch offensichtlich von großem Nutzen.

Das Mathematik-Beispiel aus der freien Arbeit (siehe Kapitel 3.1), wo Kinder Flächen mit 24 Kästchen bilden und sich dabei gegenseitig zu immer neuen Versuchen anregen, zeigt, dass mehrere Perspektiven zu neuen Lernerfolgen führen können. Kinder lernen dabei voneinander, indem sie ihre unterschiedlichen Blickwinkel einbringen und miteinander vergleichen. Die Haltung des Pädagogen-Teams ist dabei entscheidend: Jede Konstruktion eines Kindes ist ernst zu nehmen und nicht mit „richtig" oder „falsch" zu beurteilen. Manche Erwachsene lassen sich von „falschen" Schülerantworten provozieren. Dies ist ein großes Lernfeld für alle. Die Fehlerkultur einer Klasse wird davon entscheidend geprägt (siehe Kapitel 3.3).

Astrid Kaiser beschreibt an vielen Unterrichtsbeispielen, wie ein kommunikativ und handlungsorientiert angelegter Sachunterricht geplant und umgesetzt werden kann. Besonders wenn die Schüler nach Lösungen suchen und sich darüber verständigen wollen, brauchen sie mehrere Perspektiven. Kaiser (2014) betont, dass ein solcher Unterricht ein „mustergültiges Lernkonzept einer demokratischen Gesellschaft" (S. 4) darstellt: „denn alle werden beachtet und wertgeschätzt, gleichzeitig bemühen sich alle um eine gemeinsame mehrheitsfähige Lösung" (S. 4). Dass die Lerngruppe mit dem gemeinsam gefundenen Denk-Ergebnis „einverstanden" ist, setzt voraus, dass sich alle gegenseitig in ihren Perspektiven, in ihren individuellen Konzepten über den Lerngegenstand „verständigt" haben. Die individuellen Konzepte jedes einzelnen werden verfremdet (Brecht), mögliche „Fehlkonzepte" in einer ermutigenden Weise zer-„stört", indem sie mit anderen, bisher ungewohnten, individuellen Konzepten in forschender Atmosphäre konfrontiert werden. Ergebnisse des Denkprozesses werden von der Gruppe erarbeitet und sind schließlich – auch bei naturwissenschaftlichen Fragestellungen – nicht als allzeit gültig anzusehen. Sie sind relativierbar.

„So erfährt jedes Kind emotional dicht, dass es nicht die eine einzige Wahrheit gibt, sondern verschiedene Deutungen und Perspektiven. (...) Gerade diese dynamische Betrachtungsweise ist unerlässlich für eine moderne Gesellschaft, in der die Menschen gemeinsam um Deutungen, Perspektiven und Entscheidungen zu Problemen ringen" (Kaiser 2014, S. 6).

Wann ist das Ende einer Forschungsreise erreicht? Jeder Wissenschaftler kennt das Phänomen, dass es nie ein Ende gibt, aber man sein Ergebnis als Zwischenstand der Forschung festhält. Aber welche Denkkonzepte sind dann am Ende eines forschenden Lernens als derzeit und sozusagen „vorübergehend" richtig zu akzeptieren?

Hannah Arendt (2007) hat 1965 in ihrer New Yorker Vorlesung zur Ethik gezeigt, dass die moralische Urteilskraft aus dem „Gemeinsinn" (Kant) erwächst: „Wenn der Gemeinsinn – jener Sinn, durch den wir zu Mitgliedern einer Gemeinschaft werden – die Mutter der Urteilskraft ist, dann kann nicht einmal ein Bild oder ein Gedicht, geschweige denn eine moralische Frage beurteilt werden, ohne im Stillen die Urteile anderer heranzuziehen und abzuwägen (…)" (S. 143).

Vielleicht lässt sich hier erahnen, wie wichtig es für das Lernen ist, dass es nicht isoliert geschieht. In *kommunikativen* Situationen verstehen die Lernenden optimal. Das ist jedoch leichter gesagt als getan.

Der Klassenrat

Sozialistische Reformpädagogen wie Leonard Nelson (1882–1927) und Minna Sprecht (1879–1961) haben das **sokratische Gespräch** in der Gruppe als zentrales Element ihrer Schulkonzeption gesehen. Auch in den deutschen Lebensgemeinschaftsschulen (vgl. Teil IV) und der sozialdemokratischen „Kinderfreundebewegung" von Kurt Löwenstein (1885–1939) sowie beispielsweise der Bewegung um Célestin Freinet (1896–1966) waren z.B. Gesprächskreise wie der Klassenrat wichtig für das Lernen voneinander und miteinander in der Klassengemeinschaft. Natürlich brauchen schwierige Denkprozesse den „inneren Dialog" in Ruhe und Abgeschiedenheit. Die Perspektive der anderen spielt bei dem inneren Dialog eines Schülers, auch wenn er alleine ist, eine große Rolle. Das war mehr oder weniger unausgesprochen der Grundkonsens reformpädagogischer Arbeit.

Um eine sehr heterogene Klasse zu führen und zu Erfolgen zu bringen, müssen die Lehrerinnen und Lehrer die Schüler sehr ernst nehmen – mit ihren Sorgen und Problemen. Daher ist ein regelmäßiges Forum nötig, in dem diese „Lerngegenstände" zur Sprache kommen und Konflikte zu einer Lösung geführt werden.

Wir schauen uns beispielhaft einen **Klassenrat** in Berg Fidel an, um uns vorzustellen, wie Schüler zusammen mit der gesamten Klasse das Überlegen aus verschiedenen Perspektiven lernen können. Im Zusammenleben der Kinder in der stark heterogenen Schulklasse gibt es selbstverständlich Konflikte. Kinder müssen lernen, Probleme gewaltfrei zu lösen. Dies ist ein großes Lernfeld und daran lässt sich viel lernen.

Kinder beschweren sich über andere, die ihnen Unrecht getan haben:

- A hat zu mir „fickdeinemutter" gesagt
- B hat mich getreten
- C ärgert immer und sagt zu mir „nigger"
- D hat meinen Radiergummi weggenommen

- E hat mich ohne Grund einfach geschubst
- F will 1 € von mir haben, sonst haut er mich
- G lacht mich aus
- H hat zu mir gesagt „ich bin nicht mehr dein Freund“
- I und J nehmen den Kleinen immer den Ball weg
- K hat gesagt, dass sein großer Bruder mich verhaut
- L sagt, dass ich nicht mit M spielen darf
- M, N und O beleidigen mich in ihrer Sprache

So hören sich Probleme von Kindern an, die wir z. B. in Berg Fidel ernst nehmen. Viele Schulen wehren diesen Anspruch jedoch ab: Wann ist Zeit dafür? Ist das nicht alleine Sache der Kinder und der Eltern? Hat die Schule nicht ein anderes „Kerngeschäft“?

Einem Arbeitskreis aus Eltern und Lehrern mit dem programmatischen Titel „Rücksicht lernen“ war dies nicht gleichgültig: Sie beschlossen, dass Eltern Beobachtungen auf dem Schulhof über mehrere Wochen hinweg protokollieren.

Die Antwort von Lehrkräften und Eltern auf die Auswertung der Schulhofbeobachtung lautete: Unsere Schule muss den Kindern in regelmäßigen und ruhigen Gesprächen Zeit geben, sich besser verstehen zu lernen. Die Schulkonferenz entschied: In jeder Klasse findet einmal wöchentlich mit allen Kindern ein Klassenrat statt, in dem die Sorgen der Kinder besprochen werden. Darin sind sich alle einig.

Spätestens seit dieser Zeit können die Kinder die sozialen Auseinandersetzungen auf dem Schulhof, in der Turnhalle, der Klasse, dem Schulweg und der Freizeit aufarbeiten. Wie wollen wir sonst „den Kindern das Wort geben“, wenn wir nicht bei den Sorgen und Nöten anfangen? Wie geht Klassenrat (vgl. Stähling 2003; Fuest 2014b)?

Zuerst bilden wir einen Sitzkreis. Das Beste ist ein festes Bänkchenquadrat, das – aus Platzgründen – immer vor der Tafel steht.

Wir nehmen eine Kladde und schreiben „Klassenrat“ drauf. Von nun an kann jedes Kind (jederzeit) etwas in das Klassenrat-Buch rein schreiben, wenn es sich ärgert und ein Problem irgendwelcher Art hat. Statt zu schreiben kann man auch seine Sorgen malen. Name und Datum dazu. Beim nächsten Klassenrat wird das Problem besprochen (in der Regel nicht eher).

Einmal wöchentlich zur festen Zeit findet der Klassenrat statt. Auf diesen Termin müssen sich Kinder, aber auch Eltern verlassen können! Wenn kein Problem im Buch steht, ist Zeit für Spiele im Kreis.

Beim Klassenrat werden die Probleme der Reihe nach durchgearbeitet. Das Gespräch leitet die Klassenlehrerin und zunehmend auch ältere Kinder selbst. Gespräche haben Regeln:

- Zuerst spricht, wer ein Problem ins Klassenratsbuch geschrieben oder gemalt hat.
- Er spricht so lange er will und wird von niemandem unterbrochen. Seine Perspektive der Sachlage sollen möglichst viel verstehen.
- Dann spricht der „Gegenspieler". Auch er wird von niemandem unterbrochen.
- Erst wenn die beiden Parteien zu Ende geredet haben, ist Zeit für Fragen aus dem Kreis. Die unterschiedlichen Standpunkte sollen deutlich werden.
- Gemeinsam wird am Ende nach Lösungen gesucht.

Der moralische Zeigefinger ist Tabu in einem Klassenrat. Wir wollen die Sorgen verstehen. Wer jemandem Gewalt angetan hat, bekommt eine Chance, sich zu erklären (wie in einem Rechtsstaat auch!). Wenn es ihm leid tut, kann er sich entschuldigen – und es wieder gut machen.

Kinder haben gute Ideen, wie man sich wieder „verträgt".

Beispiel: Die Kinder geben dem „Täter" noch eine Chance. Wird jedoch diese Chance nicht genutzt, dann folgt eine Konsequenz, die bereits vorher festgelegt wird. Schlägt einer in der Pause andere Kinder, so bekommt er im Wiederholungsfall – konsequenterweise – keine weitere Gelegenheit, andere zu schlagen. Er hat Pausenverbot. Dies ist vorher mit ihm im Klassenrat vereinbart worden. Die Pädagogen in dem Klassenteam tragen das mit und achten auf die Umsetzung. Hier ist eine wasserdichte Absprache im Team notwendig, damit alle Kinder Gerechtigkeit erfahren und sich nicht einzelne durch Täuschung eines Erwachsenen Vorteile verschaffen könnten.

Vorläufer dieses Klassenrats sind in reformpädagogischen Schule zu finden (Freinet, Montessori u. a.). Bei Janusz Korczak (1920) gab es im Waisenhaus ein „Gericht" der Kinder:

„Wenn jemand etwas Böses getan hat, ist es am besten ihm zu verzeihen. (...) Das Gericht aber muss die Stillen schützen, damit ihnen die Aggressiven und Aufdringlichen kein Unrecht zufügen; das Gericht muss die Schwachen schützen, damit die Starken sie nicht quälen; (...) das Gericht muss für Ordnung sorgen, denn Unordnung belastet die guten, stillen und gewissenhaften Kinder am meisten" (Korczak, SW Bd. 4, 1999 , S. 274).

Wer ein Problem mit einem Kind aus einer anderen Klasse hat, geht – begleitet von einem Vertrauten – in den fremden Klassenrat und trägt sein Anliegen und seine Perspektive des Konfliktes dort vor.

Um zu lernen, dass wir Konflikte nicht mit Gewalt lösen, müssen wir *erleben* und erproben, dass es auch anders geht. Das Handeln ist der wichtigste „Lernkanal". Die Perspektive der anderen zu verstehen ist entscheidend.

In einer sehr heterogenen, z. B. altersgemischten und inklusiven Klasse lernen die Schüler leicht und erfolgreich, wenn Lehrer die Vielfalt der Gruppe nutzen.

Den Lerngegenstand zu durchdringen, seine Veränderbarkeit zu erfassen, nennen wir Wissenschaft: Je mehr wir über die historische Entstehung und die Veränderbarkeit einer Sache wissen, je mehr Blickwinkel wir kennen oder uns dank unserer „Einbildungskraft" (Kant vgl. Arendt 2007, S. 140 ff) vorstellen können, umso weniger können wir in unserem Urteil ganz sicher sein. Wir erkennen Teilaspekte und einzelne Perspektiven. Unsere Ergebnisse können nur Zwischenergebnisse sein. Die „ganze Realität" könnte auch anders sein. Andererseits wird unser Urteil gültiger, je mehr wir den *„Gemeinsinn"* (Kant) befragen und die „Denkungsart" (Kant) *anderer* in unsere Betrachtung einbeziehen (vgl. Arendt 2007, S. 140 ff).

Wie können wir Lehrenden im Klassenteam dazu beitragen, dass der Unterricht zu einer Denkschule wird, in der das „stumme Zwiegespräch", das Hannah Ahrendt uns demonstriert hat, geübt und gelernt werden kann? Wir haben versucht, darauf eine Antwort zu finden, indem wir zunächst untersucht haben, wie sich Lernende miteinander in der Schulklasse den Unterrichtsgegenstand aneignen. Dabei stießen wir auf das Phänomen, dass der Lerngegenstand am lernwirksamsten aus mehreren Perspektiven erfasst wird. Schüler bringen ihre eigenen Blickwinkel mit und nähern sich dem Lerngegenstand dadurch und indem sie ihre Perspektiven miteinander austauschen und vergleichen. So entsteht ein Gespräch über verschiedene Sichtweisen. Das Gespräch mit den Mitschülern ist die Basis, auf der jeder Lernende den inneren Dialog oder das „stumme Zwiegespräch" – kurz das eigene, „selbstständige" Denken – entwickeln kann. Ihn dazu zu gewinnen, ist sicher eine der höchsten, aber auch notwendigsten Künste der Lehrkräfte. Eine tragende Beziehung ist dazu nötig. Sie wird am besten in und mit der inklusiven Klassengemeinschaft gelingen, weil zum Denken- (Lernen) viele Perspektiven gebraucht werden. Die *oberflächliche* Nutzung vorgefertigter Lehrmaterialien oder Medien ohne Auseinandersetzung mit fremden Perspektiven führt dagegen kaum zur Erschließung der Welt.

Guter Unterricht erscheint für einen Außenstehenden methodisch als „Balance von gemeinsamem und individuellem Lernen" (vgl. z. B. Korff 2012), ist aber eigentlich aus der Perspektive des lernenden Subjekts ein ständiger **Wechsel von der eigenen Sicht zur ungewohnten Fremdperspektive und wieder zurück – diesmal *dialektisch auf höherer Ebene* – zur neuen eigenen Perspektive**.

Aus Sicht der Lehrkraft besteht die Kunst darin, „die richtige Form von Feedback auf oder knapp über dem Niveau zu geben, auf dem die Lernenden gerade arbeiten“ (Hattie 2013, S. 210).

Dies erfordert starke Lehrerpersönlichkeiten und gute Teamarbeit. Nicht allen fällt es leicht, andere Perspektiven zuzulassen.

Das Klassenteam lernt dies u. a. in der Supervision. Ansprüche der Fachdidaktiken machen es manchen Lehrkräften schwer, sich auf die Sicht der Schüler einzulassen und deren Lernprozess „sichtbar zu machen“.

3.2.3 Verschiedene „handelnde“ Zugänge zu den Lerngegenständen: Vom Be-greifen, Er-fassen und Er-leben zum Verstehen

Eine sehr heterogene Klasse bietet viele Blickwinkel, weil sich alle Schüler anders auf die Lerngegenstände einstellen und andere Fragen an sie stellen. Dies wird zuweilen als Konflikt erlebt. Um aber einen befriedigenden **Zugang** zu den Lerngegenständen zu finden, braucht jedes Kind seinen für ihn charakteristischen Weg.

Die Lerngegenstände sind grundsätzlich am besten zu er-„fassen“ durch „Produktion“, durch „Hand“-lung, wobei das Denken auch als Handlung zu betrachten ist; sie gelangen niemals durch „Nürnberger Trichter“ oder spektakuläre Medienpräsentationen allein in unseren Kopf. Kinder be-„greifen“ (im wörtlichen Sinne) die Buchstaben und Laute oder die Zahlen, wenn diese Zeichen eine **erlebte** Welt wiedergeben. Ohne ihre Hände, ohne Berührungen mit der Materie, ohne vielfältiges „Arbeiten“ mit Material würden sie nur schwer einen Zahlbegriff erlangen können. Ohne das Abhören von semantisch bekannten Wörtern und das immer wieder Nachsprechen mit einem Sprachvorbild würde sich ein Kind kaum die Schriftsprache erobern. Praktische Tätigkeiten, die direkt das Verstehen ansprechen, haben stärkere Effekte auf das Lernen als passive Methoden, wie Präsentationen (vgl. Hattie 2012, S. 53).

Lehrkräfte, die sich dies klar gemacht haben, wissen auch, dass eine heterogene Schulklasse grundsätzlich leichter zu führen sein wird, wenn sie den Schülern vielfältige Gelegenheiten geben, die Dinge handelnd zu „be-greifen“:

Um den Lerngegenstand besser und einfacher zu verarbeiten, zu verstehen, nutzen Lernende verschiedene individuelle Strategien: Sie strukturieren im Grunde den „Stoff“ um, machen ihn für sich persönlich handhabbar. Solche meta-kognitiven Strategien zur Organisation und Transformation gehören nach Hattie (2013, S. 226) zu den starken Einflussgrößen auf das erfolgreiche Lernen. Anders gesagt, dient hier der Lerngegenstand der Entwicklung des Schülers (vgl. Kapitel 3.3).

„Lernen“ ist ein aktiver, handelnder Vorgang und dem Wort „Leisten“ und „List“ verwandt. Er ist nicht selten von Krisen begleitet.

Lernen bedeutet wörtlich „einer Spur nachgehen, nachspüren“. Lernen ist eine aktive Tätigkeit. Das Ergebnis des Lernens, die *„List“*, bezeichnete ursprünglich das Wissen und die Fähigkeiten, die bei der Jagd, beim Kampf und beim Handwerk erforderlich sind. Manch ein Schüler setzt sich heftig mit dem Lerngegenstand auseinander (vgl. Kapitel 3.3.2 Fehlerkultur).

Nach Hattie (2013, S. 34ff) ist Lernen eine Reise von der oberflächlichen *„Vorstellung"* eines Lerngegenstandes hin zum tiefen *„Verstehen"*, zum *„Konstruieren"*.

Auch die Eltern wissen in der Regel, dass jedes Kind einen individuellen Lernweg braucht. Sie haben oft selbst die Erfahrung gemacht, dass es wichtig ist, dass unterschiedliche Kinder differenzierte Angebote bekommen. Eltern verstehen, dass ihre eigenen Kinder z.B. die Kulturtechniken nicht nur über das Zuhören, sondern handelnd erlernen. Eltern wollen dabei auch unbedingt mitwirken und helfen, dass ihr Kind die „Schule schafft": Sie ahnen, wie schwer dies für ihr Kind sein kann.

Sprache be-greifen

Auf dem Elternabend für Schulanfängereltern fragt eine Mutter skeptisch: Wie lernen Kinder, dass Wörter am Anfang groß bzw. klein geschrieben werden?

Ich erzähle von einem Kind im dritten Schuljahr. Es ist Achmet, der noch ganz mit dem Abhören der Laute im Wort beschäftigt ist. Er kann zwar schon lautgetreu schreiben, aber noch achtet er nicht auf **Groß- oder Kleinschreibung**. Andere Kinder jedoch, auch Zweitklässler haben diese Regel schon erlernt. Achmet nicht – und wenn wir ihm dies nicht beibringen, kann es sein, dass er noch im 5. Schuljahr Unsicherheiten in diesem Bereich hat.

Achmet, wie auch andere Kinder, die an dieser „kritischen Stelle" arbeiten, bekommen in dieser Entwicklungsphase in der altersgemischten Klasse ein regelmäßiges und vor allem passendes „Wort-Diktat-training", bei dem immer wieder Wort für Wort geprüft wird, ob ein „lautgetreues" Wort groß oder klein geschrieben wird:

malen, Hose, Hase, laufen, kaufen, Oma, grün, laut, Tisch usw.

Die wiederholte Erklärung der Regel, dass ein Nomen groß geschrieben wird, kann Achmet alleine nicht behilflich sein. Er muss das Phänomen „Nomen" erst richtig begreifen. „Alles, was ich anfassen kann…", ist *eines von mehreren* Prüfkriterien. Fast immer kann ich auch eine weitere Probe mit dem Nomen machen: ein Haus – viele Häuser, eine Lampe- viele Lampen.

Aber die *stofflichen Hürden (Meyerhöfer 2012)* liegen nicht nur im Verstehen alleine, sondern auch in dem Phänomen des Schreibens selbst: *Erst prüfen, dann schreiben*. Dies zu automatisieren, geht nicht ohne Training. Achmet lernt nun, vor dem Schreiben des Wortes darauf zu achten und sich auf die Prüf-Frage (anfassen oder nicht?) zu konzentrieren.

Dabei müssen Wörter in ihrer Bedeutung geklärt werden, die ein Migrantenkind noch nicht kennt. Wie soll Achmet prüfen können, ob das Wort „Lampe" groß geschrieben wird, wenn er die Bedeutung dieser Vokabel bisher noch nicht kannte. Er muss einen „Be-griff" von dem Wort bekommen. Ohne eine Lampe je gezielt in ihrer Funktion als Lichtquelle erfahren zu haben und einen Schalter der Lampe betätigt zu haben, kann ein Kind diesen Begriff nicht „be-greifen". Es fehlt dann die innere Vorstellung davon und somit fehlt die Voraussetzung, die Rechtschreibregel anwenden zu können. Wenn Lehrkräfte dies nicht bemerken, verstehen sie die Perspektive des Kindes nicht. Sie sind dann möglicherweise hilflos, weil sie die Entwicklungslogik nicht erkennen (vgl. Kapitel 3.3).

Schritt für Schritt automatisiert sich die Probe des Wortes bei Achmet immer mehr. Dieses Prüfen eines jeden Wortes vor der Schreibung (Wortinhalt klar? Kann ich anfassen?) scheint banal zu sein, aber wird zuweilen vernachlässigt und führt zu Rechtschreibproblemen, die sich zu einer großen Unsicherheit im Jugendalter auswachsen können. Dies gilt besonders bei Migranten, deren Sprachkompetenz sich zunächst nur als Werkzeug für den *alltäglichen* Gebrauch eignet und sich noch nicht für die inneren Denkprozesse („Zwiegespräche") entwickelt hat.

Diese notwendige Arbeit mit der Teilgruppe der Klasse muss regelmäßig stattfinden. Ein studentisches Teammitglied wird intensiv eingearbeitet und übernimmt das weitere Training mit der Kleingruppe regelmäßig.

In unserer Schulgemeinschaft in Berg Fidel treffen Kinder aus 30 Nationen zusammen. Sie sprechen 50 verschiedene Sprachen. Diese Sprachkenntnisse und Spracherfahrungen stehen in Beziehung und interagieren miteinander. Sie prägen das Zusammenleben und -lernen. Die kulturellen Perspektiven der Kinder sind so unterschiedlich, dass eine große Chance besteht, aus diesen vielfältigen, lebensbedeutsamen und kompetenten Blickrichtungen den Lerngegenständen *besser* gerecht werden zu können. Die Sprache ist Medium, mit dem der Lerngegenstand mehrperspektivisch zu be-greifen ist.

Am Beispiel der **durchgängigen Sprachbildung** möchten wir zeigen, wie wichtig es in einer heterogenen Klasse ist, die verschiedenen Zugänge der einzelnen Kinder zu achten. Daraus leiten sich Konsequenzen für den Unterricht ab.

Jedes Kind eignet sich *auf seine eigene Weise* die Sache an. Dabei spielt die eigene Muttersprache eine große Rolle. Hans H. Reich (2013, S. 67 f) verweist auf das Hamburger Projekt „Family Literacy", in der Familiengeschichten in 22 verschiedenen Familien-Sprachen in Büchern festgehalten werden. Eine solche *„durchgängige Sprachbildung"* begreift die Sprache nicht mehr als „Unterrichtsgegenstand", sondern „als Medium des Lernens (und in weiterer Perspektive: als Medium des *Handelns*) in einer sprachenteiligen Gesellschaft" (Reich 2013, S. 59).

Auch in Berg Fidel dient die jeweilige Muttersprache im Unterrichtsalltag dazu, sich gegenseitig zu helfen, sich zu verstehen. Häufig entstehen durch sprachliche Unterschiede auch Missverständnisse. Die Mehrsprachigkeit der Lerngruppe ist eine große Chance zur interkulturellen und friedenstiftenden Verständigung. Zugleich dient die interlinguale Sprachbildung auch dem Austausch über Unterrichtsinhalte. Damit können Fragen vertieft und Komplexitäten reduziert werden.

Als Beispiel mag die „Gemeinschaft in der Schulklasse" gelten, die sowohl als Erfahrungsgemeinschaft als auch als *„Lerngegenstand"* selbst betrachtet werden kann. Das Zusammenleben der Menschen ist so komplex und daher nahezu unmöglich, es umfassend strukturiert zu beschreiben. Es müssen somit Teilausschnitte in den Fokus genommen werden, z.B. die Probleme der Kinder untereinander, wie im Klassenrat. Dabei spielt die Sprache als Hilfsmittel zur Verständigung eine große Rolle.

Dabei ist zu beachten, dass die Sprache des Unterrichts eine andere ist als die Alltagssprache. Diese künstliche Unterrichtssprache wird „**Bildungssprache**" genannte. Die so genannte *„Bildungssprache"* als fachliche Sprache des Unterrichts ist eine große Herausforderung, weil sie nicht aus alltagssprachlichen Fähigkeiten einfach ableitbar ist (vgl. Reich 2013, S. 63). Die Sprache (auch und gerade die „Bildungssprache") muss vielfältig in Kommunikation mit Freunden erprobt werden, bis sie als Hilfsmittel für das Denken heranreifen kann. Die Sprache ist hier ein *Handwerkszeug* zum Verstehen. Wenn man Unterrichtsgegenstände den verschiedenen Fachgebieten zuordnet, gilt es auch spezifische Kommunikationsanforderungen zu beachten: Fachbegriffe kennenlernen und verwenden und fachspezifische Textsorten verstehen lernen und verfassen.

Bei mündlichen Vorträgen und Fachgesprächen sind diese *bildungssprachlichen und domänenspezifischen Besonderheiten* zu beachten (vgl. Riebling 2013, S. 125 ff).

Schüler mit Migrationsvorgeschichte leisten in diesem Gebiet viel. Besonders schwierig wird es, von der Alltagssemantik in Richtung zunehmender sprachlicher Abstraktion fortzuschreiten.

Der schulische Übergang vom Primar- in den Sekundarbereich stellt für viele Schüler hier eine Barriere dar. Die Zusammenarbeit über Schulformen hinweg gelingt trotz der Kooperationsverpflichtung zwischen Primar- und Sekundarstufe nicht gut. Die Lehrkräfte der Sekundarstufe „fangen wieder von vorne an" und holen häufig die Schüler nicht dort ab, wo sie stehen. Die notwenige schulformübergreifende *Verantwortungsgemeinschaft* ist eine Utopie, die im Schulsystem nur an Ausnahmemodellen gelingen kann: Langformschulen der

Jahrgänge 1–13 – wie in Berg Fidel geplant (vgl. Stähling 2012, S. 82; Reich 2014, S. 141 ff) – sind selten.

Ein Beispiel für die nicht vorhandene Kooperation: Es heißt, dass „schriftlichkeitsnahe Darstellungen“ in der Sekundarstufe ein größeres Gewicht bekämen als in der Primarstufe (vgl. Riebling 2013, S. 126).

Allerdings muss angesichts erheblicher Ungleichheiten im Bildungserfolg von Schülern mit und ohne Migrationsvorgeschichte kritisch gefragt werden, ob diese zunehmende Abstrahierung der „Bildungssprache“ im Unterricht der Sekundarstufe I für alle Schüler nötig ist. Ist sie nicht eine *Ursache* dafür, dass Schüler scheitern?

Dabei spielt der Wortschatz offenbar eine geringere Rolle. Die Barrieren scheinen eher in den komplizierten bildungssprachlichen Strukturen und abstrakten Formen zu liegen. Sätze wie z. B. „Die Anlage wird in Betrieb genommen“ oder „Die Erklärung des Verhaltens durch die Untersuchung der Mechanismen des Nervensystems (...)“ sind für Migranten schwerer zu verstehen. „Bildungssprache“ verwendet häufiger als die Alltagssprache abstrakte Nomen mit Attributierungen und stehen im Passiv (vgl. Riebling 2013, S. 146 ff).

Welche Art von „Bildung“ diese Sprache verkörpert, bleibt zu fragen. Solche Abstraktionen verschleiern auch für den deutschsprachigen Schüler, wer hier was genau tut. Um Vorgänge beurteilen und Texte dazu verstehen zu können, müssen wir in der Regel selbst erleben und erfahren, was sie bedeuten. Eine anschauliche bildhafte Darstellung wird die Begriffsbildung dann zusätzlich erleichtern. Ohne diese Hilfen wird ein Schüler in der Regel eher die lexikalischen „Worthülsen“ auswendig lernen als wirklich zu be-„greifen“, was gemeint sein kann. Auch grammatische Wendungen wie das Adjektivattribut „das sauerstoffreiche Gasgemisch“ (vgl. Riebling 2013, S. 146 f) sind leichter zu verstehen, wenn sie in einem erfahrungsorientierten Unterricht anschaulich werden. Barrieren lassen sich also leichter im Unterricht reduzieren, wenn der Unterricht an den Erfahrungen der Schüler ansetzt und „sie dort abholt, wo sie stehen“.

Eine stark heterogene Klasse fordert das Pädagogenteam heraus, systematisch eine durchgängige Sprachbildung mit der Klasse zu betreiben.

3.2.4 Fazit für die Teamarbeit in der Klasse

> Bisher wurde deutlich, dass eine stark heterogene Klasse am besten zu führen ist und am effektivsten lernt, wenn
>
> - Schüler die Lerngegenstände aus verschiedenen Perspektiven betrachten können (Beispiel: Mathematik, Klassenrat)
> - Schüler die Lerngegenstände durch ihre individuellen Zugangsweisen handelnd „be-greifen“ (Beispiel: Sprachbildung)

Wer eine extrem heterogene Klasse führt, hat nicht nur den Vorteil, in der eigenen Klasse die verschiedenen Perspektiven auf die Dinge vorzufinden, sondern auch den Vorteil, die sehr eigenen **individuellen Zugangsweisen** der verschiedenen Kinder nutzen zu können. Ein mehrperspektiver Unterricht kann sehr lebendig werden und zu intensiver Auseinandersetzung mit dem „Stoff“ anregen. Dabei wird ein Team gebraucht, das die große Vielfalt der Handlungsimpulse der Kinder entdeckt, passend reagiert und sich darauf vorher einstellt.

Hier ist interessant, welche negativen Auswirkungen ein eindimensionales, monokulturelles oder das „mono-perspektivische“ Lernen und Denken haben. Mehrsprachiger Unterricht ist nicht einfach zu machen. Unter der Fragestellung, warum häufig Lehrpersonen, Bildungspolitiker, Lehrerbildner und Eltern ihre „alt bewährten“ Wege nicht verlassen und „sich nicht ändern“, zählt Hattie (2013, S. 296 ff) eine Vielzahl an Hindernissen auf:

- man stützt sich nur auf eigene Erfahrungen, statt auf die Erfahrungen anderer
- man hält aus Gründen der Sicherheit an dem Bewährten fest
- man sucht die Ursachen für den Nichterfolg beim Schüler
- man sucht die Ursache für den Erfolg bei der Lehrperson
- man unterrichtet fast nur alleine außer Sichtweite anderer
- man tauscht sich mit Kollegen nicht über die Belege für ihr Lehren aus
- man will in Ruhe gelassen werden mit seinen eigenen Unterrichtskonzepten
- man vertraut mehr den Urteilen von Lehrpersonen als den statistischen Belegen
- man misst seinen Erfolg mehr an seiner Berufszufriedenheit und an der Zustimmung von Eltern und Schulleitung als an empirischen Belegen.

Ist es denkbar, dass diese genannten **Haltungen** nicht so leicht entstehen können, wenn die Lehrkräfte lange Zeit in festen Teams arbeiten und ihnen regelmäßig Zeit für Austausch und gemeinsame Planungen gewährt wird?

Auf der Suche nach Ursachen für die beschriebene konservative „Einzelkämpfer-Mentalität“ von Lehrpersonen wird oft übersehen, dass viele Lehrkräfte nicht in Teams zusammen arbeiten. Somit fehlt ihnen die Möglichkeit, ihre Perspektiven auf die Schüler und deren Lernen zu erweitern.

Die Veränderung von **äußeren Bedingungsfaktoren** alleine bewirkt aber noch nicht, dass sich Unterrichtsergebnisse ändern würden. Ein Beispiel dafür liefert Hattie (2013), indem er auf Untersuchungen verweist, die vermuten, dass die Verkleinerung der Klassengröße allein sich nicht in der Schülerleistung niederschlägt.

Wahrscheinlich ist es zwar, dass mehr Feedback, mehr Individualisierung usw. in kleineren Lerngruppen möglich ist, und sich dies als Vorteil erweist und die Schülerleistung sich verbessert; „aber die spannende Frage ist, warum die Vorteile nicht auftreten, wenn wir die Klassengröße verringern“ (S. 299). Das Staunen über dieses Phänomen muss uns beschäftigen. Die Schülerleistungen müssen also von anderen Faktoren mehr beeinflusst sein als von der Klassengröße. Wie groß sind also die Einflüsse der anderen Faktoren. Und welche haben einen so großen Einfluss?

Hattie (2013) verweist auf die Lehrpersonen selbst, die einen großen Einfluss haben, wenn sie in ihren Klassen mehrperspektivisch denken und arbeiten:

> „Die Perspektive ‘anderer’ muss berücksichtigt werden und es muss nach empirischen Belegen gesucht werden, ob alle Lernenden die gewünschten Curriculum-Outcomes in einem ausreichenden Tempo erreichen. Wenn man die Brille der Lehrperson so ändern kann, dass sie das Lernen mit den Augen ihrer Lernenden sieht, wäre dies schon einmal ein exzellenter Anfang. Dazu gehört, dass Lehrpersonen nach widerlegbaren empirischen Belegen zur Effektivität ihres Unterrichtens suchen, dass sie nach Irrtümern in ihrem Wissen und ihren Vorstellungen suchen, dass sie sehen, wie Lernende auf Vorwissen und Lernkonzepten aufbauen, dass sie fragen, ob es genug Herausforderungen und Engagement beim Lernen gibt, und dass sie die Strategie verstehen, die Lernende verwenden, wenn sie lernen und Schwierigkeiten haben“ (S. 297 f).

Diese empirisch belegbaren Einflüsse auf verbesserte Unterrichtsergebnisse lesen sich ganz neu, wenn man bedenkt, dass z. B. besonders der Faktor „**mit den Augen der Schüler sehen**“ sich besonders durch regelmäßige Teamsitzungen sowie durch häufige Kooperation der Lehrkräfte in festen Teams über längere Zeitspannen wesentlich verbessern würde (vgl. Teil I).

Die Brille der Lehrkraft ist entscheidend. Mehrperspektivität entsteht eher in Teamarbeit als durch „Einzelkämpfertum“. So kann z. B. auch der kritische historische Blick auf die Aussonderung im Schulsystem oder das Konstrukt der „Behinderung“ (vgl. Dederich 2009) und ihre faschistischen Wurzeln Lehrkräften helfen, die Sicht auf den eigenen Unterricht zu überprüfen. Die Veränderbarkeit unseres bestehenden deutschen Schulsystems wird so sichtbar. Es ist zu ändern gilt als Auftrag.

Ein möglicher pädagogischer Leitsatz für das Team:

> „Wenn ich ein Kind hätte, würde ich vor allen Dingen versuchen, selbst von ihm zu lernen.“ (Federico Fellini 1984, S. 28)

3.3 Dritte Antwort: Wir holen die Schüler da ab, wo sie stehen und unterrichten „entwicklungslogisch“

„Es ist nicht leicht zu erklären, was Takt bedeutet. Taktvoll ist wohl jemand, der mit Menschen umzugehen versteht. Er erkennt entweder durch Güte oder mit dem Verstand, was jemandem gerade am meisten fehlt, und er ist gern bereit zu helfen. Er ist behutsam; (...) er greift nicht ein und erteilt keine Ratschläge, solange er nicht darum gebeten wird, er redet nicht zu viel, er wird nicht wütend, und er versucht jeden zu entschuldigen und in Schutz zu nehmen. Er ist nicht da, wenn er nicht gebraucht wird, doch er ist zur Stelle, wenn er sich nützlich machen kann.“

Janusz Korczak: Lebensregeln (1929 SW Bd. 3, S. 344)

3.3.1 Aneignung des Lerngegenstandes nach der Logik der Entwicklung

Das Vertrauen der Schüler zu den Erwachsenen ist für die Bearbeitung der „stofflichen Hürden“ und der individuellen „Präkonzepte“ jedes Einzelnen eine wichtige Bedingung. Es geht nicht darum, die Aufgaben „leicht“ zu stellen, sondern die Schüler beim Lösen von sinnstiftenden Herausforderungen zu begleiten. So lernen sie in einem Gebiet, in dem sie sich noch nicht sicher fühlen, das aber gemäß ihres Alters – entwicklungslogisch – auf sie zukommt. Hier braucht jedes lernende Kind eine ermutigende, angstarme Lernumgebung. Mitschüler und Erwachsene spielen dabei eine zentrale Rolle. Schaffen wir hier alle Hürden? Unterstützen wir jeden? Die ermutigende Haltung spiegelt sich im Verhalten und in den Äußerungen von jedem Erwachsenen wider und „liegt in der Luft“. Ein gutes Pädagogenteam prägt ein **fröhliches, erfolgs- und lösungsorientiertes Klima** des gemeinsamen Arbeitens, in dem die Lerngegenstände für das Kind eine Bedeutung, einen Sinn bekommen. Lernende eignen sich die Lerngegenstände aktiv „handelnd“ in Kooperation mit anderen an und geben ihnen subjektive Bedeutung.

Der Unterricht in einer heterogenen Klasse muss folgerichtig der Entwicklung des einzelnen Kindes folgen. Georg Feuser (2011, S. 86 ff.) prägte den Begriff der „**entwicklungslogischen Didaktik**“, die diese erfolgs- und lösungsorientierte Atmosphäre der **aktiven Erschließung** der Welt in kooperativen Prozessen meint.

Er spricht in Anlehnung an Lew Vygotskij (1896–1934) davon, dass Lernen nur in der „**Zone der nächsten Entwicklung**“ stattfinden kann. Diese Zone können wir uns vorstellen als „Differenz zwischen dem Niveau, auf dem die Aufgaben unter Anleitung, unter Mithilfe der Erwachsenen gelöst werden, und dem Niveau, auf dem das Kind Aufgaben selbstständig löst“ (Vygotskij, zit. nach Feuser 2011, S. 97). Unterricht gilt dann nach Feuser als *„Möglichkeitsraum“* für diese Entwicklung. Er kann dann als gut bezeichnet werden, wenn er „der Entwicklung vorauseilt“ (vgl. Feuser 2011, S. 97).

Hartmut Giest (2011) erläutert: „Trifft die Lernanforderung auf adäquate bereits angeeignete Lernvoraussetzungen, d. h. liegt sie in der Zone der aktuellen Leistung des Lernenden, kann sie von ihm bewältigt werden“ (S. 204).

Unterricht in heterogenen Klassen sollte somit die jeweils nötigen „Vorläuferfähigkeiten“ (Bartnitzky 2013 a) bei jedem Schüler im Blick haben und erarbeiten.

Bei den folgenden Praxisbeispielen aus unserem Schulalltag ist der Lerngegenstand vordergründig zunächst nur ein kognitiver. Wenn jedoch die emotionale und soziale Seite nicht stimmt, kann die kognitive Entwicklung nicht gelingen. So bauen sich z. B. Barrieren in der Mathematik auf, wenn das Kind mit sozialen Sorgen belastet ist:

Mathematikunterricht in einer inklusiven Klasse in Berg Fidel (vgl. Stähling/Wenders 2012): Ich vermittle einigen Viertklässlern die schriftliche Multiplikation und stelle fest, dass das 1 x 1 noch nicht bei allen „sitzt“. Wir wiederholen also täglich die 1 x 1 – Reihen und üben daran. Dann erwarte ich, dass ich die Lernvoraussetzungen geschaffen habe, um mit dem Verfahren der schriftlichen Multiplikation zu beginnen. Aber Linda lernt langsamer. Aus sehr vielfältigen Gründen, die ich nicht einfach beheben kann. Sie kann das 1 x 1 noch nicht sicher genug. Was ist jetzt zu tun?

Um ihr das schriftliche Verfahren zu zeigen, stelle ich ihr und anderen zunächst Aufgaben, die sie sicher bewältigen können, weil sie alle die 2er-Reihe beherrschen: 234 x 2, also Aufgaben ohne Zehnerübergang. Erst nach mehreren Tagen ist Linda sicher und wir können mit ihr auch Aufgaben des Typs 456 x 2 und auch 235 x 102 wagen, wobei in diesem zweiten Schritt der notwendige *Zehnerübergang* trainiert wird. Hier bewegen wir uns noch im Bereich der 2er-Reihe. Wird aber das Gebiet schwieriger, z. B. durch die Faktoren 6,7,8,9, so kann ich davon ausgehen, dass sie noch daran scheitert, weil sie die 6er-Reihe z. B. nicht beherrscht. Wir brauchen länger. Das Verfahren des schriftlichen Multiplizierens können auch andere Kinder am besten mit einfachen Zahlen und deren 1 x 1-Reihen lernen.

Als nächsten Schritt machen wir bei Linda eine Unterbrechung im schriftlichen Verfahren und trainieren täglich weiter – über mehrere Wochen, bis das ganze

1 x 1 sitzt. Trainingspartner sind Mitschülerinnen, die gerne mit Linda üben wollen. Das Trainingsprogramm verabreden wir vorher zusammen.

Einige Zeit später kommen wir zurück zum schriftlichen Verfahren – und siehe da: Linda ist stolz auf ihre Leistung. Harte Arbeit hat sich gelohnt.

Wie leicht wäre es gewesen, zu sagen, dass sie die Wiederholung des 1 x 1 selbstständig zu Hause hätte erledigen müssen – weil sie es aber nicht genügend getan hätte, „wären wir nicht verantwortlich für ihr Scheitern".

Ein zweites Beispiel berichtet über Elternarbeit. Wichtig für den Erfolg und die Persönlichkeitsentwicklung der Schüler ist, dass Eltern die Lernprozesse ihrer eigenen Kinder kennen und verstehen lernen. Eltern im Anfangsunterricht mit ihren Fragen alleine zu lassen, bedeutet nach unserer Erfahrung, dass diese sich auf eigene Weise Erklärungen für „Schwierigkeiten" suchen. Die Schule kann so leicht zum Gegenspieler werden, wenn den Eltern nicht klar ist, dass Lernprozesse eng verbunden sind mit der Persönlichkeitsentwicklung. Je mehr die Eltern Methoden der Schule ablehnen, umso mehr bringen sie ihre Kinder in Konflikte. Ausländische Eltern mit eigenen Schulerfahrungen in ihrem Heimatland können nicht einfach auf die Schule vertrauen, wenn sie nicht verstehen, warum das Lernen sich stark unterscheidet von der eigenen Schulzeit, die sie möglicherweise als positiv in Erinnerung haben.

Auf einem Elternabend fragt eine Mutter, ob denn die Kinder die „Rechtschreibung" und das **Lesen lernten**, wenn sie „nach Gehör" schrieben. Ich erkläre kurz eine *Anlauttabelle* und zeige, dass ein einfaches Wort wie „MAMA" für einen Schulanfänger zu schaffen ist, wenn wir es nach Gehör schreiben: Das „M wie Maus" als Laut steht am Anfang des Wortes. Die Lehrerin spricht den Laut vor und wiederholt ihn überdeutlich im Wort „Mama". Die Lehrerin und das Kind begeben sich gemeinsam auf die Suche nach dem „Laut M". Das Kind identifiziert dieses „M" am Anfang des Wortes und freut sich, dass der Erwachsene es bestätigt. Die Kommunikation ist sehr lebendig und macht Freude. Würde dort aber das M, gesprochen wie „em" stehen, hätte das Kind erst später eine Chance zu begreifen, dass das M ein Zeichen für einen Laut darstellt, der „m" gesprochen wird; hier wird also nicht „em-a-em-a" gelesen.

Eine *stoffliche Hürde* wäre dies auf dem langen Weg, den Kinder gehen, um die Geheimnisse der Schriftsprache zu entdecken. Hier kann man tatsächlich von *entdeckendem* Lernen sprechen, wenn ein Kind erste eigene Wörter „nach Gehör" aufschreibt.

Das wechselseitige Übersetzen von Graphemen (M) und Phonemen („m", nicht „em") lernen Kinder beim freien Schreiben „eigener" Wörter oder Texte am besten. Dazu hilft die Anlauttabelle. Kinder lernen, aus den gesprochenen Wörtern die „Laute herauszuhören“. Dazu konzentrieren sie sich beim „Abhören“ der Wörter auf die Laute. Insofern lernen wir *zuerst das Schreiben*, bevor wir den umgekehrten Vorgang, das Rückübersetzen der Buchstaben-Zeichen in Laute, also das Lesen beginnen. Diesen Aspekt des Schriftspracherwerbs hatte uns schon der große Schweizer Reformpädagoge Jürgen Reichen (1939–2009) seit den 1980er-Jahren eindrücklich durch seinen Unterricht demonstriert.

Kurz: Erst das Lautieren und die dazu behilfliche Anlauttabelle ermöglichen dem Kind das Schreiben „eigener“ Wörter (vgl. Brügelmann 2013). Schritt für Schritt erkennen dann die Kinder, dass die Wörter nicht immer lautorientiert geschrieben werden dürfen:

Beispiel:

Das Wort „Fahrrad“ enthält gleich mehrere für die deutsche Rechtschreibung typische Regeln.

Zunächst schreibt ein Lernanfänger – wenn er schon sehr gut abhören kann – das Wort mit den Großbuchstaben-Zeichen: F A R A T – er hat es korrekt abgehört.

Eine „stoffliche Hürde“ oder Barriere würden wir als Eltern oder Lehrer nun aufbauen, wenn wir sagten, das wäre „falsch“. Es ist ja für einen stolzen sechsjährigen Radfahrer im Schriftspracherwerb kein Kinderspiel, sich dieses Wort selbst zu erarbeiten, in dem es die Laute aus dem gesprochenen Wort heraushört.

Im Laufe der Zeit kommen einige ganz einfache Regeln hinzu, die die Schreibung des Wortes „Fahrrad“ nicht zum Abenteuer, sondern verständlich machen.

Zunächst wird es *groß* geschrieben – man kann es ja anfassen.

Dann kommen zwei R vor, denn das Wort besteht ja aus zwei Wortstämmen und Silben: *Fahr- und Rad.*

Für jedes Kind verständlich und sogar bei gutem Sprachvorbild per Klatschen zu erfassen. Aber das Klatschen wird häufig überschätzt, weil die Kinder auch so ein Wort falsch klatschen würden: „Fah- rad“. Das Stammmorphem „fahr“ wird dabei vergessen – ein Problem beim Silbenkonzept (vgl. Bartnitzky 2013b, S. 7).

Dann folgt das Dehnungs-h – als alte Wortstamm-Überlieferung: So wird manches Wort geschrieben, weil es aus alter Tradition so immer war.

Und am Ende des Wortes finden wir das „d“ und nicht das gehörte „t“. – Die alt hergebrachte Regel heißt: „Wenn ich nicht weiß, wie ich schreibe ein Wort, dann verlängere ich es sofort“.

Fahrräder – und das Kind hört spielend das „d“.

Rechtschreibung ist also doch kein Geheimnis.

Es müssen einige „stoffliche Hürden“ genommen werden, damit für Kinder das Schreiben *barrierefrei* werden kann und sich nicht eine Lese-Rechtschreib-Schwäche entwickelt.

Übrigens scheint es mir wichtig zu sein, dass an genau diesem „Elternabend“ auch studentische Mitglieder des Teams anwesend sind und sich klar machen, wie sie Kinder auf dem Weg zum selbstständigen Schreiben unterstützen können. In der freien Arbeitsphase, in der „Schriftstellerstunde“, beim Freien Forscher Club oder in Lesestunden – überall nutzen sie dieses methodische Handwerkszeug mit einzelnen Kindern.

In einer bunt gemischten Klasse lernen fast alle Kinder auf völlig unterschiedliche Weise und an verschiedenen Aufgabenfeldern. Wer z. B. das Lesen beibringen will, muss an die Fähigkeiten jedes Kindes glauben können. Alle Mädchen und Jungen werden in unterschiedlichen Geschwindigkeiten und auf je eigene Weise die Entwicklungsschritte durchlaufen, die „normalerweise“ alle Leselerner bewältigen. Wenn jedoch den Kindern die notwendigen Orientierungen und Unterstützungen vorenthalten und sie so „be-hindert“ werden, können sie das Ziel nicht erreichen.

Lesen zu vermitteln gehört zu den anspruchsvollen Lehrertätigkeiten – und nicht selten freut sich eine Lehrerin im Anfangsunterricht, dass es ihr gelungen ist, „den Kindern“ das Lesen „beigebracht“ zu haben. Das bedeutet aber nicht, dass für jeden Erwachsenen nachvollziehbar ist, wie ein einzelnes Kind diese Kulturtechnik gelernt hat. Nicht nur das Lesen selbst, sondern auch der *Prozess des Lesenlernens* ist bei jedem Kind individuell verschieden. Kinder erwerben die Schriftsprache in unterschiedlichen Tempi, aber in ähnlicher Weise, indem sie Entwicklungsschritte durchlaufen. Der Prozess des Lesens (also der Lerngegenstand selbst!) ändert sich noch, *während der Lernende fortschreitet* und es besser beherrscht (vgl. Hattie 2013, S. 168).

Die didaktische Aufbereitung und die Methoden des Leseunterrichts sind verschieden und haben schon viele Veränderungen erlebt. Die Forschung darüber zeigt fünf bedeutende Hauptaufgaben (vgl. Hattie 2013, S. 167 ff):

1. Phonemische Bewusstheit (z. B. was ist der erste Laut in „Mama“?)
2. Lautier-Methoden (z. B. Buchstaben-Laut-Korrespondenz)
3. Flüssigkeit
4. Vokabular
5. Verständnis

Am Beispiel des Lesens lässt sich verdeutlichen, dass der Lerngegenstand „Lesen“ didaktisch aufbereitet wird, indem die Lehrperson selbst forschend auf den Lernenden schaut: Was kann er schon jetzt?

Das Vorwissen des Kindes zum Text kann sehr entscheidend werden für den Leseerfolg. Sein Wissen von der *Bedeutung* einer „Vokabel“, seine Weltsicht, sein kultureller Hintergrund, seine Lebenserfahrungen prägen die Lesehaltung. Die Motivation zum Erlernen des Lesens, das spezielle Leseinteresse am vorliegenden Text (ob Brief oder Sachtext oder fiktionaler Text) und nicht zuletzt der Text selbst und sein Inhalt, den zu verstehen möglicherweise auch ohnehin schwierig sein könnte, sind weitere Faktoren, die das *Lesen als Lerngegenstand für jedes Kind verschieden* machen. Der *Lerngegenstand Lesen* ist also je nach dem Entwicklungsniveau des Kindes zu verändern. Lesen steht in einem kommunikativen Zusammenhang und eröffnet mehrere Perspektiven.

Lesen ist ein sehr komplexer Vorgang, ein Prozess des Entschlüsselns. Der Lerngegenstand „Lesen“ lässt sich kurz definieren als „Prozess der Konstruktion von Bedeutung aus geschriebenen Texten“ (Anderson et al., zit. nach Hattie 2013, S. 154). Jedes Kind wird also anders lesen lernen, jedes anders auf dem Hintergrund der eigenen Lebenserfahrungen.

3.3.2 Fehlerkultur und Herausforderungen

Besonders wichtig für den individuellen Lernprozess jedes Kindes ist die *Fehlerkultur* einer Schulklasse. Schüler fürchten dann Fehler und wollen sie vermeiden, wenn sie dafür vor den Mitschülern bloßgestellt werden und sich blamieren können. So setzen sich die Lernenden aber nicht ehrlich mit den „stofflichen Hürden" auseinander. Sie täuschen vor, dass sie den Lerngegenstand verstanden hätten, um nicht, als schwacher Lerner etikettiert, aufzufallen.

In einer erfolgs- und lösungsorientierten Atmosphäre der **aktiven Erschließung** der Welt begrüßen Lehrer und Schüler die Fehler und Irrtümer als interessante Dreh- und Angelpunkte für das weitere Lernen.

Das gesamte Team der Pädagogen trägt hier Verantwortung für ein ermutigendes Lernklima. Eine modellhafte Fehlerkultur, die Erwachsene im Team den Schülern vorleben, ist entscheidend dafür, dass Schüler Irrtümer nicht fürchten. Sie ist zugleich ein Merkmal guter **Klassenführung**, weil sie den Lernenden für den Umgang miteinander Sicherheit und Klarheit vermittelt. Wenn ein Schüler diese ermutigende Lernatmosphäre stört, indem er auf Fehler anderer verletzend reagiert, wird dies zum Schutz aller umgehend unterbunden. Im Klassenrat und bei Kreisgesprächen machen Pädagogen und Schüler an Beispielen erneut deutlich, wie wichtig es für das Lernen ist, dass man ungestört Fehler machen kann. Gerade eine heterogene Klasse bietet sehr viele Gelegenheiten, sich dies klar zu machen. Sie fordert eine tolerante Fehlerkultur ein.

Eine der ersten pädagogischen Maßnahmen in einer neu zusammengestellten, heterogenen Klasse wird daher sein, exemplarisch zu Beginn einen eigenen oder fremden „Irrtum" oder **„Fehler" positiv herauszustellen** und an ihm aufzuzeigen, wie man mit Fehlern umzugehen versteht: Wir dürfen hier Fehler machen, denn wir alle lernen daraus. Wir als Lehrer werden durch unser Vorbild somit die Basis für eine vertrauensvolle Beziehung und eine positive Persönlichkeitsentwicklung legen.

Erkennen Schüler einen Irrtum *gemeinsam* und sehen, dass diese „stoffliche Hürde" nicht einer alleine bewältigen muss, dann verringert sich die Belastung der Schwierigkeit beim einzelnen. Der einzelne Schüler ist nicht isoliert, sondern eher dafür offen, sich mit dem Fehler oder der irrtümlichen Annahme auseinander zu setzen:

„Lernende sind besser in der Lage, kollektiv Fehler zu realisieren und aus ihnen zu lernen." (Hattie 2013, S. 253).

Die lebendige, gemeinsame Auseinandersetzung mit der Sache, das „Exemplarische der notwendigen Vertiefung" (Martin Wagenschein) oder die „Hingabe an die Sache" (Humboldt) sind in einer Klassengemeinschaft eher möglich, die mit Irrtümern positive Lernerfahrungen gemacht hat. Hier finden die Lernenden zu ernsthaften Gesprächen mit ihren Freunden über die Lerngegenstände. Sie verlassen dabei sicheren Boden und wagen, **sich verunsichern zu lassen durch fremde Perspektiven** und Widersprüche zum Bekannten. Das Gewohnte wird „verfremdet" oder in den Widerspruch gebracht, indem es unter einem neuen Blickwinkel als „anders" oder „fremd" erscheint.

Peers sprechen untereinander oder mit Lehrkräften und geben dabei im Idealfall probeweise ihre gewohnten Perspektiven (zum Lerngegenstand) auf. So lernen sie das Denken und finden im „stummen Zweigespräch" selbstständig die wichtigen Fragen, mit denen sie sich in Gegenwart und Zukunft auseinandersetzen müssen.

Ein Klassenklima, das „Peer- und Selbstbewertung fördert und das Lernen aus Fehlern zulässt" (Hattie 2012, S. 211), gilt als optimal: „Wir brauchen Klassen, die den Mut entwickeln, sich auch irren zu dürfen" (Hattie 2013, S. 211). Der Irrtum ist bei Lernenden wie bei Lehrenden ein willkommener Anlass, sich vertrauensvoll darüber auseinanderzusetzen. Für Schüler, die kein Vertrauen in die Schule aufbauen können, bedeutet dies ein langer Lernprozess.

Im nächsten **Praxisbeispiel** ist der Lerngegenstand daher zunächst **emotionaler** und **sozialer Art**. Sergej braucht viel Unterstützung, die sich aus seinem Entwicklungsstand ergibt.

„Frau Wenders, wir müssen noch den Tag besprechen", sagt Sergej und verbiegt seinen Körper dabei auf eine für ihn typische Art und ohne Blickkontakt. Niemals hätten wir vor einigen Wochen damit gerechnet, dass das tägliche Reflexionsgespräch von Sergej selbst eingefordert würde. Es geht darum, was Sergej lernen will oder soll, das „Lernziel". Der Lerngegenstand ist emotionaler und sozialer Art. Barbara Wenders holt die Mappe aus dem Regal mit dem „Ich-habe-es-geschafft-Plan" für Sergej. Sergej hat sich vorgenommen, andere Kinder nicht mehr zu treten, zu bespucken, zu beleidigen, zu drohen.

Als weiteres Ziel steht dort, dass er den Sitzkreis ohne Störung schaffen will und tun möchte, was die Erwachsenen sagen.

Sergej hat die Regeln bereits erfasst. Sie sind für alle Kinder transparent und klar.

Er weiß genau, was passiert, wenn er gegen die Regeln verstößt: z. B. Pausenverbot oder nur noch Pause in Begleitung, Elterngespräche.

Der Plan ist strukturiert nach besonderen Situationen: Freie Arbeit, Pause, Sitzkreis, Fachunterricht (Sport, Russisch, Englisch). Es gibt jeweils drei Smileys von gut bis schlecht und Sergej kreuzt selbst an. Unser Gespräch scheint Sergej zu entspannen. Es gibt kein Urteil, keine Strafe, sondern eine Analyse des Tages.

Sergej, der nie weint, der uns kaum Gefühle zeigen kann, zeigt auf diesem Weg, dass es ihm wichtig ist, gute Smileys zu bekommen. Er verspricht, dass er all die Störungen nicht mehr machen möchte. Sie passieren ihm immer wieder, einfach so, wie er sagt. Dieses Fehlverhalten ist eine Lerngelegenheit – immer wieder aufs Neue.

Sergej erfährt durch das Gespräch, dass er als Kind *bedingungslos angenommen* ist, sein Verhalten allerdings nicht. Dieses Verhalten wird von allen geächtet, nicht aber die Person Sergej. Sergej kann nicht gleichzeitig alle Ziele erreichen. Wichtig ist, zunächst ein konkretes Ziel zu benennen, und wenn dieses erreicht ist, mit dem nächsten anzufangen.

So wichtig wie dieser Plan ist die Präsenz der Erwachsenen im täglichen Umgang mit Sergej. Er muss sich immer wahrgenommen fühlen, wie alle anderen Kinder auch. Für das Team gilt: Keiner fliegt aus der Schule raus – auch Sergej nicht. Das bedeutet, wir müssen in unseren Teamsitzungen nicht mehr darüber jammern, was Sergej alles „angestellt" hat, sondern wir überlegen uns, was wir jetzt tun können. Wir wollen handlungsfähig bleiben.

- Sergej bekommt Pausenverbot als konsequente Antwort auf sein Verhalten, da er andere Kinder gefährdete.
- Es gab Gespräche mit Fachlehrerinnen, in denen vereinbart wurde, Sergej sofort konsequent in die Klasse zurückzuschicken, wenn er im Fachunterricht nicht mehr zu führen war. Das setzt voraus, dass ein Teammitglied in der Klasse ist.
- Für Unterrichtsgänge haben wir Sergej eine 1 : 1 Betreuung aus dem eigenen Team organisiert, bezahlt durch den Förderverein. Dies ermöglicht ihm, zusammen mit anderen Kindern seiner Klassengemeinschaft zu erleben, dass es dazu gehört und mit anderen Freude haben kann.
- Tägliche Reflexionsgespräche wurden installiert, die möglichst von jedem Teammitglied durchgeführt werden können.

Dazu brauchten wir eine „wasserdichte Absprache" innerhalb des Teams. Jeder musste alles wissen, was für den Umgang mit Sergej wichtig war. Sergej zeigte bisweilen eine ausgeprägte Verweigerungshaltung. Er sagte dann: „Ich hau ab!" und tat es dann auch. Dies war für alle Mitarbeiter heikel. Hinterherlaufen brachte in Sergejs Fall nichts. Er beabsichtigte gar nicht, nach Hause zu laufen, er beanspruchte unsere Aufmerksamkeit. Seine Eltern wurden sofort über die Notfallnummer benachrichtigt. Eine Geste des Telefonierens zeigte Sergej, dass die Mitarbeiter handlungsfähig blieben.

Immer wieder betont Hattie (2013) mit Blick auf die Forschungslage, wie bedeutsam für die Schülerleistung das **Engagement** der Lehrpersonen für *alle* Schüler ist: „Es erfordert von ihnen, dass sie davon überzeugt sind, dass ihre Rolle die eines Veränderers ('change agent') ist – dass alle Schülerinnen und Schüler lernen und Fortschritte erzielen *können*, dass Lernleistung für alle veränderbar und nicht von Natur aus festgelegt ist und dass, sofern eine Lehrperson allen zeigt, wie wichtig ihm das Lernen ist, dies wirkungsvoll und effektiv ist" (S. 153).

Auch der „irrtümliche Weg" eines „verhaltensauffälligen" Schülers betrachten wir nicht als katastrophales, unveränderliches Verhalten, sondern als „Hürde" in der Lernentwicklung – die Eltern, die Mitschüler und die Pädagogen im Team haben einen Anspruch auf eine solche positive Sichtweise. Diese Hürde ist zu bewältigen, sie muss allerdings als solche erkannt werden. Wird sie geleugnet oder anders erklärt, etwa als „Krankheit", so besteht die Gefahr der *Festschreibung* auf ein bestimmtes Fehl-Verhalten. Sein Irrtum bleibt bestehen, wenn der Schüler mit seinem gegenwärtigen Verhalten oder seinem Unvermögen als unveränderlich angesehen wird.

Es ist durch Metaanalysen belegt, dass Förderprogramme für die Sozialkompetenz die Beziehungen zu Peers deutlich verbessern und zu besserem Sozialverhalten führen. Wenn die Lernenden zu Beginn als sozialer Problemfall identifiziert werden, ist die Wirkung allerdings geringer (vgl. Hattie 2013, S. 178 ff).

Die Prognosen der Lehrkräfte über die Erfolge ihrer Schüler können eine große Rolle spielen. Wenn jedoch Lehrpersonen geringere Erwartungen an die Schülererfolge hegen, hat dies deutlich negative Auswirkungen auf die Leistung der Schüler: „Geringe Erwartungen in Bezug auf den Erfolg der Lernenden zu haben, ist eine sich selbst erfüllende Prophezeiung (...)" (Hattie 2013, S. 152 f). Besonders die Etikettierung, dass Schüler „Lernschwierigkeiten" hätten, trifft zusammen mit messbar schwächeren Leistungen als bei Schülern ohne Etikett (vgl. Hattie 2013, S. 147f). Hattie (2013) fordert von den Lehrkräften folgerichtig: „Sie müssen aufhören, Schulen zu schaffen, die versuchen, frühere Lernleistungen und Erfahrungen zu verewigen" (S. 148).

Aus dem Beispiel von Sergej können wir außerdem ableiten:

Optimal passende, entwicklungslogische Herausforderungen sind der beste Weg zu hohen Schülerleistungen und zu einer positiven Persönlichkeitsentwicklung. So braucht Sergej viele Rückmeldungen, um sich auf diesem, für ihn unbekannten Terrain Schritt für Schritt sicherer zu fühlen. Hattie betont, dass „challenging learning intentions" (2009, S. 246) oder *„herausfordernde Lernintentionen"* (2013, S. 290) das Lernen effektiver machen. Sie erhöhen den Bedarf an **Feedback**.

Das neue Wissen oder Verhalten von Sergej baut auf dem vorherigen Wissen oder der emotionalen Lernausgangslage auf. Aber: „Manchmal kann vorheriges Wissen dem Lernen von etwas Neuem im Weg stehen und daher müssen wir lernen, wie interne Widersprüche geklärt und bestehende Konzeptionen, wenn nötig, rekonstruiert werden können“ (Hattie 2013, S. 290).

Alles Fehlverhalten oder alle Fehler, aus denen jemand lernt, durchlaufen diesen Prozess: Das neue Verhalten oder das neue Wissen **widersprechen** dem alten, dem irrtümlichen Verhalten oder Wissen; die Lernenden wechseln nur die Perspektive. „Irrtümer“ sind *sich widersprechende Sichtweisen auf den Lerngegenstand*.

Wird die „falsche“ Perspektive oder die irrtümliche Annahme mit Geduld und großem Interesse von Lehrkräften und Mitschülern wahr- und angenommen, dann ergibt sich ein ermutigendes Klima des Gedankenspielens oder des Ausprobierens.

„Lernen braucht somit ein beträchtliches Maß an Zeit“ (S. 290), betont Hattie (2013).

Die lernenden Schüler und Lehrkräfte fragen sich bei solchen Denkexperimenten oder **Erprobungen neuen Verhaltens**: „Könnten wir es uns auch einmal anders vorstellen? Wie wäre es, wenn wir uns auf diese widersprechende Sicht einmal experimentell einließen?“ – Und indem die Lernenden dann überrascht sind von der neuen Perspektive, kommt nicht selten das „Aha!“. Wir nennen es „verstehen“, aber man könnte auch sagen, dass sie begreifen, was sie *zuvor* anders – und **aus neuer Sicht „falsch“** – gesehen hatten.

Also erkennen wir als Lernende das Neue, *indem* wir das Alte oder „Falsche“ überhaupt erst einmal verstehen und vom Neuen *unterscheiden*. Wir vergleichen letztlich das Alte mit dem Neuen, stellen den Widerspruch fest und entscheiden uns für das „Richtige“, das uns nun „im neuen Lichte“ als das bessere der beiden erscheint. Wie sich zeigt, heißt dies allerdings nicht, dass das „Neue“ auch ewig und unter allen Umständen gültig bleibt.

Für den Unterricht mit „challenging learning intentions“ (2009, S. 246) oder „herausfordernden Lernintentionen“ (2013, S. 290 f), den Hattie immer wieder fordert, sind „anpassungsfähige Lernexperten“, „adaptive learning experts“ (2013, S. 290 f; 2009, S. 246) nötig, die empathisch „mit den Augen ihrer Schüler sehen“ (S. 281) können. Sie hören aus den Äußerungen der Schüler die

Absichten und Gefühle heraus und spiegeln es ihnen paraphrasierend wider (vgl. S. 290).

Einige Praxiserfahrungen werden z. B. von Gruschka und Seitz wissenschaftlich analysiert. Andreas Gruschka (2010) stellt in einer Fallanalyse den Verstehensprozess von Schülern einer 8. Klasse dar: Der Unterricht war gekennzeichnet „durch die Konsequenz der Entfaltung der Sache und das taktvolle Anschmiegen an den Stand der Einsichten der Schüler“ (S. 101). Simone Seitz hat didaktische Phänomene der Mehrperspektivität im Lernprozess am Beispiel des Themas „Zeit“ ausführlich gezeigt (vgl. Seitz 2005 und Seitz-Interview in Stähling/Wenders 2012). Auch dabei geht es darum, die Schüler genau dort abzuholen, „wo sie stehen“ und ihnen mit großer Geduld zu begegnen. Das Pädagogenteam organisiert nicht nur seinen Einsatz im Stundenplan einer Klasse, sondern sorgt für eine fröhliche, erfolgs- und lösungsorientierte Atmosphäre, in der eine gemeinsame Aufgabe ist, sich aktiv die Lerngegenstände anzueignen und keinen Schüler dabei zurückzulassen.

Wittmann (2010) betont für die Mathematik, dass es wichtig ist, die *„individuellen Konzepte“* und *„Fehler“*, widersprüchlichen Erfahrungen oder irrtümlichen Annahmen aller Art zu Tage zu fördern und in einer *positiven Klassenatmosphäre* gezielt zu begleiten und zu besprechen.

Für Häsel-Weide (2015, S. 4) sollte sich der Mathematikunterricht in einer heterogenen Klasse an den Inhaltsbereichen orientieren, in denen Kinder öfter Schwierigkeiten zeigen. Dies erfordert eine Konzentration auf das Wesentliche, wie z. B. auf folgende Problemfelder:

- Das Zahlverständnis in unterschiedlichen Zahlenräumen.
- Das Verständnis vom Stellenwertsystem, die „Kraft der 5 und der 10“ bei der strukturierten Anzahlerfassung.
- Die Einsicht in grundlegende operative Zusammenhänge.
- Das Rechnen mit Zahlen und nicht nur mit Ziffern.

Bei Schülern aus höheren Jahrgängen findet man teilweise große Schwierigkeiten beim Mathematiklernen, die sich auf diese „kritischen Stellen“ zurückführen lassen. Bei einzelnen Schülern wurde im Lernprozess „etwas versäumt“, was später auf jeden Fall „nachgeholt“ werden muss.

Die hier angesprochenen „stofflichen Hürden“ in der Mathematik (Meyerhöfer 2011) müssen dem Verstehen zugänglich gemacht werden. Meyerhöfer (2011) weist darauf hin, „dass es also nicht lediglich Reifung oder Übung bedarf, all dies zu verstehen“ (S. 411). Flexible und *„anpassungsfähige Lernexperten“* oder besser „adaptive learning experts“ (vgl. Hattie 2013, S. 290 f; 2009, S. 246) wissen im Idealfall, wie Kinder die „stofflichen Hürden" nehmen und die *herausfordernden* Aufgaben, „challenging learning intentions" (Hattie 2009, S. 246) bewältigen können.

Hattie (2013) fordert als Konsequenz der Forschung: „Lehrpersonen müssen wahrnehmen, was Lernende denken und wissen, um Bedeutung und sinnstiftende Erfahrungen im Lichte dieses Wissens zu konstruieren. Zudem müssen sie ein kompetentes Wissen und Verständnis vom Stoff ihres Faches besitzen, um sinnvolles und angemessenes Feedback geben zu können" (S. 280).

Allerdings fehlen laut Hattie (2013, S. 151 ff; 293) die empirischen Belege für die These, dass die Fachkompetenz oder das pädagogische Wissen der Lehrkräfte für die Schülerleistung wichtig ist. Wenig untersucht wurde der Bereich, den Bartnitzky/Hecker/Lassek (2012) als „Kritische Stellen" und Meyerhöfer (2011) als „stoffliche Hürden" bezeichnen. Wie bedeutsam ist es, dass die Lehrkraft diese Hürden kennt?

Wir vermuten aus der Erfahrung im Grundschulunterricht, dass Schüler bei *unerfahrenen Lehrkräften* öfter in Gefahr sind, diese „stofflichen Hürden" oder „kritischen Stellen" (Bartnitzky 2013 a) im Schriftspracherwerb und in der Mathematik nicht zu bearbeiten. Besonders schwierig ist für Migranten die unterrichtstypische „Bildungssprache" (vgl. Reich 2013, S. 63 ff).

Wenig untersucht wurde bisher, wie sich die Lehrperson das Fortschreiten im Unterrichtsinhalt vorstellt, und was sie weiß, wann sie eingreifen muss, sowie die Offenheit, den Lerngegenstand auf andere Arten zu unterrichten (vgl. Hattie 2013, S. 293).

Belegt ist aber, dass die ersten *Lehrerausbildungen* (die auch für die fachwissenschaftliche Kompetenz zuständig sind) wenig Einfluss darauf haben, wie gut Lehrkräfte die Lernleistungen der Lernenden beeinflussen. Die Berufserfahrung zeigt uns, dass sich Lehrerinnen und Lehrer in ihr Gebiet selbstständig so einarbeiten und entsprechende Unterrichtserfahrungen nutzen, um die passenden Lernangebote machen zu können.

Hattie (2013) schlussfolgert: „Lehrpersonen müssen von der einzelnen Idee zu vielfältigen Ideen schreiten und diese Ideen so miteinander verknüpfen und erweitern, dass die Lernenden Wissen und Ideen konstruieren und rekonstruieren. Nicht das Wissen und die Idee, sondern die Konstruktion des Wissens durch die Lernenden sind entscheidend" (S. 281).

Dabei lassen Schülerinnen und Schüler alte Gewohnheiten fallen, verlassen eingefahrene Wege, erproben neue Blickwinkel auf die Welt und entwickeln ihre Persönlichkeit. Ermutigende Lehrerinnen und Lehrer und Schulleiter sind nötig:

> „Schulleitende und Lehrpersonen müssen Schulen, Lehrerzimmer und Klassenzimmer schaffen, in denen Fehler als Lerngelegenheiten willkommen sind, in denen das Verwerfen von fehlerhaftem Wissen und Erkenntnissen begrüßt wird und in denen sich die Teilnehmenden sicher fühlen können, um zu lernen, neu zu lernen und Wissen und Erkenntnisse zu erkunden." (Hattie 2013, S. 281)

3.3.3 Den Schülern Verantwortung übergeben und ihre Würde achten

„Im Dom Sierot haben wir Besen und Putzlappen aus ihrem Schlupfwinkel unter der Treppe hervorgeholt und ihnen nicht nur einen sichtbaren, sondern auch einen ehrenvollen Platz am Haupteingang zu den Schlafsälen gegeben. Und sonderbar, durch das Tageslicht wurden diese Dinge veredelt und beseelt, der Blick erfreut sich an ihrem ästhetischen Aussehen. Zwei Schlafsäle haben sechs Kehrbesen. Wären es weniger, würden wir Zeugen ständiger Streitereien und Kämpfe. Wenn wir auf dem Standpunkt stehen, dass ein sauber gewischter Tisch so viel wert ist wie eine sorgfältig beschriebene Seite, wenn wir darauf achten, dass die Arbeit der Kindern nicht die Arbeit des bezahlten Personals ersetzt, sondern dass die Kinder durch sie erzogen und gebildet werden, – dann müssen wir ihre Tätigkeiten gründlich studieren (...) dem Problem viele Gedanken widmen."

Janusz Korczak: Wie liebt man ein Kind (1920, SW Bd. 4, S. 264)

Um eine bunt gemischte Schulklasse mit sehr unterschiedlichen Schülern zu führen, müssen Lehrkräfte den Schülern vertrauen. Wir glauben an unsere Schüler, dass sie ihre Dinge mit Unterstützung selbst regeln werden. Dazu ist es sinnvoll, ihnen Aufgaben zu übergeben und sie erfahren zu lassen, dass sie „sich bewähren" können. Hartmut von Hentig (2006) spricht **von der „nützlichen Erfahrung, nützlich zu sein"**.

Pädagogischer Optimismus und Glaube an die Schüler und deren Möglichkeiten ist notwendige Basis. Die Lernenden sind Forscher. Forschen macht ihnen Spaß, wenn es die eigenen Fragen beantworten kann. Was ihnen Erfolg verschafft, werden sie aus eigenem Antrieb erneut machen wollen: Schlüssel-Probleme in ihren Klassen- oder Schulgemeinschaften wollen sie lösen (vgl. Kaiser 2011 c). Diese Schlüsselprobleme sind sozialer Natur. Sie betreffen im Wesentlichen das *Zusammenleben* in der Schule, aber auch der Menschheit allgemein: Frieden, Umwelt, Eine Welt, Gerechte Verteilung, Demokratisierung, Technikfolgen. Sie sind für alle im Schulalltag ständig präsent. Es gibt Auseinandersetzungen auf dem Pausenhof, Missachtungen von Regeln und unwürdiges Verhalten gegenüber Mitschülern. Das alles betrifft Schüler unmittelbar. Es interessiert sie, weil sie selbst Teil der Schulgemeinschaft sind. Sie wollen es lösen. Erfahrungen zeigen: Sobald man ihnen zutraut, dass sie die Probleme gelöst bekommen, wachsen sie an dieser Herausforderung.

In der Schule der Zukunft geht es darum, den nachkommenden Generationen das Handwerkszeug bereit zu stellen, mit dem sich ALLE daran beteiligen können, die **Schlüsselprobleme der Menschheit** anzugehen (zur inklusiven Didaktik vgl. Stähling/Wenders 2012, S. 120ff; Reich 2014). Astrid Kaiser betont in ihrem Buch „Menschenbildung in Katastrophenzeiten" (2007), dass soziale und ethische Kompetenzen wie Verantwortlichkeit nicht theoretisch zu vermitteln sind. Nur wenn Schüler diese sozialen und ethischen Kompetenzen im Schulalltag als nützlich erleben können, lernen sie verantwortlich zu sein: „Dazu gehört zum einen, dass jeder Schüler und jede Schülerin einen eigenen Bereich bekommt, für dessen Gestaltung sie zuständig sind, sei es die Blumenbank, die Türgestaltung (...). Ein wichtiger Bereich zur Verantwortungsförderung ist auch, dass die sozialen Probleme in jeder Klasse ernst und verantwortlich untereinander geklärt werden"(S. 117 f). Schüler müssen lernen, sich verantwortlich für ihr eigenes Handeln zu fühlen. Die Milgram-Experimente, in denen Versuchspersonen auf Befehl Testpersonen im Nebenraum Stromschläge verabreichten, zeigten deutlich die Bedeutung der Erziehung zur Verantwortung: Vor allem solche Personen reagierten ungehorsam gegen die brutalen Anweisungen, die sich für ihr Tun selbst verantwortlich fühlten und die *Verantwortung nicht auf andere übertrugen* (vgl. Tenzer 2011). Die Konsequenz daraus muss sein, Kindern so früh wie möglich Verantwortungsbereiche zu übergeben, in denen sie sich selbstständig erproben können.

Für den Inklusionspädagogen Tony Booth bedeutet Inklusion, „inklusive Werte in Handlungen umzusetzen", „ein sozialistischer, humaner Blick auf die Welt" (vgl. Interview in Stähling/Wenders 2012):

> *Gleichheit, Gerechtigkeit, Teilhabe, Wertschätzung für Vielfalt, Gemeinschaft, Nachhaltigkeit, Gewaltfreiheit, Vertrauen, Ehrlichkeit, Mut, Freude, Mitgefühl, Liebe und Fürsorge, Optimismus und Hoffnung und schließlich Schönheit*
> sind Werte, die Booth erwähnt (vgl. Booth 2012 b).

Als wir in der Grundschule Berg Fidel Schüler aller Jahrgänge danach befragten, was sie in der Schule unbedingt lernen und woran sie gerne arbeiten wollten, bekamen wir auf Zetteln ungefähr die Antworten, die Tony Booth als Unterrichtsinhalte zusammengestellt hatte. War das überraschend für uns Erwachsene? In der Teamsitzung wurde erneut klar, dass Kinder sich verantwortlich fühlen und gerne Verantwortung übernehmen. Sie wollen sich die Welt und die Lerngegenstände **aktiv, „handelnd" aneignen**, und zwar am liebsten gemeinsam mit ihren Freunden. Eine sehr entscheidende Erkenntnis für studentische Teammitglieder.

Die Vorschläge zu den Unterrichtsinhalten lassen sich unter sechs Oberbegriffe oder *Schlüsselprobleme* bündeln, die Astrid Kaiser (2006) aufführt. Berücksichtigen wir dabei die unterschiedlichen, **entwicklungslogischen Zugangsweisen** der jeweiligen Kinder einer stark heterogenen Klasse, lassen sich individuelle *Entfaltungskategorien* voneinander unterscheiden. In Anlehnung an das Schlüsselproblemkonzept von Wolfgang Klafki hat Astrid Kaiser (2006, 2011 a) den curricularen Rahmen in einer zweidimensionalen Form dargestellt (vgl. Stähling/Wenders 2012, S. 125):

Schlüsselprobleme *Kategorien individueller Entfaltung*	**Frieden**	**Umwelt**	**Eine Welt**	**Gerechte Verteilung**	**Demo-kratisierung**	**Technik-folgen**
kognitiv						
ästhetisch-kreativ						
technisch-praktisch						
emotional						
sozial						
ethisch						

Diese für das Leben in der Klassen- und Schulgemeinschaft, bei der Projekt- und Unterrichtsplanung und im Unterricht der einzelnen Lernbereiche praktisch nutzbare Tabelle bietet einen gemeinsam zu vereinbarenden Inhaltsrahmen.

In Klassenräten und Schülerparlamenten, bei Diensten für die Gemeinschaft tragen Schüler Verantwortung. Sie lernen im realen Lebenszusammenhang, wozu es sinnvoll ist, dass Absprachen protokolliert werden. Sie lernen aus Erfahrungen, dass sie Ärgernisse so formulieren, dass sie die Würde des Gegenübers nicht verletzen. Sie erkennen, wie wichtig es in manchen Situationen sein kann, präzise – auf den Cent genau – das eingesammelte Geld nachzuzählen, während es im anderen Zusammenhang auf einen richtigen Überschlag mit Hilfe der Multiplikation ankommt. Mehr zu wissen über das kommunale Verwaltungssystem bekommt plötzlich eine große Bedeutung, wenn wir für den Schulhof neue Geräte einfordern möchten.

Bei all diesen Erfahrungsfeldern in Projekten und Vorhaben unterstützen Erwachsene die Kinder. Schüler können in Kleingruppen ihren Interessen nachgehen und „Freie Forscher Clubs" gründen (vgl. Stähling/Wenders 2012, S. 50 ff.). Sie können auch in der gesamten Klasse ihre Forschungsvorhaben in Projekten verwirklichen. Bei den Projektplanungen wird das gesamte multiprofessionelle Team mit ihren Fähigkeiten und Neigungen berücksichtigt.

Selbsttägig lernen Schüler am besten, wenn die Lehrkräfte sie gut kennen. Dass die Schüler „selbst erproben“, wie sie zum Ziel kommen, heißt nicht, dass die Lehrerinnen und Lehrer den Schülern überlassen würden, was und wie sie arbeiten. Dieses Missverständnis ist weit verbreitet. Manche pädagogische Laien werfen reformpädagogischen Schulen vor, sie ließen die Schüler selbstständig ausprobieren und leiteten sie nicht an. Es ist richtig, dass manche Lehrpersonen unter „Selbsttätigkeit“ der Schüler etwas verstanden haben, was mit „Hängenlassen“ oder Gleichgültigkeit gegenüber ihren Lernschwierigkeiten zu bezeichnen wäre. Nach dem Motto „lernt euch!“ kümmern sie sich nicht darum, wie die Lernenden vorankommen, sorgen nicht für die Lösung von Problemen und geben keine Rückmeldungen. Sie entziehen sich der Verantwortung.

Dies hat Ähnlichkeit mit einem Frontalunterricht, in dem die Lehrkraft sich nicht um das Fortkommen aller kümmert, sondern unberührt von den Lernschwierigkeiten der „Schwachen“ weiter den „Stoff durchnimmt“. Wer den Anforderungen nicht genügt, hört im gegliederten deutschen Schulsystem den weit verbreiteten Lehrersatz: „Du gehörst hier nicht hin!“

Dieses Ignorieren von *Schülersorgen* ist eine Form von psychischer Gewalt und als „**Kunstfehler**“ zu betrachten (Prengel 2013, S. 77 ff). In pädagogischen Beziehungen passieren solche Fehler häufiger als angenommen. In einer Befragungsstudie berichtet ein Drittel der Schüler über psychische Verletzungen durch Lehrer (vgl. Prengel 2013, S. 78). Ironisch, zynisch und sarkastisch kommentieren manche Lehrpersonen die Leistungen von Schülern in mündlichen und schriftlichen Testsituationen. „Wenn einzelne in pädagogischen Kontexten gewaltförmig behandelt werden, so wirkt es sich nicht nur auf diese, sondern auch auf die das Geschehen miterlebenden anderen Personen verletzend aus“ (Prengel 2013, S. 79). Die Lehrpersonen empfänden solche Erniedrigungen und Bloßstellungen, wenn sie als Erwachsene ähnlich behandelt würden, selbst als peinlich und kränkend. Wie langfristig diese unwürdigen Behandlungsmethoden aus der Schulzeit bis ins Erwachsenenalter nachwirken, kann man in deutschen Alphabetisierungskursen feststellen. Dort führen teilweise minimale Kränkungen in der Kommunikation zwischen Teilnehmenden oder mit Lehrenden zu Blockaden, die das Lernen behindern (vgl. Prengel 2013, S. 81).

Annedore Prengel (2013) beschreibt verletzendes Lehrerverhalten als „Mangel an Solidarität“ (S. 79): Kinder und Jugendliche brauchen „**solidarische Anerkennung**“ und zugleich „**solidarische Grenzsetzungen**“, die sie ihrem Entwicklungsstand entsprechend fordern und sie so in ihrer Entwicklungsfähigkeit anerkennen.

Dies gilt für alle Schüler eines Jahrgangs. Die Exklusion einzelner Schüler – in Form von Sitzenbleiben, Abschulen oder Überweisen in Sonderschulen – ist eine Behinderung des Lernens. Lehrer müssen sich daher widersetzen, wenn sie gegenüber den Ausgesonderten als „Befriedungsverbrecher“ (Basaglia 1980) funktionalisiert werden. „Ungehorsam im Schuldienst“ (Stähling/Wenders 2009) ist dann angebracht und solidarische Unterstützung derer, die im Schulsystem als Verlierer leicht in einen Teufelskreis des Versagens geraten.

Somit ist es für das Lernen effektiv, wenn die Lehrpersonen eine Haltung vorleben, mit der es für alle selbstverständlich ist, dass jeder sein Ziel erreicht: Hilfe, Unterstützung und Solidarität mit jedem Mitschüler machen schlau.

Reinald Eichholz (2013) betont in seiner grundlegenden rechtsphilosophischen Analyse, dass die Behindertenrechtskonvention (BRK) die Schule verpflichtet, dass jedes Kind seine **Würde erleben** kann. Das Erleben der Würde ist das ureigene Recht des Kindes. So teilt sich dem Schüler die Menschenwürde als *Selbstwertgefühl* mit, und das Recht auf Teilhabe erlebt er als *Zugehörigkeitsgefühl*: „Selektive Ausgrenzung verbietet sich ebenso wie eine praktische Gestaltung des Schullebens, die gegenseitige Wahrnehmung schon aus räumlichen Gründen ausschließt. Auch wenn innerhalb der Schule für einzelne Gruppen ‘Lerninseln’ gebildet werden, ist entscheidend, dass sie von einer Atmosphäre der Gemeinschaftlichkeit umgeben sind“ (Eichholz 2013, S. 97). Der pädagogische Grundsatz „du gehörst zu uns“ (Stähling 2006) beschreibt also ein *Erleben*, das – juristisch gesprochen nach Eichholz (2013) – zu den Grundrechten gezählt wird. Dabei gilt: „Es geht nicht allein um die formale Zuerkennung dieses Rechts, sondern um gefühlte Realität“ (Eichholz 2013, S. 84). Um dies zu verwirklichen, brauchen wir im Unterricht **Teammitglieder**, die wie selbstverständlich die Zugehörigkeit vorleben, ohne ausdrücklich sagen zu müssen: „Du gehörst zu uns!“

Bisher wurde deutlich, dass eine stark heterogene Klasse am besten zu führen ist und am effektivsten lernt, wenn

- Irrtümer und irrtümliche Verhaltensweisen dazu dienen, sich ermutigend mit ihnen und ihrer Überwindung auseinanderzusetzen,
- die Aufgabenstellungen und Herausforderungen passend und entwicklungslogisch sind,
- die Schüler über Schlüsselprobleme forschen und dabei ihre individuellen, entwicklungslogischen Zugänge nutzen können,
- Kinder durch solidarische Anerkennung und solidarische Grenzsetzung ihre Zugehörigkeit zur Klasse *erleben* können.

I'm fine
I'm happy
My name is ...
Goodbye!

I'm fine.
I'm happy
My name is ...
I'm sad
I'm scared

3.3.4 Zur Beschreibung und Bewertung von Entwicklungsergebnissen

> *„Wenn jemand fragt, wieviel 2x2 ist – dann sage ich ihm – vier, denn das weiß ich sicher. Aber die Erziehung von Kindern, das ist keine Multiplikationstabelle. – Wenn ein Gärtner einen Baum pflanzt und der Baum wächst schön heran, blüht und trägt wohlschmeckende Früchte – dann weiß der Gärtner, dass er ihn gut gepflegt hat. – Wenn der Erzieher sieht, dass die Kinder heranwachsen, dass sie zunehmen, dass sie fröhlich und fleißig sind, gerne lernen und sich nützlich machen – dann weiß er, dass er sie gut erzieht. Ein Kind kann man wiegen, messen und man kann seine Zähne anschauen. Aber wie soll man erforschen, was im Kopf und im Herzen der Kinder heraunwächst?*
>
> *Janusz Korczak: Ein Freund der Kinder (1916, SW Bd. 13, S. 359)*

Emma ist morgens oft etwas zerstreut. Ihre Aufgabe ist es heute, mit Hilfe des bekannten Anschauungsmaterials Minus-Aufgaben zu rechnen. Wenn sie an die Arbeit geht, will sie gerne schnell damit fertig sein. Sie kommt nach einiger Zeit zum Lehrer und zeigt ihre Aufgaben vor. „Das habe ich alles im Kopf gerechnet!“, sagt sie stolz. Jede zweite Minusaufgabe ist aber falsch. Der Lehrer zeigt ihr, dass da noch Fehler sind und fragt, ob sie mit dem Material gearbeitet habe. Sie verneint. Nun markiert er die Aufgaben, die noch einmal bearbeitet werden sollen – mit Hilfe des Anschauungsmaterials. Emma geht erneut an ihren Platz.

Als sie beim zweiten Mal kommt, um kontrollieren zu lassen, sind die meisten Aufgaben richtig, aber noch immer ist ein Fehler passiert. Der Lehrer nimmt das Material und lässt sie vorrechnen. Dabei stolpert sie über ihre oberflächliche Handhabung des Materials. Der Lehrer weist darauf hin, dass sie genauer zählen müsse. Plötzlich bemerkt sie ihren Fehler selbst. Nun formuliert der Lehrer zwei neue passende Aufgaben, bei der das Material genutzt werden muss. Emma soll nur diese Aufgaben lösen und dann zurückkommen …

Wie wird Emmas Leistungsbewertung aussehen, die auf dieser Beobachtung beruht?

Zunächst stellen sich viele Fragen: Ist Emma eventuell *unterfordert*, so dass sie oberflächlich arbeitet? Oder kann sie die Aufgaben eigentlich alle gut rechnen, auch im Kopf, aber sie hat immer die gleichen falsch eingeprägten Rechenfehler darin? Oder ist Emma eventuell *überfordert* und versucht nur ihre Unsicherheit durch Raten zu überspielen und ihre Fehler zu vertuschen?

In weiteren Unterrichtssituationen beobachtet der Lehrer ihre Lernstrategien und stellt ihr verschiedene Aufgaben, um zu prüfen, ob sie unter konzentrierten Arbeitsbedingungen die Fehler nicht macht. Er stößt dabei auf fehlerhafte Merkaufgaben, die sie sich seit einiger Zeit einzuprägen versucht hatte. Emma befindet sich offenbar in einem Suchvorgang. Für sie ist aber zugleich bedeutsam, dass der Lehrer glaubt, dass sie alles könne. Lernt ihre Mutter mit ihr zu Hause regelmäßig und verlangt in Abfragemethode die mathematischen Grundlagen auswendig zu lernen? Steckt hinter ihren Fehlern eine irrtümliche Haltung zum mathematischen Lernen?

In einem Gespräch mit der Mutter und dem Kind können einige Rätsel gelöst werden. Am Ende des Gesprächs fühlt sich Emma verstanden und die Mutter erahnt, dass es in der Mathematik nicht in erster Linie um das Auswendiglernen geht. Alle gehen mit neuer Zuversicht heraus. Am nächsten Tag soll daran angeknüpft werden.

Im Lernentwicklungsbericht kann dieser spannende Lernvorgang beschrieben werden. Es ist nicht ausreichend, hier davon zu sprechen, dass Emma schon einige Aufgaben richtig rechnen kann. Vielmehr thematisiert das „Zeugnis" nun auch diese irrtümliche mathematische Strategie des Auswendiglernens, ohne dass der Lerngegenstand in dieser frühen Lernphase wirklich durchdrungen wäre. Die Geduld, die beim Lernen erforderlich ist, wird zum zentralen Punkt. Sowohl die Mutter als auch Emma fühlen sich gut verstanden, wenn sie dieses Phänomen im Lernentwicklungsbericht lesen und im Nachhinein den Lernprozess noch einmal rückblickend bedenken.

Stark heterogene Klassen stellen mache Lehrkraft vor das Problem, wie sie die individuellen Leistungen der Einzelnen bewerten können. Sie wollen einerseits die Lernentwicklung jedes einzelnen Schülers würdigen, andererseits wollen sie „vergleichbare" Bewertungen vornehmen, um „gerecht" zu sein. Lehrer *unterlassen* in machen Testsituationen bewusst jede *Hilfeleistung* an ihrem eigenen (!) Schüler, um „objektiv" und „gerecht" beurteilen zu können. So entsteht die Paradoxie, dass sie zwar den Auftrag haben, bei allen Schülern Lernfortschritte zu erzielen, manchen aber zugleich in bestimmten Situationen nicht zum Erfolg verhelfen.

Eine „Normalverteilungskurve" der Ziffernnoten wollen einige Lehrkräfte in ihrer Klasse anstreben. Schulanfänger, die das Schulsystem noch nicht kennen, verstehen diese Haltung nicht. Sie sind befremdet und verunsichert. Sie können das Lehrerverhalten in der Regel noch nicht kritisch hinterfragen und geraten daher in für sie beängstigende Selbstzweifel. Wenn in solchen Testsituationen die Unterstützung von einem Lehrer versagt wird, dessen solidarischer Hilfe sich eigentlich die Kinder sicher sein sollten, dann sinkt der Selbstwert des Kindes. Deshalb fragen sich viele Lehrkräfte:

Gebe ich als Lehrer *jedem* Schüler die Möglichkeit, zu Erfolgen zu kommen? Lasse ich ihn *mitbestimmen* bei der Auswahl der Inhalte? *Entscheidet* er selbst, was und wieviel er an einem Thema arbeitet? Spürt der Schüler, dass seine Arbeitsergebnisse gebraucht werden? Findet er *Anerkennung* dafür?

Selbst in Schulen des gemeinsamen Lernens (Grundschulen, Gesamtschulen u. a.) fühlen sich viele Lehrkräfte nicht wohl bei der Notenbewertung. Die Noten berechtigen zu bestimmten Schulabschlüssen, die anderen dadurch versagt werden. Die Zuordnung zu einem erweiterten Anforderungsniveau vermittelt schon in jungen Jahren Chancen, die andere nicht haben. Diese „schwächeren" Schüler bekommen das Etikett „Hauptschulniveau" und werden von den Pädagogen aufgebaut und ermutigt. Sie haben zwar später noch z. B. durch Berufskollegs die Chance zu einem neuen Anlauf, aber im Vergleich zu den anderen empfinden sie ihr Schicksal eher als belastend. Denn der Widerspruch der Schule ist nicht aufgehoben: Sie ermutigt und selektiert zugleich. Sie vermittelt Zugangsberechtigungen.

Wie gehen wir damit um?

„Prozesse auf der Beziehungsebene und auf der didaktischen Ebene sind unterrichtlich aufs Engste miteinander verflochten" (Prengel 2014, S. 68). Sowohl die Auswahl der Lerninhalte, die Zugänge zu ihnen als auch die Bewertung von Lernprozessen bei den Schülerinnen und Schülern betrifft die Lernenden unmittelbar. Die pädagogische Beziehung zwischen Lehrpersonen und Schülern ist nicht unabhängig davon.

Wie Erfahrungen aus dem Unterricht mit heterogenen Klassen zeigen, braucht jeder Schüler die Freiheit, seinen ihm eigenen entwicklungslogischen Zugang zu gehen. Jeder kann sich selbst Themen wählen und ihn interessierende Themen bearbeiten. Alle sind darauf angewiesen, als Person (auch ohne Leistungserbringung) von anderen respektiert zu werden.

Die Schule hat die *Pflicht*, die „stofflichen Hürden", die „kritischen Stellen" des Lerngegenstands gezielt und intensiv zu bearbeiten, so dass *alle* Schülerinnen und Schüler die Basisfähigkeiten wirklich erwerben, um *am gesellschaftlichen Leben erfolgreich teilhaben zu können*. Das wäre ein barrierefreier Unterricht: Die grundlegenden „Kompetenzen" oder „Schlüsselqualifikationen" sind ohne Ausnahme jedem Kind zu vermitteln.

Selbst dann, wenn man der Schule noch immer die (historisch gewachsene) gesellschaftliche Auslesefunktion zuschreibt, dürften die erwähnten Schlüsselqualifikationen – wie das Verstehen des Zahlbegriffs – niemals Gegenstand von Selektion (vgl. Meyerhöfer 2011, S. 418 ff) sein. Sie dürften nirgends erfolglos unterrichtet werden. Alle „zentralen Elemente von Qualifizierung und Integration" – z. B. die stofflichen Hürden aller Lernfelder und die grundlegenden sozialen Fähigkeiten – sind „aus dem Selektionsprozess herauszunehmen" (Meyerhöfer 2011, S. 419). In der Schule dürfte es gar nicht möglich sein, dass ein Schüler in den Bereichen Mathematik, Lesen und Schreiben die Kernelemente – gemäß seiner Möglichkeiten – nicht lernt. Ein „kompetenzorientierter" Unterricht könnte erst dann so benannt werden, wenn er sich an den individuellen Kompetenzen jedes Kindes „entwicklungslogisch" (Feuser 2011) orientieren würde.

Menschen, die im Jugendalter als Analphabeten entdeckt werden und kaum grundlegende Kenntnisse in der Mathematik aufweisen – was nicht selten geschieht –, haben einen Unterricht bekommen, der nicht barrierefrei war.

Dies entspricht einem Notfall und erste Hilfe ist erforderlich. Diese jugendlichen Analphabeten oder „Rechenschwachen" müssen umgehend in die „Notfall-Station". Die im Lerngegenstand selbst liegenden „stofflichen Hürden" müssen bearbeitet werden, um entwicklungslogische Lernprozesse (vgl. Feuser 2011) einzuleiten. Alle anderen schulischen „Unterrichtsinhalte" und „Kompetenzerwartungen" müssen – im Gegensatz zu den vermeintlichen Vorschriften – für diese Schüler *vorerst zweitrangig* sein. Notfall hat Vorrang – das kennen wir aus der Notfallaufnahme in der Klinik. Leider aber nicht im deutschen Schulwesen:

„Die Institution unterwirft zweifellos alle Schüler der Auslese. Will sie auch für alle Verständnis herstellen? Offenbar nicht: Nach der Klassenarbeit erfolgt ja gerade *nicht* die Herstellung von Verständnis bei jenen Schülern, die gescheitert sind. Es liegt also ein Primat der Auslese vor dem Verstehen vor. Die Institution fühlt sich nicht dafür verantwortlich, dass jeder die Inhalte versteht, sondern dass jedem die Inhalte präsentiert werden" (Meyerhöfer 2011, S. 418).

Die absurde Aussonderungslogik („Der Schüler gehört hier nicht hin, weil er etwas noch nicht verstanden hat") verletzt die Würde und fordert zum Ungehorsam der verantwortlichen Lehrkraft auf (vgl. Singer 1998, 2003; Stähling/Wenders 2009).

So könnten z. B. anstelle von ausleseorientierten Zensuren Leistungsbeschreibungen im Zeugnis auftauchen, begleitet von intensiver Schüler-Elternberatung. Die Aufgabe der Schulleitung ist, den Lehrerinnen und Lehrern dabei den Rücken frei zu halten, sie zu ermutigen, auch abseits von vermeintlichen Lehrplanvorgaben dem Kind gerecht zu werden, falls es mehr Zeit, Begleitung und Zuwendung brauchen sollte.

Annedore Prengel (2012) fasst aus der Perspektive der Menschenrechte und der Demokratie die Anforderungen an einen „Bildungskanon“ in drei Punkten zusammen:

- Er ist für *alle* gültig
- Er bietet für jeden *Freiräume* für eigene Themen und Arbeitsweisen
- Er unterstützt die „solidarische *wechselseitige Anerkennung* der heterogenen Adressaten von Bildung“ (S. 158).

Prengel schlägt vor, die verpflichtenden Inhalte (Kulturtechniken) **stufenförmig aufzufächern**. Jeder Schüler findet **auf allen Kompetenzstufen passende Einstiege**. Schüler verlieren dabei die Mindestanforderungen für die angestrebten Schulabschlüsse nicht aus dem Auge. Lehrkräfte beraten Schüler und Eltern, welche Konsequenzen zu ziehen sind.

Eine „Konzeption individualisierungsfähiger Bildungsstandards“ (Prengel 2014, S. 69) ist zu realisieren, wenn die wesentlichen Kerncurricula in Stufen aufgefächert sind. Dazu dienen „systematisch aufgebaute Lernmaterialien für die Hand der Kinder“ und „**Kompetenzraster**“ (vgl. Prengel 2014, S. 69). Um diese systematisch aufgebauten Materialien und Raster zu erstellen, sind allerdings sehr viele Erfahrungen nötig, wie Schülerinnen und Schüler mit den Lerngegenständen umgehen und sie verstehen. So können z. B. Studien zum Schriftspracherwerb hierbei den Praktikern Unterstützung und Orientierung geben. „Kompetenzraster“ sind keine alters- oder klassenstufenbezogenen Lehrpläne mit Mindeststandards. Sie können vielmehr die Leistungsanforderungen so formulieren, dass jeder Schüler die für sein Leistungsniveau passenden Aufgaben (mit Unterstützung) finden und erfolgreich bearbeiten kann.

In der Max Brauer Schule Hamburg nutzen Schüler **Checklisten**, in denen konkret aufgeführt wird, mit welchem Arbeitsmaterial und welchen Aufgabenstellungen (Buch, Arbeitsblatt u. a.) sie bestimmte Teilaufgaben trainieren können, um z. B. Dezimal- und Buchzahlen vergleichen zu lernen (vgl. Reich 2014, S. 275 f.).

Drei wichtige Fragen beschäftigen dabei die Schüler: „Was habe ich schon geschafft?“, „Wo stehe ich?“ und „Was sind meine nächsten Schritte?“ Entwicklungspsychologisch und fachmethodisch fundierte „**Kompetenzraster**“, die für einzelne Fächer bereits existieren (vgl. z. B. Institut Beatenberg in der Schweiz), können in der Schulpraxis behilflich sein. Sie zeigen Schülern, Eltern und Lehrkräften den individuellen „Lernweg“ wie auf einer Landkarte. Dort könnten die „stofflichen Hürden“ und wesentlichen Lerninhalte, die z. B. im mathematischen Lernprozess unumgänglich sind, aufgeführt sein. Manche Stationen auf dem

Lernweg, die zu den Kompetenzen führen sollen, werden von einigen Schülern nur erreicht, wenn die Lernwege in sehr kleine Abschnitte unterteilt sind. Diese Schüler brauchen länger, um eine Kompetenz zu erzielen. Sie haben das Recht dazu.

Für den Lernfortschritt ist es immer wichtig, dass die Anforderungen kontinuierlich wachsen und *passend* an den Lernvoraussetzungen anknüpfen. Wenn die pädagogische Beziehung von Ermutigung (vgl. Fuest 2014 a) und solidarischer Begleitung (vgl. Prengel 2013) geprägt ist, können Schüler in der Regel lernen. Wechselt jedoch die Bezugsperson häufig, so fehlen die beständige Auseinandersetzung an den Herausforderungen, „challenging learning intentions“ (Hattie 2009, S. 246) und die für die Lernentwicklung nötigen ausgesuchten und passgenauen Aufgaben. Hattie (2013) fordert daher die *Koordinierung* der pädagogischen Arbeit im *Klassenteam*:

„Die größte Herausforderung bei der weiteren Verbesserung der Schülerleistungen ist die Notwendigkeit für Lehrpersonen, eine gemeinsame Konzeption von Fortschritt zu entwickeln. Wenn Lernende von einer zur nächsten Person wechseln, dann gibt es keine Garantie, dass sie zunehmend anspruchsvollere Aufgaben erhalten, dass sie eine Lehrperson mit ähnlichen (und hoffentlich) hohen Erwartungen darüber bekommen, wie man im Curriculum voranschreitet, oder dass sie mit einer Lehrperson arbeiten werden, die mit der Wachstumskurve dort ansetzt, wo sie tatsächlich stehen und nicht dort, wo die Lehrperson meint, dass sie zu Beginn des Schuljahrs stehen sollten“ (S. 153).

Die Leistungsfeststellung und –rückmeldung, sowie die Bewertung von Entwicklungsergebnissen muss dem pädagogischen Auftrag dienen. Es ist sinnvoll, dass die Lehrkraft den Lernenden mit seinem individuellen Beitrag, seinem individuellen „Präkonzept“ und seiner „Zugangsweise“ ernst nimmt. Dies ist möglich, wenn seine sozialen, emotionalen und kognitiven *Lernvoraussetzungen*, sein Vorwissen und seine vorhandenen Vorstellungen berücksichtigt werden. Lehrkräfte stellen die *entwicklungsabhängige Lernausgangslage* des Einzelnen fest – teils durch Testinstrumente und Messungen – und beachten sie bei der Auswahl der nächsten „angemessenen“ Schritte.

Das praxiserprobte „Grundmodell der rückgekoppelten Einheit von Diagnose und Förderung“ (vgl. Schuck 2014, S. 165) gibt Orientierung für eine Einschätzung von Entwicklungsergebnissen: „Danach gelten diagnostische Schlussfolgerungen so lange als ‘wahr’, wie sich die daraus gezogenen Konsequenzen in der nachfolgenden Förderung bewähren. Der eventuell ausbleibende Erfolg der zielorientierten Förderung stellt damit die Qualität der Förderung genauso wie die diagnostischen Ergebnisse in Frage und verweist auf einen notwendigen weiteren diagnostischen Erkenntnisprozess über die Ausgangslage, die Ziele der Förderung, die notwenigen Fördermaßnahmen und die Qualität der bisherigen Fördermaßnahmen“ (Schuck 2014, S. 165).

Wenn durch Testverfahren alle Schüler einer Klasse mehrmals jährlich auf ihren Leistungsstand hin überprüft werden, wie z. B. beim Verfahren „**Response to Intervention**“ (RTI, vgl. Reich 2014, S. 284 ff.), verspricht man sich, Entwicklungsprobleme zu erkennen und frühzeitig durch geeignete Förderung gegensteuern zu können. Diese Tests orientieren sich an bestimmten Leistungsstandards, die eine Vergleichbarkeit herstellen sollen. Solche Testverfahren können in der Unterrichtspraxis die Beobachtungen des multiprofessionellen Teams *ergänzen*, aber nicht ersetzen.

Näher an den Bedürfnissen der Schüler bleiben jedoch die Lehrkräfte, wenn sie täglich in der Beziehung zu den Schülern stehen und die individuellen, entwicklungslogischen Zugänge jedes Einzelnen beobachten und **unmittelbar** reagieren können. Die beschriebene Fehlerkultur in einer erfolgs- und lösungsorientierten Atmosphäre einer heterogenen Klasse bietet eine Grundlage für unmittelbare Unterstützung im Unterricht.

Besonders ein **multiprofessionelles** Team mit vielfältigen (berufs-)spezifischen Sichtweisen auf jedes Kind kann den Schülern bei der Leistungsbewertung gerecht werden. Kritische Situationen und stoffliche Hürden können aus verschiedenen Perspektiven angemessen beobachtet werden. Auf dieser Grundlage können die Teammitglieder Hilfen abstimmen und passgenau und individuell begründet ansetzen. Fehlentscheidungen sind weniger wahrscheinlich als bei Lehrern, die als „Einzelkämpfer“ ihre subjektiven Bewertungen vornehmen und daraufhin über Fördermaßnahmen bestimmen können.

In den Klassenteams in Berg Fidel werden Textzeugnisse und Bewertungen immer gemeinsam verfasst. Die Tischvorlage dazu erarbeitet die Klassenlehrerin, die anderen Teammitglieder ergänzen oder machen Veränderungsvorschläge.

Gute Lehrer wissen, dass der Lernende entsprechend seiner Entwicklungsstufe die neuen Informationen mit bereits vorhandenem Wissen in Beziehung bringen muss, um die „stofflichen Hürden“ bearbeiten und den Lerngegenstand aufnehmen und verstehen zu können. Das Wissen der Lehrkräfte z. B. über kognitive Entwicklungsstufen (nach Piaget), über die Art und Weise, wie die Schüler denken, ist bedeutsam für die Lernleistungen der Schüler (vgl. Hattie 2013, S. 52).

Um erfolgreich arbeiten zu können, ist es auch hilfreich, wenn mehrere Schüler die Lehrkräfte unterstützen und als „kleine Lehrer“ bestimmte Aufgaben übernehmen können. Das Klassenteam sollte seinen Einsatz effizient planen, um gezielt und frühzeitig die Schüler bei der Überwindung der entsprechenden stofflichen Hürden (besonders in Deutsch und Mathematik) zu unterstützen.

In einer Schulklasse, in der sich das Pädagogenteam in dieser Weise den Schülern zuwendet, wird sich *selbstständiges* Lernen entwickeln. Ein Lernender, der sich zuverlässig auf dem Weg zum Verstehen befindet, wird seinen Lerngegenstand aus eigenem Antrieb selbst ergründen und erfassen wollen. Er wird selbst regulieren wollen, wie er weiter lernt. Aber er ist nicht isoliert und ohne Bezug zur Lerngruppe, sondern braucht weiterhin die *Lernberatung*. Dies kann im Rahmen von freier Arbeit oder Projektarbeit geschehen.

Bei diesen Arbeitsformen wird es zur Bewältigung der einzelnen Lernschritte sinnvoll sein, dass Schüler zur Selbstreflexion eine Art „Navigator", ein *Logbuch oder Lerntagebuch* verwenden, mit dem sie sich selbst und *in Beratungen mit den Lehrkräften* über ihre Lernfortschritte bewusst werden und zum Teil sogar ihre eigenen Lernprozesse planen.

Auch für die Unterrichtsorganisation ist es effektiv, dass der Schüler bestimmte *meta-kognitive Lernstrategien* verwendet, die ihn selbstständiger lernen lassen. Hattie (2013) verweist auf folgende für die Lernleistung sehr effiziente *Strategien*, die besonders in enger solidarischer Beziehung zu Mitschülern und Lehrkräften wirken (vgl. S. 223 ff):

- Schüler regulieren ihre Arbeit selbst durch z. B. Belohnungen und verschieben angenehme Ereignisse auf die Zeit nach getaner Arbeit (z. B. Spiel-Pausen).
- Schüler setzen sich selbst einen individuellen Lehrplan, der Ziele, Zeitaufwand und Zeiteinteilung (z. B. feste Lernzeiten) berücksichtigt.
- Schüler machen Notizen.
- Schüler sehen sich die eigenen Aufzeichnungen an und gehen sie noch einmal durch.
- Schüler suchen sich Hilfe bei anderen oder bei der Lehrperson.
- Schüler führen Selbstkontrolle durch, bevor sie die Arbeit zur Fremdkontrolle abgeben.
- Schüler halten ihre eigenen Lernerfolge fest und überwachen ihren eigenen Lernprozess.

Indem der Lernende in einer Interaktion über den Lerngegenstand steht – das kann für ihn auch ein sozialer oder emotionaler Lerngegenstand sein –, dient der Lerngegenstand seiner Entwicklung, seiner Emanzipation und seiner fortschreitenden „Kontrolle der Realität".

Ein geeignetes *Feedback* richtet sich genau auf die verschiedenen Ebenen der Aufgaben, der Prozesse und der Regulierung – aber nicht auf die Person des Lernenden – und gilt als einer der stärksten Einflussfaktoren auf den Lernerfolg (vgl. Hattie 2013, S. 206 ff).

Stellen wir die Beschreibung, Rückmeldung und Bewertung von Entwicklungsergebnissen in diesen pädagogischen Zusammenhang, dann kann es keinen Sinn machen, die *Leistungsbewertung* an der Sozialnorm zu orientieren und Noten zu geben. Auch die Kategorisierung von Schülern mit sonderpädagogischem Unterstützungsbedarf nach Schulformen in „zielgleich" oder „zieldifferent" zu Unterrichtende und zu Bewertende gilt als verfehlt (vgl. Schuck 2014, S. 168, 170).

Annedore Prengel (2014) betont: „Jedes Kind ist auf seiner Stufe kompetent" (S. 67 f) und fordert dafür „eine sorgfältige Analyse im Grenzbereich dessen, was ein Kind kann und was es noch nicht kann, die einer diagnostisch-didaktischen Form von Anerkennung entspricht" (S. 68).

Somit ist ein Bewertungsmodell zu entwickeln, das sowohl die Struktur des Lerngegenstandes als auch die Entwicklungslogik der Schüler berücksichtigt. Dazu ist es nötig, dass der Lerngegenstand in seiner Komplexität und Struktur erfasst wird. Ebenso müssen Lehrer wissen, wie sich verschiedene Lernende individuell diese Komplexität und Struktur aneignen. Der Bewertungsmaßstab bezieht sich dann nicht unmittelbar auf die konkrete Klasse, sondern stellt eine außerindividuelle Messlatte dar:

Bei der Leistungsbewertung wird dann rückgemeldet, „wie weit eine Schülerin oder ein Schüler auf einer Stufenleiter des Curriculums (im lernzielorientierten Ansatz) oder auf den Stufen der Rekonstruktion der Differenzierung des Lerngegenstandes (im entwicklungsorientierten Ansatz) vorgedrungen ist" (Schuck 2014, S. 169).

Grundsätzlich ist zu fragen, wie sich der Aufwand regelmäßiger Lernstandsüberprüfungen reduzieren lässt. Lernentwicklungsberichte erweisen sich dann als nützlich, wenn sie der Rückkoppelung dienen, also konkret die individuell vereinbarten Lernziele mit den erreichten Zielen vergleichen. Die Qualität von „Diagnose" und „Förderung" steht auch bei regelmäßigen Eltern-Schüler-Lehrer-Sprechstunden auf dem Prüfstand.

Mögliche pädagogische Leitsätze für das Team:

> *„Alle Lernenden haben ein Anrecht auf eine steile Lernkurve, egal, von wo sie anfangen" (Hattie 2013, S. 148).*
>
> „Seien Sie bereit, sich überraschen zu lassen" (vgl. Hattie 2013, S. 148) von den *unerwarteten* Lernleistungen der Schüler!

3.4 Fazit

Der inklusive Anspruch, *alle* Schüler ohne Ausnahme zum Erfolg zu führen, fordert die Lehrkräfte heraus, die möglichst effektivsten (d.h. entwicklungslogischen, vgl. Feuser 2011) Wege zu suchen. Das erfordert den Glauben an die Lernfähigkeit jedes Kindes. Wenn sich feste Pädagogenteams dazu entschließen, keinen Schüler aufzugeben und *allen* das Denken („stummes Zwiegespräch" nach Sokrates) zu lehren, können wir mit einem Lernzuwachs für *alle* Schüler rechnen.

Es lässt sich in der Praxis zeigen, dass „inklusiver Unterricht" das Potential hat, zu höheren Schülerleistungen zu führen.

Weil wir grundsätzlich keinen Schüler ausschließen, rechnen wir in einer inklusiven Klasse mit einer maximalen Heterogenität. Eine bunt gemischte Klasse bietet viele herausfordernde Situationen. Manche Lernende bringen Lehrkräfte an ihre Grenze, weil sie nicht so selbstverständlich fortschreiten wie andere Schüler. Der Unterricht führte sie offenkundig nicht zu Erfolgen. Dies zu erkennen, ist wichtige Aufgabe für Lehrkräfte. Im *Team* gelingt dies einfacher.

„Auffälliges" Verhalten oder Lernbarrieren können mit den durchschnittlichen Methoden des Unterrichtens nicht zweckmäßig überwunden werden. Wenn herausfordernde Schüler in der Klasse sind, dann brauchen Lehrkräfte neue und andere Wege. Wir haben die Erfahrung gemacht, dass es keine Patentrezepte gibt, welche Methoden tauglich sind. Sie müssen gesucht werden. Das *feste Klassenteam* wird probieren müssen, was gut funktioniert. Es wird ständig evaluieren, ob Teilziele erreicht worden sind und – falls nicht – sich fragen, welchen anderen Weg man nun versuchen sollte. Dabei werden sich die Erwachsenen absprechen und geschlossen vorgehen müssen. Ständig wird man versuchen, sich in den Lernenden einzufühlen, um aus seiner Sicht herauszufinden, was hilft. Dies hat die höchsten Effekte auf die Lernleistungen. Auf das Feedback jedes Schülers ist man dabei angewiesen. Hattie (2013) betont, dass eine solche **innovative** – und wir können hier sagen „inklusive" – Unterrichtsarbeit die „gesteigerte Aufmerksamkeit bezüglich der Effekte" (S. 296) zur Folge hat. Dies führt zu höherer Schülerleistung.

Wie unterrichten wir stark heterogene Klassen?

Im sozialen Brennpunk Berg Fidel versuchen wir folgende Wege und koordinieren sie im Team:

1. Freie Arbeitsphasen, in denen viele Kinder sich zur gleichen Zeit mit ähnlichen Aufgabengebieten auseinander setzen (z. B. die freie Arbeit beginnt jeden Morgen für alle mit Mathematik). Dabei können sie sich gegenseitig helfen und stellen so die Lehrerin frei für Einzelne oder Kleingruppen. Die Lehrerin gewinnt Zeit, sich um einzelne Schüler zu kümmern.
2. Kinder lernen durch Lehren, indem sie sich mit einem Thema so beschäftigen, dass sie es anderen vermitteln können.
3. Wir nutzen die vielfältigen Perspektiven der Kinder auf den Lerngegenstand, um ihn tiefer zu durchdringen und besser zu verstehen.
4. Wir geben den Kindern Halt und transparente Strukturen, Zeitpläne und Regeln.
5. Wir unterstützen die Kinder und arbeiten mit ihnen zusammen an den „stoffliche Hürden“ oder „kritischen Stellen“ beim Erwerb der Kulturtechniken. Jedes Kind hat dabei den Anspruch auf eine steile Lernkurve.
6. Wir sorgen dafür, dass sich Kinder auf ihre individuelle Weise und entwicklungslogisch die Lerngegenstände aneignen und dabei weder über- noch unterfordert werden.
7. Kinder erleben, dass sie mit Handlungen Lerngegenstände aktiv be-greifen können.
8. Lernstandserhebungen dienen den Kindern. Wir verschaffen ihnen dabei Erfolgserlebnisse. Irrtümer, Fehler, aber auch Misserfolge und „Rückfälle“ sind normal und werden gemeinsam mit dem einzelnen Kind oder in der Lerngruppe konstruktiv bearbeitet.
9. Kinder lösen ihre Probleme im Klassenrat mit unserer Hilfe in der Klasse selbst.
10. Wir führen Projekte durch, bei denen die Kinder die „nützliche Erfahrung machen, nützlich zu sein“ und Verantwortung übernehmen.
11. Wir solidarisieren uns mit den Kindern und setzen uns konkret für deren Belange ein (z. B. Gesundheit, Pünktlichkeit, häusliche Unterstützung von Flüchtlingen).

Die Tätigkeit des Lernens könnten wir zusammenfassend definieren als einen aktiven, hypothesenprüfenden Aneignungs- und Forschungs-Vorgang der individuellen Sinn- und Wissenskonstruktion, der Fremdperspektiven zu berücksichtigen versucht und somit die Veränderbarkeit des Gegenstands sichtbar werden lässt.

3.5 Wie kann sich ein Klassenteam Handwerkszeug für den Unterricht erarbeiten?

„Ein Erzieher, der mit der süßen Illusion an die Arbeit geht, er trete in eine Miniaturwelt reiner, empfindsamer und offenherziger kleiner Seelchen ein, deren Gunst und Vertrauen ganz einfach zu gewinnen seinen – wird rasch desillusioniert. Und anstatt denen zu zürnen, die ihn irregeführt haben, oder sich selbst, weil er daran geglaubt hatte – wird er den Kindern grollen, weil sie seinen Glauben enttäuscht haben. Aber sind sie denn schuld daran, dass dir die verlockenden Seiten der Arbeit gezeigt, die dornenvollen aber unterschlagen wurden?“

Janusz Korczak: Wie liebt man ein Kind? (1920, SW Bd. 4, S. 193f)

Unsere Überlegungen zum Lernen der Schüler in stark heterogenen Klassen kann ein Team vielfältig nutzen. *Videomitschnitte des eigenen Unterrichts* können hilfreich bei der Analyse sein. Dies ist heute durch Handys einfacher geworden. Besondere Problemfelder der pädagogischen Arbeit stehen im Mittelpunkt. Nützlich ist z. B. die genaue Video-Beobachtung einer Lernsituation, in der ein Kind ein „außergewöhnliches“ Verhalten zeigt.

Dieses Video kann auf der Teamsitzung ausgewertet werden. In der anschließenden Reflexion gewinnen wir den Abstand und schauen aus einem *fremden* Blickwinkel auf das Geschehen und möglicherweise auf den eigenen Unterricht.

In der Nachbesprechung des Videos sind verschiedene Spielarten denkbar, z. B.

- Zuerst spricht das Teammitglied, das ein Problem besprechen möchte (Protagonist).
- Anschließend äußern sich die anderen Teammitglieder der Reihe nach aus ihrer eigenen Perspektive zu dem Problem und der Protagonist hört nur zu.
- Im nächsten Schritt werden Rollen getauscht und jeder nimmt eine andere Perspektive ein: z. B. versetzt sich jeder in die Position des Schülers, seiner Mitschüler, der Eltern, des Fachlehrers, des Sozialarbeiters.
- Am Ende sucht das Team nach Lösungen und Alternativen.

Gruppendynamische Verfahren zur multiprofessionellen Teamarbeit gehören in die regelmäßige Supervisionssitzung unter fachlicher Anleitung. Eine eingespielte Teamgruppe kann sie auch teilweise ohne Supervisor selbstständig erproben. Geeignete Übungen sind bei Elmar Philipp (2014) zusammengestellt.

Eine neuartige Perspektive auf ein Problemfeld kann auch erzeugt werden z. B. durch die Auseinandersetzung

- mit der empirischen Forschung von John Hattie (2013),
- mit den philosophischen Überlegungen zum Denken von Hannah Arendt (1906–1975) oder von einem Künstler wie Bertolt Brecht (1898–1956),
- mit dem als *„handelnd"* und *„kommunikativ"* definierten Unterricht nach Astrid Kaiser (vgl. 2014, S. 4 ff)
- mit zentralen fachdidaktischen Inhaltsbereichen („stofflichen Hürden"), besonders in Mathematik und Sprache und mit entsprechenden fachmethodischen Fragen.

Wir konzentrieren uns auf das Ziel, die *Lernprozesse der Schüler in der heterogenen Lerngruppe zu optimieren*. Die große Bedeutung der Klassenführung, der Koordination und der Kontinuität des festen Teams haben wir im Teil I und II dieses Buches dargestellt.

Den didaktisch-methodischen „Werkzeugkoffer" dieses Teils III kann ein Team auf verschiedene Weise nutzen:

- Es ist denkbar, dass die Überlegungen zum Unterricht in stark heterogenen Klassen von allen Teammitgliedern gelesen und im Rahmen eines *Fortbildungstages* klassenteamintern ausgewertet werden. Ausgewählte Video-Mitschnitte aus der eigenen oder aus anderen Klassen können der Analyse und Anschauung dienen. Einzelne pädagogische Mitarbeiter zeigen im Video beispielhaft Problemsituationen im Unterricht und Lernsituationen bestimmter Schüler. Dabei könnte ein externer Fortbildungs-Moderator oder Supervisor in Kooperation mit der Klassenlehrerin den Teamtag vorbereiten und strukturieren.
- Es mag auch sinnvoll sein, einzelne Abschnitte über mehrere Wochen hinweg zu bearbeiten und in den *Klassen-Teamsitzungen* dafür jeweils ca. 30 Minuten zu reservieren. Ein Teammitglied bereitet beispielhaft die jeweilige Thematik und Problemstellung vor, indem es einen Video-Unterrichtsmitschnitt präsentiert oder eine Tischvorlage erarbeitet und anschließend zur Diskussion stellt.
- Ebenso zweckmäßig kann sein, dass sich ein Klassenteam auf eine spezielle Aufgabe konzentriert, wie z. B. die Konzeption des Mathematikunterrichts oder die organisatorische Struktur der täglichen freien Arbeitsphase in der eigenen Klasse (vgl. Stähling/Wenders 2012, S. 16 ff). Dazu besuchen Mitglieder des Teams – möglichst auch zusammen – eine andere Klasse in der eigenen oder in einer fremden Schule. Die in der Unterrichtshospitation entstandenen Fragen und Ideen werden gemeinsam besprochen. Antworten auf

die eigene Fragestellung werden gesucht. Dabei können die positiven Erfahrungen anderer Lehrkräfte mit bestimmten Vorgehensweisen im Unterricht sehr stark anregend wirken.

- Schließlich plant das Team bestimmte Projekte. Unterrichtshospitationen, Unterrichtsvideos aus fremden Klassen oder aus der eigenen Klasse können die Vorhaben anschaulich in den Mittelpunkt stellen und dem Team die Konkretisierung erleichtern.
- Das Team kann sich gemeinsam in einem Lehrerverhaltenstraining mit der eigenen Haltung zu Schülern auseinander setzen. Das Feedback im geschützten Rahmen einer Supervision wird dabei ermutigend wirken. Micro-Teaching als Lehrerverhaltenstraining mit Rollenspielen und anschließender Analyse wirkt sich auf die Schülerleistung aus. Es gilt als hocheffektiv sowohl in der Lehrer*aus*- als auch in der Lehrer*fort*bildung (vgl. Hattie 2013, S. 134 ff; S. 143 f).

John Hattie (2013) fordert: „Seien Sie bereit, sich überraschen zu lassen" (S. 148) von den *unerwarteten* Lernleistungen der eigenen Schüler! Wenn ein Team sich diese Erkenntnisse erarbeitet, begibt es sich auf den Weg zur Inklusion und baut Ausgrenzung von „schwachen Schülern" ab. Lernen alle dann auch besser? Wie müssen die Bedingungen auf die Schüler abgestimmt sein, dass alle Erfolge haben? „Jedes Kind ist auf seiner Stufe kompetent" ist die Grundannahme (vgl. Prengel 2014, S. 67 ff).

Wir hoffen, dass unsere Darstellungen andere Klassenteams anregen, mit bunt gemischten Klassen so umzugehen, dass Lehrkräfte und Schüler gemeinsam täglich neu erleben, wie bereichernd die Vielfalt sein kann.

3.6 John Hatties Metaanalysen – ein Exkurs für neugierige Lehrkräfte

„Die Autoritäten mögen sich herablassen, über praktische Aufgaben zu reflektieren. Es muss der Zwang zum Schreiben existieren, als Zins der Erfahrung. Die Stille des Studierzimmers der Gelehrten sei dahin. Sie sollen Auge in Auge mit der Wahrheit, den Schwierigkeiten, dem Schrecken erzieherischer Arbeit konfrontiert werden."

Janusz Korczak: Die Kaste der Autoritäten (1927 SW Bd. 9, S. 264f)

Worauf achten wir, um optimale Lernergebnisse *für alle* in einer heterogenen Lerngruppe zu erzielen. Wir wissen aus der lernpsychologischen Forschung viel über die Bedingungen, unter denen ein Mensch lernt. Daraus leiteten sich die Lerngesetze des Verstehens, Wiederholens, Übens und des Behaltens ab. Sie sind vielfach empirisch erforscht und praktisch erprobt worden. Sie zu ignorieren in einer Schule, die die Aufgabe hat, die Menschen zum Denken zu führen, wäre verantwortungslos. Wir prüfen im Unterrichtsalltag immer wieder, ob wir für jeden Schüler die optimale Bedingung schaffen können, in der er den Unterrichtsgegenstand verstehen, erfassen und durch Vernetzung und Wiederholung behalten kann.

Der Lerngegenstand selbst gilt als ein didaktisch *reduzierter* Inhalt, aus der Perspektive der Lehrkraft *aufbereitet* angesichts einer vermuteten Lernausgangslage eines oder mehrerer Schülers. Dieser notwendigerweise reduzierte Lerninhalt, der eigentlich nur den *Blickwinkel der Lehrkraft* auf den Gegenstand wiedergibt, kommt nicht bei jedem Schüler auf gleiche Weise an. Vielmehr wird nur das verstanden, was der Einzelne von diesem aufbereiteten Lerngegenstand aufnehmen kann und will. Jeder Lerner entwickelt „individuelle Konzepte" oder eigene Perspektiven auf den Lerngegenstand (vgl. Reich 2008, 2010, 2014; für Mathematik: Wittmann 2010), die mehr oder weniger vom üblichen Verständnis der zu lernenden Begriffe abweichen können. Der Lerninhalt im Kopf des Kindes kann ein reines Phantasieprodukt („Konstrukt") sein. Ein Lernender kann etwas so verstehen, wie es eigentlich von der Lehrperson nicht gemeint war. Im Konzept des *„kommunikativen"* Unterrichts werden mehrere verschiedene Sichtweisen ernst genommen und verstanden (vgl. Kaiser 2014, S. 4 ff). Wenn die Gruppe schließlich *„ein-verstanden"* ist, haben alle dazu gelernt. Wie lernt ein Schüler, einen Lerngegenstand tiefer zu durchdringen? Welche Faktoren spielen eine Rolle beim tieferen Durchdenken und Verstehen einer Sache?

Der „Lernzuwachs" hängt auch von vielen äußeren Faktoren ab: Wie groß ist die Gruppe? Wie alt sind die Schüler? Welchen Hintergrund, welche Hypothesen und Konzepte und welche Vorerfahrungen bringen sie mit? Welche Regeln des Zusammenlernens sind sie gewohnt? Können die Lehrpersonen ein gutes Klassenklima aufbauen? Wie viele Lehrerinnen und Lehrer arbeiten in der Klasse mit am gleichen Ziel? Gibt es ein festes Team und eine regelmäßige Teamsitzung? Ist die Teamarbeit effektiv koordiniert? Wie viele Räume stehen zur Verfügung? Wie viel Zeit können wir uns für die Erreichung des Zieles lassen?

Der neuseeländische Erziehungswissenschaftler John Hattie hat mit seiner *Metaanalyse* von etwa 800 Metaanalysen über Einflussfaktoren und Effektstärken beim Lernen den Stand der Forschung zusammengefasst. Er greift damit auf 50000 Studien mit ca. 250 Millionen Schülern zurück – zum Vergleich: PISA untersucht nur knapp 1 Million Schüler. Wegen seiner bedeutenden Metaanalysen ist Hattie für uns selbst im Schulalltag ein empirischer Filter, der unsere Arbeit in den Schulklassen kritisch prüft. Einige Verfechter des herkömmlichen Schulwesens haben Hattie häufiger missbräuchlich genutzt und behauptet, seine Analysen würden zeigen, dass es für den Lernerfolg der Schüler auf die Rahmenbedingungen nicht ankomme. Dies hat manche engagierten Pädagogen vor Ort entmutigt und dazu geführt, dass sie diese empirischen Studien nicht ernst nehmen können. Wie sich jedoch im Folgenden zeigen wird, verschaffen gerade diese größten Metaanalysen dem inklusiven Unterricht Rückenwind und ermutigen zu weiteren Schritten.

Aktiver, geführter Unterricht ist viel effektiver als *ungeführter, moderierender* Unterricht. Methoden wie *unstrukturiertes, entdeckendes Lernen* gelten hier als weniger effektiv. *Lehrerzentrierter* Unterricht dagegen bewirke ein hohes Maß an Lernen und Selbstregulierung aufseiten der Schülerinnen und Schüler (vgl. Hattie 2013, S. 286 f).

Wendet man diese Ergebnisse an auf die unterrichtsmethodischen Grundtypen, die Wocken (2013) in inklusiven Klassen beschreibt, so sind die Formen mit hoher Lehrersteuerung wie Lehrervortrag, Stillarbeit und Morgenkreis sowie Förderunterricht in Kleingruppen wirksam und bereiten gut auf Unterrichtsorganisationen vor, die eher von den Schülern selbst gesteuert sind wie Gruppenarbeit, Projektunterricht und Freien Arbeitsformen.

Unsere Praxiserfahrungen zeigen, dass Pädagogen, die **gut „lehrergesteuert“** unterrichten können, meist auch einen erfolgreichen, offenen Unterricht aufbauen können. Sie sind zielorientiert und ihr Interesse gilt dem Fortkommen der Schüler. Zu diesem Zweck arbeiten sie aktiv daran, dass Schüler sich zunehmend selbst zu steuern lernen.

Der Vorteil für die Unterrichtsorganisation liegt auf der Hand: Aktiv selbst lernende Schüler ermöglichen der Lehrerin, mehr Zeit für besonders interessierte oder für „schwächere" Schüler zu haben. Sie kann kleine Gruppen bei ihrem Arbeitsauftrag unterstützen oder einzelnen Schülern gezielte Materialien anbieten für das Lernen im eigenen Tempo. Sie kann sie ermutigen. Die seltene Gelegenheit, im Schulalltag Schülern einzeln etwas zu erklären, was sie noch nicht ganz verstanden hatten, bietet sich hier, weil andere sinnvoll alleine arbeiten können. Die Schüler wollen nach unserer Erfahrung diese klare Strukturierung, um sich selbst orientieren zu können.

Dabei spielt aber die pädagogische Beziehung eine zentrale Rolle. Annedore Prengels Studien (2013) machen deutlich, dass wir das Lernen der Schüler immer nur im Zusammenhang mit der **Beziehung** zwischen Lehrer und Schüler verstehen können. Sie muss genügend gut sein („**good enough**", Donald Winnicott 1896–1971), wobei „anerkannt wird, dass niemand es leisten könne, Kinder vollkommen 'richtig' anzuerkennen" (Prengel 2013, S. 11).

Wenn Schüler den Lehrpersonen zeigen können, wie sie vorankommen auf dem Weg zu ihrem Lernziel, dann wird solches **„Feedback" über die eigenen Lernlücken** den Lehrern die Möglichkeit geben, an diesen Lernschwierigkeiten anzusetzen und mit geeigneten Maßnahmen darauf zu reagieren (vgl. Hattie, 2013, S. 280).

Die Lehrkraft kann durch aufschließende Gespräche mit dem Schüler erfahren, wo das Lernproblem bei ihm liegt und welche Hürde zu bewältigen ist. Diese Gespräche steuert die Lehrkraft – aber eigentlich dreht sich alles nur darum, dass der Schüler lernt. Das können wir als „schülerorientiert" bezeichnen. Wie Schüler und Lehrkraft zusammen bestmöglich vorgehen können, ergeben die weiteren Entwicklungen in der Beziehung zwischen ihnen.

Dagegen sind „**unstrukturierte** Formen des offenen Unterrichts" weniger effektiv, besonders für lernschwache Schüler (vgl. Hillenbrand 2014). Heißt das etwa, dass sich reformpädagogische Schulen geirrt hätten? Nein, aber wenn ein offener Unterricht den Schülern keine Struktur bietet und die Schüler nicht da abholt, wo sie stehen, kann er tatsächlich nicht viel Lernzuwachs erbringen.

Ein Feedback an den Lehrer und eine ehrliche Evaluation sind hierbei bedeutsam. Die „providing formative evaluation by teachers" (Hattie 2013, S. 433), die „formative Evaluation des Unterrichts" (S. 215) hat einen sehr hohen Effekt auf das Lernen ($d = 0.90$).

Hattie fordert Lehrer auf,

1. das Lernen aus Sicht der Lernenden zu betrachten und

2. „dass man seine Vorstellung darüber, was es heißt, eine Lehrperson zu sein, ändert. Das an die Lehrperson gerichtete Feedback darüber, was Lernende leisten und was nicht, ist wirksamer als das Feedback, das sich an die Lernenden

richtet. (…) Denn es ist von entscheidender Bedeutung sicherzustellen, dass ‘Fehler’ nichts Schlimmes sind. Sie dienen als Ansatzpunkte für Verbesserungen des Lernverhaltens“ (S. 4 f).

Hier wird gerade ein wichtiges Merkmal von offenem, inklusivem Unterricht beschrieben: „Lehrpersonen gehören zu den wirkungsvollsten Einflüssen beim Lernen“ (Hattie 2013, S. 280).

Die von Hattie aufgezeigten starken Effekte auf das Lernen (wie z. B. „Feedback“ mit $d = 0.73$ oder „direkte Instruktion“ mit $d = 0.59$) werden zuweilen missverstanden als Belege gegen offene Unterrichtsmethoden. So erbringt z. B. „**Individualisierung**“ im Durchschnitt nicht deutlich mehr Lernleistung als „normaler Klassenunterricht“ (vgl. Hattie 2013, S. 234 ff; 31 f). Lehrer könnten meinen: „Wenn Individualisierung keine starken Effekte aufweist, dann brauche ich sie nicht zu praktizieren.“ Dies ist jedoch ein gravierender Fehlschluss.

In den Studien werden Klassen mit bzw. ohne Individualisierung verglichen. Die Ergebnisse zeigen, dass der hier „nur isoliert“ betrachtete Faktor „Individualisierung“ wenig erbringt.

Hattie-Analysen über bestimmte Einflussfaktoren auf die Schülerleistung basieren auf Mittelwertberechnungen. Vereinfacht lässt sich dieses wissenschaftsmethodische Vorgehen so darstellen: Zunächst mussten Klassen gefunden werden, in denen ein bestimmter Faktor (z. B. Individualisierung) zu beobachten ist. Wenn man Klassen mit und Klassen ohne diesen Faktor miteinander vergleicht, erkennt man in den empirischen Daten die Unterschiede.

Hier wird jedoch noch nicht die für die Schulpraxis wichtige Frage aufgeworfen, *unter welchen Unterrichtsbedingungen* dieser Faktor auftritt oder *wahrscheinlich auftreten wird*. Das Erfahrungswissen professionell handelnder Lehrerinnen und Lehrer bestätigt, dass z. B. der wichtige **Lernfaktor „Feedback“** überwiegend *nur in solchen Klassen auftreten* kann, wo gut *kooperierende Teams* arbeiten und *Zeit für Einzelunterricht* und starke *Zuwendung (Lehrer-Schüler-Beziehung* mit dem starken Effekt von $d = 0.72$) **im Rahmen z. B. freier Arbeitsphasen** „ermogelt“ werden kann. Hier spielen auch die Führung der Klasse ($d = 0.52$), die Beeinflussung des Verhaltes in der Klasse ($d = 0.80$) und die Reduzierung von Unterrichtsstörungen ($d = 0.34$) eine große Rolle (vgl. Hattie 2013; Stähling / Wenders 2012, S. 46 ff; Stähling 2006, 52 ff).

Nur ein **Bündel an Faktoren** macht es möglich, im Unterricht starke Lerneffekte zu erzielen. Verständlich in diesem Zusammenhang ist dann auch, dass „**Self-report grades**“ (S. 433), die „Selbsteinschätzung des eigenen Leistungsniveaus“ beim Schüler (S. 52 f), den höchsten Einflussfaktor darstellt ($d = 1.44$), vielleicht, weil diese Kompetenz allen am Lernprozess beteiligten Menschen hilft, die für die Schüler jeweils **passenden Lernwege zu finden**. Dass diese Selbsteinschätzung möglich ist, setzt aber eine *Halt gebende pädagogische Beziehung* (Prengel 2013, 2014) voraus.

Wolfgang Beywl und Klaus Zierer als Herausgeber der deutschen Ausgabe von Hattie (2013) betonen , dass es nicht auf die Einzelfaktoren (wie Individualisierung mit $d = 0.23$, Teamteaching mit $d = 0.19$, jahrgangsübergreifende Klassen mit $d = 0.04$) ankommt, sondern dass solche Faktoren es erst möglich machen können, dass die für das Lernen entscheidenden Wirkfaktoren (mit hohen Effektstärken auf die Lernleistung) zur Geltung kommen.

Die Gefahr einer oberflächlichen Interpretation der Hattie-Studie wird hier deutlich.

Hilbert Meyer (2014) analysiert die Daten in anderer Weise und unterscheidet – ähnlich wie Hans Wocken (2013, S. 207 ff) – folgende Grundformen des Unterrichtens:

- Individualisierender Unterricht,
- Direkte Instruktion,
- Kooperativer Unterricht.

Sie müssen in einer gelungenen Mischung auftreten und gestützt werden durch „Lerngerüste“ wie Schülerdiskussionen, Schüler-Feedback und Metaunterricht. Ziel ist, die Selbstreflexivität zu stärken (vgl. Meyer 2014, S. 126 ff). So kann eine Klassenlehrerin eine heterogene Lerngruppe erfolgreich führen.

Die Übertragbarkeit der Ergebnisse der Hattie-Studie allein auf Deutschland ist ganz sicher – schon wegen des einmaligen Schulsystems mit einer vierjährigen Grundschule und einem daran anschließenden „gegliederten“ und selektiven Sekundarschulwesen – nur eingeschränkt möglich. Hattie (2013) hebt hervor, dass die Lernerfolge in „Ländern mit geringen Einkommen mehr durch den sozialen Status der Lernenden und weniger durch die Qualität der Lehrpersonen beeinflusst werden (a. a. O., S. 16).

Die wissenschaftsmethodischen Grenzen einer Meta-Analyse fasst Brügelmann (2013) zusammen und kommt zu folgendem Schluss: „Statistische Befunde bieten Hypothesen. Deren Geltung aber ist von Fall zu Fall neu zu bestimmen: mit Blick auf die besonderen Bedingungen der einzelnen Schule oder Lerngruppe und des einzelnen Schülers. Statistische Kennwerte sind nur Wahrscheinlichkeitsaussagen. Sie machen aufmerksam auf Chancen und auf Risiken einzelner Maßnahmen. Das Urteil fachkundiger Personen vor Ort ersetzen können sie nicht“ (S. 218).

Für uns ist interessant, dass wir die von Hattie (2013) dargestellten empirisch gestützten Lern-Faktoren, die große Effekte zeigen, in der Praxis des inklusiven Unterrichtens ausfindig machen können, z. B. im Unterricht in der Grundschule Berg Fidel/Primus-Schule Münster (vgl. Stähling/Wenders 2012; Scheidt 2014). Viele Faktoren konnten wir bereits in diesem Teil III benennen, andere müssen weiter mit wissenschaftlicher Begleitung untersucht werden.

Plausibel begründet kann gelten, dass heterogene Klassen ein großes Lernpotential bieten. Stärker homogene Klassen mit einer monokulturellen Zusammensetzung können zu wenige Perspektiven auf Lerngegenstände bieten. Dies mag eine Ursache dafür sein, dass die Leistungsentwicklung von Schülern mit sonderädagogischem Unterstützungsbedarf vom „Förderort" abhängt; diese Schüler weisen in integrativen Klassen höhere Kompetenzen auf als an Sonderschulen. Horst Weishaupt (2015) stellt hier auch Zusammenhänge her zu einer mangelnden fachlichen Qualifikation der Lehrkräfte an Sonderschulen (vgl. a. a. O., S. 222).

Die Vorteile der Integration im Gegensatz zur Sonderbeschulung sind besonders bei „lernbehinderten" Schülern vielfach nachgewiesen worden. Auch unabhängig vom Unterrichtsverfahren gilt Integration als sehr lernwirksam (vgl. Bless 2007; Haeberlin u. a. 2003 ; Kronig u. a. 2007; Wocken 2007; Schnell/Sander/ Federolf 2011). Die Langzeitwirkung ist ebenfalls erforscht (vgl. Eckardt/ Haeberlin u. a. 2011).

Es ist davon auszugehen, dass alle Schüler von der Integration profitieren. Aber sicherlich sind die Erfolge in integrativen Klassen nicht ohne förderliche Rahmenbedingungen und verlässliche, feste und qualifizierte pädagogische Teams zu erreichen. Die Potentiale der Schüler entwickeln sich, wenn dafür gesorgt wird, dass sich die Lernenden gegenseitig anregen und unterstützen, kurz: wenn sie miteinander und voneinander lernen können.

Wie kommen im Mikrokosmos der heterogenen Schulklasse die Lernwirkungen zustande? Wenn wir dies durchschauen, können wir bewusster umsetzen und planen, welche Methoden wir verwenden. In den Teams findet man dann leichter eine Sprache der Verständigung darüber, wie die verschiedenen Schüler optimal voneinander lernen können. „Das Lernen sichtbar machen" heißt für das Team, zu verstehen, worauf es im Lernprozess von jedem einzelnen Schüler ankommt.

Teil IV

Reinhard Stähling

Innovation und ihre Feinde

Wie werden Innovationen verhindert und wie setzen sie sich trotzdem durch?

„Das Aufbaujahr endete mit einem Triumpf. – Eine Wirtschafterin, eine Erzieherin, ein Hausmeister, eine Köchin – für hundert Kinder. Wir hatten uns unabhängig von irgendeinem x-beliebigen Personal und dessen Tyrannei im ehemaligen Heim gemacht. Hausherr, Mitarbeiter und Leiter des Hauses wurde – das Kind."

Janusz Korczak: Wie liebt man ein Kind (1920, SW Bd. 4, S. 255)

Wir sehen oft in unserem eigenen Unterricht, dass ein Kind nicht erfolgreich lernt. Wenn ein Kind etwas nicht schafft, fragen wir uns in der Situation oder in Gesprächen mit Kollegen, ob unsere Vorgehensweise richtig ist? Häufig erkennen wir nicht so leicht, dass wir möglicherweise selbst mit unserem ansonsten erfolgreichen Lehrverhalten ein bestimmtes Kind blockieren. Wenn uns etwas nicht gelingt, brauchen wir Zeit, genauer zu beobachten, was eigentlich passiert. Prüfen wir uns selbst: Sind wir der Auffassung, dass alle Schüler grundsätzlich lernen wollen und können? Oder glauben wir, dass da einzelne es „nie schaffen werden"? An welche Unterrichtsmethode glauben wir? War sie möglicherweise ein richtiger Weg für einige, aber ein falscher Weg für andere Schüler? Sollten wir etwas Neues versuchen?

Alte Wege zu verlassen und neue Wege zu probieren, ist ein anspruchsvolles Unternehmen. Es wäre angezeigt, nachdem wir erkannt haben, was uns nicht gelingt. Aber in der alltäglichen Praxis ist dies nicht so einfach. Es fehlt häufig die Zeit für intensive Besprechungen. Um uns zu entscheiden, neue Methoden zu erproben, brauchen wir viel Zeit.

Wir geben uns zuweilen einen Ruck, weil gerade *Innovationen die Aufmerksamkeit steigern.* Wenn wir nämlich alte Pfade verlassen, müssen wir plötzlich besonders vorsichtig auftreten und bewusst nach Schlaglöchern und Stolpersteinen Ausschau halten. Ist dieser neue Weg wirklich besser als der alte? Tauchen auf ihm nicht viel mehr neue Gefahren auf?

Wären wir nicht doch besser da geblieben, wo wir waren? Wir wollen ja nicht, dass es nachher heißt, diese Vorreiter sind aber leichtsinnig gewesen und haben „alles verspielt“ und „das Experiment ist gescheitert!“ Hätte es nicht gereicht, das Bewährte leicht zu modifizieren? Im tradierten Schulwesen etwas grundlegend zu ändern, ist nicht einfach. „Bringt denn ein neuer Anlauf überhaupt etwas?“ Diese skeptische und ängstliche Haltung gegenüber einer Arbeit, bei der das gesamte Vorgehen neu geordnet wird, ist häufig unproduktiv – sie hindert uns daran, freudig einen Anfang zu machen.

In Hermann Hesses Gedicht „Stufen“ wird dieses Lebensgefühl angesprochen:

> „Kaum sind wir heimisch einem Lebenskreise
> Und traulich eingewöhnt, so droht Erschlaffen,
> Nur wer bereit zu Aufbruch ist und Reise,
> Mag lähmender Gewöhnung sich entraffen.“

Auf neuen Wegen passieren Fehltritte, werden auch Fehlentscheidungen getroffen. Daraus könnte man lernen. Alle Innovationen zwingen uns, auf Phänomene zu achten, die (noch) *nicht* gelingen: die Suche nach Widerlegungen (Karl Popper 1963) ist entscheidend für die Erkenntnis (vgl. Hattie 2013, S. 296).

Diese wissenschaftliche Perspektive auf Veränderungen ergänzt Hermann Hesse mit der emotionalen Seite:

> „Und jedem Anfang wohnt ein Zauber inne,
> Der uns beschützt und der uns hilft zu leben.“

Betrachten wir die **Aufgabenvielfalt im Lehrerberuf**, so kann man leicht den Eindruck gewinnen, einen nach oben hin offenen Bereich an Anforderungen zu sehen. Die Zeit reicht nie aus, um Grundlegendes zu verändern. Im Lehrerberuf ist man „nie fertig“: Man muss bzw. kann sich „berufsbegleitend“ sowohl in allen (didaktischen) Fachgebieten, in medizinischen, philosophischen, pädagogischen und psychologischen Grundlagen zu menschlicher Entwicklung als auch in menschenrechtlichen, bildungspolitischen und schulstrukturellen Fragen fortbilden. Dabei sind sowohl theoretische Zugänge als auch subjekt- und erfahrungsorientierte Verfahren nötig. Diese große Vielfalt, sich beruflich immer weiter entwickeln zu sollen, empfinden die einen als Bereicherung, andere Kolleginnen und Kollegen beansprucht dies so stark, dass von Fehlbeanspruchungen gesprochen werden muss. Burnout und Nervenkrankheiten findet man in wenigen Berufen so häufig wie bei Lehrkräften. Umso wichtiger ist eine LehrerInnen-*Bildung*, die den Kolleginnen und Kollegen ermöglicht, sich auf alle Kinder einzustellen, also solche mit sehr starken Beeinträchtigungen bis hin zu denen mit sehr großen Begabungen (vgl. Feuser 2013).

Es scheint im Beruf so zu sein, dass es nie genug Zeit gibt, den Kurs des Schiffes zu prüfen und dann das Ruder des Schiffes mit aller Kraft herumzureißen.

Lothar Sack, jahrelanger Schulleiter der Fritz-Karsen-Schule Neukölln, erzählt gerne eine Anekdote, wenn er eine Fortbildung einleitet: Ein Wanderer trifft zwei Waldarbeiter, die einen Baum mit einer Säge zersägen. Die Säge ist stumpf und die beiden mühen sich ab. Der Wanderer fragt, warum sie nicht ihre Säge schärfen. Die Waldarbeiter antworten: Keine Zeit, wir müssen sägen!

Wo ist also der „Zauber“ des Anfangs, wenn keine Zeit für das Nachdenken über Innovation bleibt? Viel hängt davon ab, welche Priorität ein Kollegium sich setzt. Geht es darum, die auferlegten Pflichten zu erfüllen? Im Lehrerberuf muss man Verantwortung übernehmen für die Schüler und deren Wohlergehen. Wenn die Lernprozesse in Gefahr sind, weil äußere Bedingungen das Fortkommen blockieren, dann wird es zur Pflicht, sich im Kollegium über neue (strukturelle) Wege zu verständigen. Ein deutliches „Nein“ gegen Überforderungen des Kollegiums und eine klare Entscheidung für die neuen Wege im Interesse der Schüler sind notwendig.

4.1 Das Beispiel Inklusion. Wie die Rahmenbedingungen einschränken.

In Lehrerzimmern wird inzwischen viel über Inklusion geredet. „Die Rahmenbedingungen müssen zunächst geschaffen werden, bevor wir damit anfangen. Sonst sind Schüler Versuchskaninchen, mit denen etwas Neues ausprobiert wird, was sich noch nicht bewährt hat!“

Das Neue setzt sich nicht von alleine durch; einige Vorreiter müssen es gegen die Gewohnheit und die einschränkenden Rahmenbedingungen erkämpfen. Die „personellen, sächlichen und räumlichen“ Bedingungen, aber auch die Verwaltungsvorgaben sind auf das „Altbewährte“ und *logischerweise* nie auf das Neue eingerichtet. Wen wundert es da, wenn jedes Neue, auch die „Inklusion“, nur gegen Widerstände durchgesetzt werden kann?

Der Wirtschaftsvordenker Gunter Dueck macht mit seinem Buch „Das Neue und seine Feinde“ (2014) darauf aufmerksam, dass es einen großen Unterschied gibt zwischen Ideen und deren Umsetzung:

> „Ideen liegen ja quasi überall herum, sie werden vor jedem Kaffeeautomaten diskutiert. (…) Aber ‘Idee + Herzblutenergie’ im Gesamtpaket gibt es selten! Man braucht sehr viel Energie für Innovationen, weil sie sich ja erst durchsetzen müssen – am Markt, gegen das Althergebrachte, gegen Anfeindungen und Zweifler, gegen anachronistische Bestimmungen und Bedenkenträger aller Art. Deshalb sind große Innovationen meist viel enger mit den Namen der Innovatoren verbunden – und gar nicht so sehr mit den Namen der Erfinder, die die Idee ursprünglich hatten!“ (S. 9)

Die reformwidrigen Strukturfaktoren der Regelschulen, der Kampf gegen sie oder der „kreative“ Umgang mit ihnen (*„Ungehorsam im Schuldienst“*, vgl. Stähling/Wenders 2009) können wir an aktuellen, aber auch an historischen Mustern studieren.

Wir beginnen mit einem aktuellen: Noch immer wird in Deutschland wenig Geld für pädagogisches Personal ausgegeben und die Inklusion entwickelt sich zum Sparmodell. Ein Beispiel, das für viele stehen kann: Im März 2014 veröffentlichte das **Schulministerium NRW** die „Eckpunkte für die Zuweisung von Stellen aus dem regionalen Stellenbudget für die sonderpädagogische Förderung im Bereich der Lern- und Entwicklungsstörungen (LES) zum Schuljahr 2014/15“. Unter dem Titel „Auf dem Weg zur inklusiven Schule in NRW“ definierte nun das Ministerium die bisherigen Schülergruppen mit

a) ausgewiesenen *Lern- und Sprachbehinderungen* und
b) Förderbedarf im Bereich *„emotionale und soziale Entwicklung“*

mit *einem* neuen Namen: Schüler mit *„Lern- und Entwicklungsstörungen“ (LES)*.

Die neue Abkürzung „LES“ benutzt allerdings dieselben Kürzel wie vorher, wo Schüler in der Lehrersprache als „E-Schüler“, „L-Schüler“ oder „S(p)-Schüler“ etikettiert wurden.

Das alleine würde niemanden beunruhigen, wenn nicht damit Stellenzuweisungen neu geregelt werden. Die gleichen Schülerinnen und Schüler, die früher als „sonderschulbedürftig“ galten, haben von nun an keine „Behinderung“ mehr, sondern eine „Störung“. Eine solche Begriffsverwirrung dient nicht der Unterstützung der Betroffenen, sondern verändert die Mittelzuweisung:

- Schulträger, die bisher für „behinderte Schüler" zusätzliche personelle und sächliche Vorkehrungen treffen mussten, sind nun eventuell leichter aus der Zahlungsverpflichtung zu entlassen.
- Auch die Lehrerstellenzuweisung ändert sich, wenn das Wort „Behinderung" nicht mehr auftaucht.

Dieser „neuen" Sichtweise auf Behinderung widerspricht ein **Rechtsgutachten**: Danach sind Lernbehinderung, Sprachbehinderung und Verhaltensstörungen im Sinne der UN-Behindertenrechtskonvention als „Behinderungen" definiert; sie stellen nämlich eine Barriere für die gleichberechtigte Teilhabe am Leben dar und erfüllen damit die UN-Definition für Behinderung (vgl. Riedel 2010).

Folgt man jedoch der neuartigen Definition, so sollen nun diese „Störungen" nicht mehr unter die Kategorie der „Behinderung" (nach der UN-Behindertenkonvention) fallen. Dies hat zur Konsequenz, dass man für die Einzelnen kein sonderpädagogisches Personal mit bestimmten Stundenzahlen beanspruchen kann. Für sie sollen – *unabhängig von der Zahl* der Schüler mit „Lern- und Entwicklungsstörungen" (LES) und der *Schwere der Ausprägung* ihrer „Störung" – pro Zug einer Schule eine bestimmte Stellenzahl als *Pauschale* festgelegt werden:

So wird für einen Zug der Sekundarstufe I (6 Klassen) im gebundenen Ganztag nur eine Stelle für eine Lehrkraft für Sonderpädagogik zugewiesen. Wenn in jedem Jahrgang z. B. 5 Schüler mit „LES" definiert würden, hätten wir etwa 30 Schüler der Jahrgänge 5–10 mit „LES", die in mindestens 6 verschiedenen Klassen unterrichtet werden. Für diese 30 Schüler bekommt die Schule nur *eine* Sonderpädagogen-Stelle zusätzlich zu den Regelschullehrern, deren Lehrer-Schüler-Relation zugleich leicht verbessert wird.

Von dieser Regelung sind die anderen Behinderungsformen ausgenommen; für sie gibt es mehr sonderpädagogisches Personal.

Die sonderpädagogische Arbeit mit „LES-Schülern" ist erfahrungsgemäß so nicht zu schaffen. Stattdessen fordert der Gesamtschulverband GGG 2014, dass die Stellenzuweisung „schulscharf" und nicht pauschal erfolgen sollte. Nach den Erfahrungen aus der Brennpunktschule Berg Fidel wäre für jede einzelne Klasse mit etwa 5 Schülern mit sonderpädagogischem Förderbedarf in den Bereichen Lernen, Sprache und emotionale und soziale Entwicklung als Standard eine sonderpädagogische Zuweisung von mindestens einer *3/4-Stelle* sinnvoll und zielführend. Insofern würde eine Beispiel-Schule der Sekundarstufe I für einen Zug in 6 Klassen 4 1/2 Stellen für Sonderpädagogik zusätzlich bekommen, nicht nur eine, wie derzeitig vorgesehen.

Somit kommt es faktisch zum Stellenabbau in bisherigen, erfolgreichen Integrationsschulen in Brennpunkten, weil die Stellen für Schüler mit „LES“ künftig pauschal an die Schulen verteilt und daher wohl aus den bisher besser ausgestatteten Integrationsschulen abgezogen werden. Um aber ihr sonderpädagogisches Personal halten zu können, werden die Integrationsschulen bevorzugt behinderte Schüler aufnehmen, die nicht über die pauschale Stellenzuweisung berücksichtigt sind, sondern eine bessere Schüler-Lehrer-Relation mit sich bringen: *Sinnesgeschädigte und geistig und körperlich Behinderte*.

Die Förderschulen für Lernen werden dagegen als Alternative für Eltern attraktiv. Manche Integrationsschulen werden von Beginn an die beschriebenen Kinder mit LES an die Förderschulen empfehlen, um der relativ schlechten pauschalen Stellenzuweisung zu entgehen und stattdessen ihre „Integrationspflicht“ mit Schülern zu erfüllen, die mehr Stellenanteile mitbringen.

„Inklusion“ verkommt zur *Ressourcen-Börse*, bei der die durch Armut und Migration in benachteiligten Lebenslagen geratenen Familien, deren Kinder häufiger als andere Lernbehinderungen aufweisen, wegen der Pauschale von geringeren Stellenzuweisungen betroffen sind. Aus Ballungsgebieten und sozialen Brennpunkten wird das Integrations-Personal abgezogen und den förderbedürftigen Kindern u. a. der Mittelschicht in anderen Regionen zugewiesen, wo bisher kaum integriert wurde. So soll z. B. jeder Grundschule – unabhängig von ihrer Lage – vom Land NRW mindestens eine sonderpädagogische Lehrerstelle pauschal zugewiesen werden. Diese Zuweisung ist unabhängig von der Zahl der behinderten Kinder mit „Lern- und Entwicklungsstörungen (LES)“. Eine Brennpunkt-Grundschule, die z. B. in jeder Klasse 5 Kinder mit LES amtlich begutachtet und „verfügt“ hat, wird somit benachteiligt gegenüber einer Schule im Mittelschichtgebiet, in der eventuell überhaupt kein Kind mit Behinderungen beschult wird. Eine zweizügige Brennpunktschule hätte beispielsweise 40 behinderte Kinder, die als LES-Schüler zu titulieren wären, und bekäme dafür möglicherweise die ebenso *eine* Lehrerstelle wie die Mittelschichtsschule ohne Behinderte.

Nun kann davon ausgegangen werden, dass ein geringer Stellenverteilungsschlüssel sich auf die pädagogische Arbeit auswirkt. Das Beispiel der Regelungen in NRW kann zeigen, wie wichtig es wäre, wenn Schulen grundsätzlich „schulscharf“ – entsprechend ihres Bedarfs – ausgestattet werden. Wenn Schulen mit ihren Sorgen nicht ernst genommen werden, reagieren sie leider folgerichtig so: Das Sitzenbleiben, das Abschulen oder Aussondern in Sonderschulen ist dann kein Ausnahmefall, sondern eine selbstverständliche Konsequenz der Pädagogen. Betroffene Familien können sich kaum dagegen wehren.

Förderliche pädagogische Haltungen entwickeln sich im Gegensatz dazu dort besonders gut, wo sich aufgrund ausreichender Stellenzuweisungen Teams bilden können, die gemeinsame Verantwortung tragen, und Zeit für Teamarbeit gewährt wird.

Pädagogisches Handeln kann nicht ohne die Rahmenbedingungen beurteilt werden. Rahmenbedingungen bestimmen den Handlungsspielraum. Sie verhindern oder begünstigen Entwicklungen von Kindern. Besonders negativ wirkt sich z. B. die viel zu kurze, vierjährige Grundschulzeit aus, durch die in vielen Schülerbiografien Brüche entstehen. In Deutschland existieren „lern-behindernde" Schulstrukturen wie z. B. der 45 Minuten-Takt im Fachunterricht, die Jahrgangsklasse, die Schulklassenräume als einzige Haupt-Lernorte, der additive Ganztagsbetrieb, betrieben durch schulfremde Träger.

4.2 Wider die einschränkenden Bedingungen: Eigene Wege gehen. Janusz Korczak

Wir haben behindernde und ungerechte Bedingungen so ausführlich am Beispiel der aktuellen amtlichen Vorgaben zur „inklusiven" Beschulung beschrieben, weil wir im Schulalltag ihre zermürbende Wirkung selbst sehen können. Viele Kolleginnen und Kollegen verzweifeln im Lehrerberuf und verlieren die notwendige Kraft für die Veränderungen. Das eigentlich versprochene Ziel einer zunehmend besseren „inklusiven Schule" scheint ihnen auf diesem Wege unerreichbar. Viel Kolleginnen und Kollegen fühlen sich ohnmächtig gegenüber den äußeren Bedingungen.

Wir selbst haben allerdings gemerkt, dass uns dann die Kraft für Veränderungen schwindet, wenn wir die Rahmenbedingungen als *nicht zu beeinflussende Hürde ansehen*. Wir geben den einschränkenden Rahmenbedingungen, den scheinbar eindeutigen Vorschriften, den „Erlassen" und „Verordnungen" und ihren Vollzugsbeamten in den Behörden damit eine zu große Macht. Haben sie sie wirklich? Oder sind nicht Interpretationsspielräume denkbar? Können wir durch „Ungehorsam im Schuldienst" (vgl. Stähling/Wenders 2009) eine „kreative" Lösung finden?

Wie Personalmangel unter schwierigsten Bedingungen eines Waisenhauses in den 1920er-Jahren behoben wurde, zeigt uns der polnische Arzt und Pädagoge *Janusz Korczak* (1878–1942) am Beispiel der „Burse" im Internat Dom Sierot. Die Burse waren Gemeinschaftsunterkünfte für ältere Zöglinge, die das Waisenhaus wegen ihres Alters eigentlich hätten verlassen müssen. Diesen Jugendlichen gab Korczak die Möglichkeit, ihre Ausbildung zu beenden. Als Gegenleistung arbeiteten sie täglich 3–4 Stunden im Waisenhaus. Das gleiche geschah mit Teilnehmern von Lehrerseminaren oder aus Kursen für Erzieher, Studenten und anderen jungen Leuten.

„Das frühere Personal ist alt, es verbraucht sich und ermüdet. Die Jugend hat einen unverwüstlichen Vorrat an Energie, den man zum Wohle der Kinder nutzen kann, und ihr Enthusiasmus kann der Organisation Gewinn bringen. Sie werden vorausstürmen; wir werden aufpassen und sie im Zaum halten. Das Budget der Einrichtung erlaubt uns nicht, zahlreiches und gut ausgebildetes Personal zu halten. Die Burse, die Jugend, kann beim Sport eine leitende Funktion übernehmen, beim Spiel, bei der Handarbeit, beim Musizieren, beim Singen und beim Tanzen. Die Internate beklagen sich über den Mangel an qualifizierten Erziehern. Die Bursisten wären Hospitanten, die in alle Details des Internatslebens Einblick nehmen könnten, (...) und sich auf eine zukünftige, selbstständige Arbeit in der

Schule oder im Internat vorbereiten“ (Korczak, SW, Bd. 9, S. 519, zit. nach Beiner 2011, S. 157 f.).

Jeder „Bursist“ trug ein Notizheft mit sich, in das er *tagebuchähnlich Beobachtungen* und Gedanken über seine Arbeit im Waisenhaus schrieb. Diese wurden von Korczak wöchentlich gelesen und beantwortet. Die Praktikanten waren unmittelbar in den pädagogischen Alltag mit einbezogen. Schritt für Schritt lernten sie unter Anleitung, eigenverantwortlich zu entscheiden und zu handeln.

Nach dem Prinzip, es selbst in die Hand zu nehmen, handeln auch heute Lehrkräfte, Kollegien und Schulen. Wenn es zu wenig Personal gibt, besorgt sich die Schulgemeinde eigenmächtig Unterstützer. *„Armeen von Freiwilligen“* sind oft bereit, für eine interessante neue Vision zu kämpfen (vgl. Dueck 2013, S. 229 ff.). Eine solche Schule macht sich selbst in Teilen frei von den Rahmenbedingungen und deren einschränkenden Vorgaben und emanzipiert sich. Die Erfahrungen erfolgreicher innovativer Schulen und innovativer Projekte zeigen, dass gerade auch unter schwierigsten Bedingungen (z. B. soziale Brennpunkte, starre Behördenstrukturen) Kräfte wachsen. Gunter Dueck veranschaulicht dies unter dem Thema „Das Neue und seine Feinde“ (2013) und zeigt, dass ein Innovator „Anziehungskraft und guten Ruf“ braucht: „Die Besten müssen in Ihrer Mannschaft mitspielen wollen – notfalls ohne Gehalt!“ (S. 231).

Manche lehnen das ab, weil sie sich vom Staat als Idealisten ausgenutzt fühlen: „Irgendwann bringen wir wieder selbst die Kreide mit, packen selbst die Möbel in den Klassenraum und veranstalten Crowdfunding-Aktionen für Anschaffungen. Dann sind die Fördervereine in Schulen mit einer wohlhabenden Elternschaft im Vorteil! Demnächst besuchen wir die Schüler zu Hause und holen sie ab, wenn sie sich verschlafen haben!“

Das alles erscheint einigen Lehrer-Kollegen als widerliche Ausbeutung ihrer Arbeitskraft, gegen die sie sich über Personalräte wehren. Sie sehen sich nicht als Reparatur-Betrieb der Gesellschaft. Zugleich aber trauen sie sich nicht, als Beamte im Dienste des Staates der ungerechten Verteilung des Personals etwas entgegen zu setzen. Sie dulden achselzuckend, dass die Schulen in Vierteln der Mittelschicht im Vergleich zu Brennpunktschulen wesentlich besser ausgestattet sind. Sich gegen solche Ungleichbehandlungen zu wehren, bedeutet auch, dass die Lehrer-Kollegen um Gerechtigkeit ringen müssen. In diesen Fällen werden die Fördervereine der benachteiligten Schulen zu Elterninitiativen, die über Selbsthilfe-Aktionen ihre ihnen vorenthaltenen Rechte erstreiten.

4.3 Erfahrungen reformpädagogischer Schulversuche

Auch die deutsche Pädagogik hat den historischen Rahmenbedingungen eine „kreative" Antwort gegeben, die in diesem Kapitel exemplarisch an einzelnen Versuchsschulen der Reformpädagogen beleuchtet werden soll. Im deutschen Schulwesen existierten um 1932 mindestens *200 reformpädagogische Versuchsschulen und mehr als 1000 Versuchsklassen*, deren Arbeit Einfluss auf das Schulsystem hatte (vgl. Keim / Schwerdt 2013, S. 730). Wie kam es dazu?

Nach der Novemberrevolution 1918 veränderten sich die strukturellen Rahmenbedingungen für eine Reform der Schule und des Unterrichts in Deutschland. Die konservativen Verteidiger des gegliederten Schulsystems mussten mit den demokratischen und sozialistischen politischen Mehrheiten den „Weimarer *Schulkompromiss*" eingehen, der die vierjährige obligatorische Grundschule für alle und die Ausdehnung der Schulpflicht über die achtjährige Volksschule hinaus bis zum 18. Lebensjahr festlegte.

Reformorientierte Pädagogen konnten nun Unterstützung durch staatliche Schulträger erwarten. Besonders in Preußen (bis 1932), in Sachsen und Thüringen (bis 1923) und in Hamburg (bis 1933) ermöglichten die sozialdemokratisch mitgetragenen Regierungen viele Schul- und Unterrichtsreformen. Schulversuche entstanden. Es sollten neue (teils reformpädagogische) Unterrichtskonzepte erprobt werden. 1933 beendete der Hitler-Faschismus die Hoffnungen auf Reformen jäh. Versuchsschulen wurden aufgelöst, personell umgewandelt oder gleichgeschaltet.

Einflussreiche Reformpädagogen haben in der Zeit der Weimarer Republik in *staatlichen* Schulen den Unterricht grundlegend *„vom Kinde aus"* reformieren können. Sie wechselten die Perspektive: Tendenziell weg von der zu dominierenden Sachlogik des Faches und der entsprechenden fachmethodischen Lehrtätigkeit, hin zum Schüler als lernendem Subjekt, das sich nach seinen eigenen Interessen und Perspektiven selbstständig einem mehr oder weniger „gemeinsamen Lerngegenstand" näherte. Diese Pädagogen orientierten sich am Kind und Jugendlichen. Leitbegriff für die Schulen war die „Gemeinschaft". Erziehung vollzog sich „in der Gemeinschaft für die Gemeinschaft durch die Gemeinschaft" (Rülcker 2013, S. 549). Zum „Schulleben" gehörten nicht nur Lehrer und Schüler, sondern auch alle Mitarbeiter, auch Praktikanten und Freiwillige. Das gesamte Umfeld der Schule, besonders die aktiven Eltern, waren beteiligt. Unabhängig vom politischen Lager stand der Gemeinschaftsbegriff in reformpädagogischen Schulen im Zentrum.

Die Erfahrungen mit der Zusammengehörigkeit der „Schulgemeinde“ sind für uns besonders interessant. Die einzelne Lehrkraft galt keineswegs als „Einzelkämpfer“, sondern war eingebunden in eine gemeinsame Aufgabe, die im *Team* lösbar erschien. Die Leiter dieser Schulen hatten nicht selten ein gewisses Charisma.

Diese historischen Fakten liest manch ein „Schulentwickler“ heute, als sei dies eine Zeit des pädagogischen Neuanfanges gewesen und die Protagonisten hätten ohne Kampf die Ideen umsetzen können. Es scheint mir vielmehr nötig zu sein, die historischen Darstellungen „gegen den Strich“ zu lesen, ihnen eine dialektische Dimension zu geben. So hatte die große Beteiligung von Eltern an mancher Reformschule nicht nur eine pädagogische Bedeutung, sondern bewirkte auch, dass man in der Schulverwaltung Respekt vor der Macht der neu gegründeten Schule bekam. Die Schulgemeinde kann als politischer Machtfaktor gesehen werden, der die Umsetzung absicherte.

Viele Schulversuche orientierten sich in ihrer Unterrichtsgestaltung an dem Konzept des *Gesamtunterrichts* von Berthold Otto (1859–1933): Schüler wählten regelmäßig ihre Themen selbst und besprachen sie miteinander (vgl. Keim/Schwerdt 2013, S. 958 ff).

Die sozialistische Reformpädagogen Leonard Nelson (1882–1927), Minna Sprecht (1879–1961) und Gustav Heckmann (1898–1996) führten u.a. im Landerziehungsheim Walkemühle mit Schülern Gruppengespräche, die nach der *sokratischen Methode („Hebammenkunst“)* den Lernenden ermöglichte, die Perspektiven der anderen zu nutzen, um den Lerngegenstand tiefgreifend zu verstehen (vgl. Kapitel 3.2; Birnbacher/Krohn 2002). Ihr damaliger Einfluss auf die Reformbewegung darf nicht unterschätzt werden (vgl. Ullrich 2013, S. 526 ff). *Mehrperspektivischer* Unterricht mit sehr stark heterogenen Klassen war schon damals ein zentrales Thema.

Wie bei dem einflussreichen französischen Reformpädagogen Célestin Freinet (1896–1966) war ein Gesprächskreis wie der Klassenrat selbstverständlicher Kernbestandteil der Arbeit mit der Klassengemeinschaft.

Geprägt durch die Jugendbewegung oder die Kunsterzieherbewegung wurden auch Unterrichtskonzepte erprobt, die das *eigene Erlebnis* der Schüler durch Schreiben, Kunst, Musik, darstellendes Spiel und Bewegung zum Ausdruck brachten. Auch Fahrten, Lager, Feste und Feiern ermöglichten bleibende Erfahrungen im schulischen Leben. Im Mittelpunkt vieler Lehrkräfte stand das „Erlebnis“ der Kinder und Jugendlichen (vgl. Keim/Schwerdt 2013, S. 962 ff).

Neben den verschiedenen Ausprägungen des Gesamtunterrichts und des Erlebnisunterrichts fanden sich vielfältige Unterrichtsformen in *„Arbeitsschulen“*

(vgl. Keim/Schwerdt 2013, S. 966 ff). Die „Buch- und Paukschule“ sollte abgeschafft werden, die Schüler sollten selbst *tätig* sein. Durch eigene Arbeit sollten sie die notwenigen Fähigkeiten entwickeln und dabei Dinge und Zusammenhänge erkennen. Der reformpädagogische Begriff *Selbsttätigkeit* meinte aber nicht nur, dass die Lernenden aktiv *tätig* waren, sondern auch, dass sie dies aus eigenem Antrieb, *selbstgesteuert* taten. Wichtige Praxismodelle lieferten die amerikanische „Projekt“-Idee von John Dewey (1859–1952) und die Konzepte der Italienerin Maria Montessori (1870–1952) und des Franzosen Célestin Freinet (1896–1966). In deutschen reformpädagogischen Schulen wurde sowohl *Arbeit* als Handwerk verstanden (Kerschensteiner 1854–1932) als auch die „freie geistige Schularbeit“ (Hugo Gaudig 1860–1923) erprobt, wobei die Schülerinnen und Schüler selbst als *handelnde Subjekte* ihren Lernprozess bestimmen sollten.

Als umfassende Verbindung von Schule und Leben sollte die *„Produktionsschule“* der Entschiedenen Schulreformer mit Paul Oestreich (1878–1958) eine *Schule für alle* sein, in der die Schüler ihre eigenen Anliegen selbst verwalten konnten (Pawel P. Blonskij 1884–1941). Lernen und Arbeiten *dienten der Gemeinschaft* und letztlich galten sie als Beitrag für die Umformung der Gesellschaft. Schüler beschäftigten sich mit für sie interessanten Themen aus ihrer Lebenswelt, erarbeiteten sie kollektiv und präsentierten die Arbeitsergebnisse in einer größeren Öffentlichkeit.

Natürlich gab es Widerstände gegen solche Neuerungen. Sie kamen von denen, die das Althergebrachte in der traditionellen Schule verteidigen wollten. Die historischen Fakten angemessen aufzunehmen, bedeutet auch, sich bewusst zu machen, dass Widerstände normalerweise zu erwarten sind.

Welche Erfahrungen machten die Schulleiter und Lehrkräfte damals? Wie fingen sie an? Was kennzeichnete ihre Innovationkraft? Aus dem Blickwinkel der so genannten „Schulentwicklung“ stellen sich Fragen, die jedoch – wie wir zeigen werden – nicht widerspiegeln können, welche Kraft in den Schulversuchen steckte:

Bildeten die Versuchsschulen feste professionelle Teams? War die Schulgemeinschaft (Schüler, Eltern, Mitarbeiter u. a.) immer auch an den pädagogischen Planungen beteiligt? Gab es Konflikte darum, welche pädagogische Konzeption richtig sei? Wie ging die Schulgemeinschaft mit einschränkenden Vorgaben um? Wie standen Eltern zu den Versuchsschulen, in denen herkömmliche Schulstrukturen aufgehoben werden konnten? Vertrauten sie den Vorreitern? Welchen „Stoff“ sollten sich die Schüler aneignen? Trugen sie dazu bei, die „Schlüsselprobleme der Menschheit“ zu lösen? Ging es auch thematisch im Unterricht und

Schulleben um Verhinderung von Krieg, Ungerechtigkeiten und Aussonderung? Wie parteiisch waren die Schulen? Welche Werte wurden gelebt und vermittelt? Verselbstständigten sich in einigen Schulen methodische Handlungsvorschriften und koppelten sich von Unterrichtsinhalten ab? Konnten die Lernenden selbst tätig sein? Lernten sie aus eigenem Antrieb? Wie steuerten sich die Schüler bei ihren Lernprozessen selbst? Wie unterstützen die Lehrkräfte sie darin? Gab es Lerntagebücher, Logbücher oder Kontrollinstanzen? Wie wirkten sie? Konnten die sozialen, kulturellen und ethnischen Lernvoraussetzungen als Ressource wirken? Wie gelang das gemeinsame Lernen in einer heterogenen Klasse?

Diese Fragen stehen auch heute in der „inklusiven Didaktik“ im Fokus und beschäftigen Schulentwicklungsberater.

Da wird auch mal gefragt: Wie „implementierten“ die Schulverwaltungen die Idee der Inklusion und wie planten sie deren Verbreitung? Solche Fragestellungen der „Implementierung“ und die dahinter stehenden Sichtweisen auf „Schulentwicklung“ vergessen allerdings das Wesentliche der Veränderung:

Veränderungen, die hier vorgenommen wurden, waren **nicht vorausplanbar**, sie entstanden nicht am „grünen Tisch“.

So berichtet der 1921 eingesetzte Leiter der Humbolt-Versuchsschule in Chemnitz zehn Jahre später über seine Erfahrungen:

„Wir können rückschauend wirklich nicht sagen, dass wir es uns leicht gemacht hätten, den richtigen pädagogischen Weg zu finden. Es musste Meinungsverschiedenheiten geben, da wir ein völlig neues Land zu betreten wagten. Wir begnügen uns ja nicht damit, unsere Arbeit nur im Sinne der landläufigen Schulreform der Nachkriegszeit zu sehen. Diese gipfeln in der Forderung, aus der Lernschulklasse eine selbstständige Kindergemeinschaft zu machen. (...). Wir fragten nicht bloß nach dem Wie, sondern auch nach Was und Wozu. Wir stellten die Schulfrage mitten hinein in die gesellschaftlichen Fragen der Zeit. Und unsere Frage war keine Scheinfrage, wir hatten die Lösung nicht bereits in der Tasche. Wir lehnten vielmehr jede Lösung als utopische Lösung ab, die da glaubte, von der Pädagogik her bereits zu einem Neubau der Gesellschaft kommen zu können“ (zit. nach vgl. Pehnke 2002, S. 24 f.).

Viele Lehrkräfte der reformpädagogischen Versuchsschulen setzten sich gerade *gegen* traditionelle Erziehungsorganisationen und deren planbare Logik ab. Die Versuchsschulen orientierten sich nicht nur am Schüler, sondern sie sollten selbst zum *Lebensraum* werden. Die reformpädagogischen Schulversuche schufen daher – im Gegensatz zum Schulsystem – in der Regel Langformschulen der Jahrgänge 1 – 8, 1 – 10 oder 1 – 13, teilweise bezogen sie die vorschulische Erziehung mit ein.

Die Ideen sind nicht der springende Punkt, sondern interessant für uns ist, wie und durch welche Kräfte sie zu „Realitäten“ wurden. Sie wurden nicht als Plan „umgesetzt“, sondern die Schulen ent-wickelten sich. Gunter Dueck (2013) fasst seine Erfahrungen mit erfolgreicher Innovation so zusammen:

> „Es zieht sich wie ein roter Faden hindurch, dass es nicht ratsam ist, aus einer Idee gleich 'einen Plan' oder einen Business-Case zu machen und diesen dann stur zu verfolgen. Zuerst muss immer wieder ausgelotet werden. Dieses Ausloten geschieht natürlich mit der festen Absicht, die Idee als solche immer weiter zu verfolgen, aber die Idee wird während des Explorierens immer wieder verwandelt, veredelt, verbreitert und vielleicht auch irgendwann aufgegeben. Man arbeitet sich Stück für Stück weiter durch den Dschungel der Möglichkeiten und Gegebenheiten“. (S. 236)

Dass Schulen *Zentren des Gemeinwesens* sein könnten, die soziale Leistungen, Beratungs- und Gesundheitsdienste sowie Bildungs- und Freizeitangebote für ein „lebenslanges Lernen“ unter einem Dach vereinten, scheint heute noch vielen unvorstellbar, aber es blieb nicht Utopie. Die Stadtteil- und Nachbarschaftsschulen, die englische Community Education, die amerikanischen Community Schools und die skandinavischen Erfolgsmodelle zeigen, dass die reformpädagogischen Schulversuche in vielen Ländern nicht folgenlos blieben.

Welche Konsequenzen können aus den deutschen staatlichen reformorientierten Schulversuchen der 1920er-Jahre für heute gezogen werden? Wurden sie konsequent vorangetrieben oder reduzierten Kompromisse deren Erfolge. Falls sie scheiterten, ist zu untersuchen, woran dies gelegen hat. Hatten sie die Elternschaft durch ihre strukturellen Veränderungen verunsichert und wie reagierten die Lehrkräfte darauf? Wie wurden Leistungsdefizite bei einigen Schülern interpretiert? Hatten sich die Lehrer auf eine pädagogische Leitlinie verständigen können? Funktionierte die Teamarbeit? War die Gruppe der Reformer stärker als die der Traditionalisten? Welchen Einfluss übten konservative Kräfte aus?

Viel scheint von politischen Rahmenbedingungen abhängig gewesen zu sein, aber auch von einzelnen Lehrerpersönlichkeiten. Die Ausstrahlung und Begeisterungsfähigkeit mancher großer Pädagogen wirkt teilweise bis heute nach. Wie ist dies zu gewichten? Sicher scheint zu sein, dass starke *Leitungspersönlichkeiten* erforderlich waren, um die Schule zum Erfolg zu führen.

Kritisch muss gefragt werden: Gab es auch in den Reformschulen Abschulungen oder Aussonderungen, die sonderpädagogische Institutionen abzufangen hatten?

Dienten sozialpädagogische Dienste dazu, durch Herkunft benachteiligte Schüler in den Schulen zu unterstützen oder mussten sie sie an anderen Orten unterbringen? Interessant zu prüfen ist, ob es gelang, verschiedene Felder der pädagogischen Arbeit in *einer* Schule zu vereinen.

In einer knappen Übersicht über einige Versuchsschulen (nach Keim/Schwerdt 2013) werden wir die Fakten zu Schulen und Unterricht stichwortartig darstellen, um aus den historischen Erfahrungen für die Innovation von Schulen lernen zu können.

Eine Auswertung dieser *staatlichen* Schulversuche ist heute nützlich, um die Dynamik der Veränderungen und die Bedeutung der Rahmenbedingungen für eine Schulreform und für einen reformierten, inklusiven Unterricht untersuchen zu können. Auf der Basis einer gründlichen Darstellung reformpädagogischer Versuchsschulen im deutschsprachigen Raum haben Wolfgang Keim und Ulrich Schwerdt (2013, besonders S. 657–775 und 949–1009) die Erfahrungen aus der Weimarer Zeit ausgewertet. Wir folgen in diesem Kapitel ihren Ausführungen und versuchen in knapper Form die wesentlichen Erkenntnisse aus einigen öffentlichen Schulversuchen zusammenzufassen. Die reformpädagogischen Erfahrungen hatten Einfluss auf das Regelschulwesen, so dass sie sich in Schulvorschriften – sowohl in den 20-Jahren als auch nach dem Ende des Hitler-Faschismus bis heute – in Deutschland niederschlugen. Multiprofessionelle, feste Teamkooperationen können ihren Ursprung in reformpädagogischen „Versuchsschulen“ finden, besonders wenn man die damalige Zusammengehörigkeit der „Schulgemeinde“ mit bedenkt. Die starke Mitwirkung der Eltern an der Arbeit der öffentlichen Schule hat hier ihre Vorbilder.

Gemeinschaftsschulen

In mehreren Orten wurden in den 1920er-Jahren staatliche Gemeinschaftsschulen als reformpädagogische Versuchsschulen gegründet. Das Leben der „Schulgemeinde“ war geprägt durch abwechslungsreiche Aktivitäten, die vielfach Eltern organisierten. In der sehr erfolgreichen Hamburger Versuchsschule Telemannstraße, die im Arbeiterviertel lag, waren beispielsweise fast alle Eltern Mitglieder des Vereins „Schulgemeinde Telemannstraße“ (vgl. Keim/Schwerdt 2013, S. 709) und beteiligten sich z. B. an Elternchor, Tanz- und Werkgruppen, Elternzeitung und Ausstattung der Schule. Im Mittelpunkt der „Lebensgemeinschaft“ stand die *gleichberechtigte Teilhabe aller*. Vieles war gegenüber der „alten Schule“ verändert:

Die Klassen waren geschmückt durch Blumen und Bilder. Die frontale Sitzordnung wurde aufgelöst und z. B. in eine Hufeisenform verändert. Der Unterricht für die Jahrgänge 1–4 war geprägt durch *ungefächerten* Gesamtunterricht, der an Interessen, Erlebnissen und Erfahrungen anknüpfte. Unterricht für die älteren Jahrgänge wurde ergänzt durch Projekte, Arbeitsgemeinschaften und Kurse. Schüler durften zu Lehrern ihres Vertrauens wechseln. Schülerinnen und Schüler begegneten sich. Sie gingen anders miteinander und mit den Lehrkräften um. Lehrer und Schüler duzten sich in einigen Schulen. Prügelstrafe wurde abgeschafft. Auch Zensuren und das Sitzenbleiben waren in Frage gestellt. Wanderfahrten und Reisen wurden zu Höhepunkten. Schulvereine halfen Familien in Not. Schulen veranstalteten Basare und Sammlungen von Kleiderspenden.

In **Hamburg** wurden ab 1919 vier Gemeinschaftsschulen der Klassen 1–8 genehmigt. Sie waren befreit von Stundentafeln, Richtlinien, Lehrplänen und Lehrzielen. Sie wählten sich ihr Kollegium selbst. Sie hatten keine festen Schulbezirke.

Ausgehend von den Hamburger Erfahrungen gründeten reformpädagogisch motivierte Pädagogen in Ländern und Kommunen mit in der Regel sozialistischen Regierungen in den 1920er-Jahren Gemeinschaftsschulen, z. B. in Bremen (Scharrelmann), in Frankfurt (Röderberg-Versuchsvolksschule), Dresden, Berlin, Chemnitz (Humboltdt-Schule) und anderswo.

Ab 1923 genehmigte die Schulbehörde in **Berlin** elf **Lebensgemeinschaftsschulen** der Klassen 1–8. Geprägt waren sie durch den Hamburger Gemeinschaftsschulgründer Wilhelm Paulsen, der von 1921–1924 Stadtschulrat in Berlin wurde, aber sein Amt aus politischen Gründen wieder verlor.

Diese Versuchsschulen arbeiteten überwiegend in den *Arbeiterhochburgen* und entstanden aus der Umwandlung von weltlichen Schulen. Manche Schulen hatten keine verbindlichen Lehr- und Stoffpläne und Stundenpläne, aber *einheitliche Richtlinien* mit Vorgaben über Stundenzahl und Bildungszielen nach 4, 6 und 8 Jahren.

Interessant für uns könnte sein, aus welchen Gründen Schulversuche scheiterten. Warum waren manche erfolgreich, andere weniger? Schließlich sollen Konsequenzen für heutige Schul-Veränderungen gezogen werden.

Um erkennen zu können, auf welche Gelingensbedingungen es bei „Innovationen" im Schulbereich ankommt, stellen wir zu Beginn eine nennenswerte reformpädagogische Versuchsschule vor, die Hamburger Schule Berlinertor, die an einigen Stellen ihr Ziel *nicht* erreichte. Ihre Anstrengungen sind dadurch nicht weniger wertvoll für unsere Arbeit heute. An ihnen zu lernen ist wichtig.

4.3.1 Schule Berlinertor Hamburg

Die Versuchsschule war geprägt durch die sozialdemokratischen Volksschullehrer William Lottig und Johannes Gläser, beide SPD, die aus der Arbeitsschulbewegung und der Bewegung „vom Kinde aus“ stammten. Sie stritten konsequent für die Freiheit kindlicher Entwicklung, *– im Unterschied zu den drei später genannten Modell-Schulen* – möglichst *losgelöst* von gesellschaftlichen Einflüssen, *nicht vorrangig dem Aufstieg des Einzelnen dienend.* Hier lag eine Ursache für die später nachlassenden Anmeldezahlen. Das sinkende Interesse an dieser Schule entstand, *obwohl* sie – ebenso wie z. B. die erfolgreiche Hamburger Schule Telemannstraße aus dem Arbeiterviertel – stark getragen war von der Elternschaft mit Eltern-AGs zu Erziehungsfragen, Elternabenden, Nähstuben für Eltern und Kinder, Elternmitarbeit bei Veranstaltungen, Eltern-Lehrer-Chor und Elternverein mit zeitweise 450 Mitgliedern.

Die Klassen blieben als feste Gruppe über die gesamte achtjährige Volksschulzeit erhalten. Der Klassenlehrer unterrichtete alle Fächer in seiner Klasse. *Schulklasse verstand man als Arbeitsgemeinschaft*, die sich unter Leitung des Klassenlehrers Fragen stellte, Aufgaben suchte und bearbeitete. Die Unterschiedlichkeiten wurden positiv bewertet, es gab keine äußere Differenzierung.

Dieser positiven pädagogischen Haltung stand gegenüber, dass *Leistungsrückstände in Kauf genommen wurden* in der möglicherweise unrealistischen Erwartung, dass diese schnell ausgeglichen würden, sobald das Eigeninteresse „ohne Zwang“ wachsen würde. Verunsicherungen und Probleme in der Elternschaft entstanden, als bekannt wurde, dass die Schule *keine gezielten Vorbereitungen auf Ansprüche der höheren Schule* leistete.

Die Oberschulbehörde stellte zudem Leistungsdefizite fest. Öffentliche Kritik wuchs. Verunsichert schulte die Versuchsschule schließlich „Hilfsschüler“ ab. Aber diese Maßnahme war ohne die gewünschte Wirkung: Die Schule Berlinertor wurde zunehmend unattraktiv für „bildungsbewusste“ Eltern, hingegen attraktiv für Eltern, die die Hilfsschule für ihr Kind vermeiden wollten. Die Anmeldezahlen sanken drastisch.

Im Gegensatz zu diesem weniger erfolgreichen Beispiel sollen nun drei Schulen beschrieben werden, die bis heute als „Leuchtturm“ wirken und von Eltern zeitweise stark nachgefragt wurden. Es sind die Karl-Marx-Schule, die Jena-Plan-Schule und die Wiener Versuchsschule. Wir wollen daraus Schlüsse ziehen, um für heutige Innovationen zu lernen. Im Dschungel verschiedenster Interessengruppen ist es gegenwärtig immer noch schwierig, eine klare Linie für eine erfolgreiche reformpädagogische Schule zu benennen. Welche Fehler sollten vermieden werden, damit die humanistischen Ziele der reformpädagogischen Schulerziehung nicht scheitern?

4.3.2 Karl-Marx-Schule Berlin-Neukölln, heute Fritz-Karsen-Schule

Einer der erfolgreichsten damaligen Schulgründer, Fritz Karsen, hatte vor dem Aufbau der Karl-Marx-Schule in Berlin intensive Erfahrungen mit einem gescheiteren Umbau einer preußischen Kadettenanstalt in eine fortschrittliche Schule hinter sich (vgl. Wolfgang Keim und Ulrich Schwerdt 2013, S. 726) und offenbar notwendige Schlüsse daraus gezogen.

Die Karl-Marx-Schule war geprägt durch Schulleiter Fritz Karsen und den Bund Entschiedener Schulreformer (Paul Oestreich), unterstützt durch den bekannten Neuköllner Stadtrat Kurt Löwenstein, SPD, und die Kinderfreundebewegung.

Sie wurde zu einer Langformschule der Klassen 1–13, die heute „Fritz-Karsen-Schule" heißt und noch immer erfolgreich arbeitet (vgl. Wolfgang Keim und Ulrich Schwerdt 2013, besonders S. 725 ff und 982 ff).

Vorrangiges Ziel der Schule war der *Abbau sozialer Ungleichheit* in der Arbeiterschaft. Nicht erst seit PISA wissen wir, dass dieses Ziel bis heute in Deutschlands Schulen im Durchschnitt nicht erreicht wurde, jedoch es manchen Reformschulen vorbildlich gelingt, ihren Schülern einen Weg in die Zukunft zu bahnen. Genehmigt ab 1921, integrierte diese „Einheitsschule" alle herkömmlichen Schulformen und führte z.B. Aufbauklassen und Arbeiter-Abiturkurse. Übergänge von der Volksschule auf die höhere Schule wurden erleichtert. Ein Studienseminar zur Lehrerbildung war der Schule angeschlossen.

Fächerübergreifende *Projektarbeit* war zentrales Element. Die Gesamtvorhaben legte die Lehrerkonferenz mit Schülervertretern aller Klassen fest. Studienfahrten waren Teil des Projektes, z.B. ins Ruhrgebiet zu Bergarbeitersiedlungen, nach Wien zur sozialistischen Stadtgemeinde oder Theaterarbeit mit Brechts Lehrstück.

Zur Dokumentation der Projekte führten Schüler *Protokolle*, die durch die Lerngruppe verabschiedet werden mussten. Soweit Produkte wie Schülerzeitungen oder handwerkliche Erzeugnisse entstanden, wurden sie in einer Ausstellung zusammen mit den Protokollen der Schulgemeinde vorgestellt.

Schüler legten den Lehrkräften und der Klasse lerntagebuchartige Berichte und selbstkritische Bewertungen vor. Diese Berichte ersetzten die Zeugnisse.

Kurz: Eine Langform-Schule der Jahrgänge 1–13 aus einem Guss, in erster Linie für die Kinder der Arbeiterschaft.

4.3.3 Die Jenaplan-Schule in Jena

Seit 1923 arbeitete diese Langform-*Universitätsschule* der Klassen 1–10 (vgl. Wolfgang Keim und Ulrich Schwerdt 2013, besonders S. 715 ff und 986 ff).

Geprägt war sie durch Peter Petersen, der 1920 bereits die Lichtwark-Schule in Hamburg leitete (vgl. a. a. O. S. 720). Schon dort hatten die Unterrichtsfächer in Händen weniger Lehrer gelegen. Die Lehrer einer Klasse kooperierten *in festen Teams über Jahre*. Petersen übernahm in Jena die Lehrerausbildung, auch die der Sonderschullehrer; er lehnte aber Sonderschulen ab.

Die Schulklassen waren koedukativ und bewusst leistungsheterogen: *Heterogenität* wurde als positiv bewertet. Es gab kein Sitzenbleiben. Die Stammgruppen waren altersgemischt: Jg. 1–3; Jg. 4–6; Jg. 6/7–8; Jg. 8/9–10. Die Schüler durchliefen die Rollen als Jüngster, Mittlerer und Ältester. Sie wurden als Paten und Helfer eingesetzt. Diese „Erziehung *zur Gemeinschaft durch die Gemeinschaft*" wurde strukturiert durch einen rhythmisierten Wechsel von *Gespräch, Spiel, Arbeit und Feier* (Montagmorgen- und Wochenabschlussfeier).

Der Klassenraum galt als *„Wohnstube"* mit beweglichen Tischen und Stühlen, ohne feste Plätze für einzelne Schüler; daneben Werkräume, naturwissenschaftliche Fachräume und Turn- und Gymnastiksaal mit je eigenem Raumcharakter und Verhaltenserwartungen.

Die Schüler lernten die Hauptfächer in Fachleistungskursen auf individualisierten Lernwegen.

Die Norm des *Gehorsams und der Aufopferung* gegenüber der Gemeinschaft wurde ab 1933 von Faschisten missbraucht, was aber den Wert der *pädagogischen Grundkonzeption* nicht in Frage stellen kann.

Kurz: Eine Universitätsschule, organisiert in altersgemischten Klassen mit effektiven kooperativen Lernformen.

4.3.4 Die Individualpsychologische Versuchsschule Wien

Von 1931–1934 wurde diese öffentliche Versuchsschule gefördert durch die Individualpsychologen Curt Furtmüller und Ernst Papanek aus der Schulbehörde der sozialdemokratischen Regierung Wiens (vgl. Wolfgang Keim und Ulrich Schwerdt 2013, besonders S. 824 ff).

Geprägt war sie durch Alfred Adlers Individualpsychologie nach einem *integrativen* Konzept von Ferdinand Birnbaum, Oskar Spiel, Franz Scharmer. Die Grundannahme der Schule war, dass eine enge *Wechselbeziehung von Persönlichkeits- und Lernentwicklung* besteht. Die Schulklasse galt als Gemeinschaft. Die Schule war für Jungen aus dem Bezirk und schwer erziehbare, sowie weitere behinderte Schüler.

Regelmäßige Einzelgespräche mit erziehungsschwierigen Schülern waren gekennzeichnet durch

- Aufbau einer vertrauensvollen Lehrer-Schüler-Beziehung
- Entlastung durch Verzicht auf moralische Bewertung des Schülerverhaltens
- Zuversicht im Hinblick auf positive Entwicklungsmöglichkeiten
- Bewusstmachung und Korrektur problematischer „Lebenspläne"
- Aktive Auseinandersetzung mit sozialen und intellektuellen *Herausforderungen in der Gemeinschaft*, Stärkung des Selbstbewusstseins
- Ablösung von der Hilfestellung durch die Lehrperson.

Durch neue und positive Erfahrungen in der *Klassengemeinschaft* konnten die Schüler ihr Verhalten im Laufe der Zeit ändern. Die *Klassengemeinschaft* vereinbarte Regeln, besprach organisatorische Fragen und verteilte Aufgaben und Ämter. Der *Klassenrat* diente der Lösung von Konflikten und der Besprechung individueller Lern- und Verhaltensprobleme.
Kurz: Eine frühe erfolgreiche, integrative Schule.

Zwischenfazit:

Fasst man die Vorzüge der drei genannten erfolgreichen Modell-Schulen zu einem Konzept zusammen, so zeigt sich eine integrative Langformschule der Jahrgänge 1 – 13. Das ist eine Schule des längeren gemeinsamen Lernens, in der Schüler, die in der Gesellschaft *benachteiligt* sind, durch kooperative Lernformen zu schulischen Erfolgen gebracht werden und sich in der Klassengemeinschaft angenommen, akzeptiert und „gebraucht" fühlen. Die im Teil III genannten Unterrichtskonzepte können hier ihren Ursprung genommen haben:

- Eine ermutigende Lehrer-Schüler-Beziehung
- Mehrperspektivisches Lernen in der Gemeinschaft: voneinander und miteinander, u. a. mit (sokratischen) Gesprächen
- Lernen durch Lehren
- Projekte, die die Vielfalt der Schüler nutzen
- Lernen durch Erleben und Erfahren
- Schüler dort abholen, wo sie stehen
- Lehren mit dem Ziel, möglichst alle zum Schulabschluss zu führen.

Ein Team von Pädagogen koordiniert die Arbeit.

Die Elternschaft unterstützt die Schule. In den drei genannten Fällen stand der Staat förderlich im Hintergrund, ließ aber den Pädagogen Handlungsspielräume für die Gestaltung ihrer Schule zusammen mit Eltern und Schülern. Die drei

Schulen waren geprägt durch eine starke Ausstrahlungskraft ihrer Leiter und deren Vernetzung mit damals fortschrittlichen wissenschaftlichen bzw. sozialistischen und humanistischen Bewegungen.

4.4 Konsequenz und Zukunftsperspektive: Die Langformschule 1–13 heute

„Wem unser Programm zu erhaben erscheint, der soll daran denken,
dass man stark aufsteigen und hoch empor fliegen muss,
um dann langsam sinkend, dennoch viel Weg zurückzulegen.
Wem unser Programm vielleicht zu phantastisch erscheint,
der soll daran denken,
dass ein eiserner Motor alleine nicht genügt,
um in der Höhe zu schweben,
sondern auch – Flügel sind nötig (...)
Janusz Korczak: Zur Eröffnung des Dom Sierot
(1913, SW Bd. 9, S. 199f)

Die wissenschaftliche Auswertung der Erfahrungen, die die reformpädagogischen Pioniere in den 1920er-Jahren gemacht hatten, steht noch am Anfang.

Erfolgreich scheinen besonders die Schulen gewesen zu sein, die für „ihre Schüler“ Partei ergriffen und *zum (gesellschaftlichen) Fortkommen jedes Einzelnen* beitragen wollten. Die Arbeiterbewegung stand vielen Schulversuchen der Weimarer Republik nahe. Dabei ging es nicht selten auch um das *Ziel, benachteiligten Schülern zum Schulabschluss* zu verhelfen, die in der traditionellen Regelschule oft ohne Chance blieben. Ohne die reformpädagogische Unterrichtspraxis wären viele Schülerinnen und Schüler nicht so weit gekommen. Nachweise über die tatsächlichen Erfolge der Schulabgänger sind schwierig zu erbringen, aber das Engagement der Lehrkräfte *über lange Zeiträume* für „ihre Schüler“ lässt es wahrscheinlich erscheinen, dass Erwartungen vieler Eltern erfüllt wurden. Dabei gelang es auch, „Schwierigen“ oder „Schwachen“ den Weg zu ebnen. Hier liegen die Wurzeln integrativer Schulen (z.B. Individualpsychologische Versuchsschule Wien).

In vielen Versuchsschulen (z.B. Schule Berlinertor, Karl-Marx-Schule, Jenaplan-Schule) wurde die kurze Grundschulzeit aufgehoben. Die Schüler wechselten nicht die Schule und wurden dabei nicht (nach Leistungskriterien) auf verschiedene weiterführende Schulformen verteilt und abgetrennt voneinander unterrichtet. Die Schüler verteilte man in der Regel auch nicht so, dass die leistungsstarken zusammen in eine Klassen kamen und von den leistungsschwachen getrennt unterrichtet wurden. Leistungshomogene Klassen kamen nicht in Frage.

Dass dies auch heute berechtigt ist, bestätigen viele Studien. Hattie (2013, S. 106ff) weist darauf hin, dass Klassenbildungen mit dem Ziel überdauernder Einteilung nach Leistung, keine Wirkung auf die Schülerleistungen hat. Allerdings sind auch heterogene, altersgemischte Klassen nicht automatisch sinnvoller als andere, *falls* sich der Unterricht selbst in altersgemischten Klassen *an den Jahrgängen orientiert* (vgl. Hattie 2013, S. 109 ff). Solcher „Abteilungsunterricht“ nutzt nicht die Chancen der Mehrperspektivität. Die Lehrpersonen ignorieren dann leicht, dass die Schüler voneinander sehr effektiv lernen könnten (vgl. Hattie 2013, S. 250 ff).

In vielen reformpädagogischen Schulen waren altersgemischte Lerngruppen selbstverständlich. Das gemeinsame Lernen von- und miteinander stand dabei im Mittelpunkt (z. B. Schule Berlinertor, Jenaplan-Schule).

Das System der leistungshomogenen Klassenbildung wurde bei den Versuchsschulen auch deshalb abgelehnt, weil es die unterschiedlichen Startbedingungen der Schüler verfestigte und somit Bildungsgerechtigkeit verhinderte, was inzwischen empirisch nachgewiesen werden konnte (vgl. auch Hattie 2013, S. 106 ff; Rolff 2014, S. 69 ff).

Die Erfahrungen aus Schulen, die den Bruch nach Klasse 4 bzw. 6 nicht machten, sondern ihre Schüler zusammen bis zum Schulabschluss führten, sind vielfach dokumentiert worden. Ein großer Teil dieser Schulen hat Preise und Anerkennungen erhalten und gilt inzwischen als Modell. Metaanalysen von Hattie (2013) zeigen, dass Schulwechsel negative Nachwirkungen auf die Lernleistung haben können. Wenn das Kind *im ersten Monat des Wechsels Freunde gewinnt*, verringert sich etwas der negative Effekt auf die Schulleistung (vgl. S. 96 f). Ebenso negativ wirkt sich eine Nicht-Versetzung auf die Lernleistung aus. Sie kann Schüler traumatisieren und zudem die Wahrscheinlichkeit eines Schulabbruchs deutlich erhöhen (vgl. Hattie 2013, S. 116 ff).

Der *Klassenzusammenhalt* hingegen beeinflusst die Lernleistung sehr positiv (vgl. Hattie 2013, S. 122 f).

Sicherlich spielte eine große Rolle für den Schulerfolg, dass sich viele Versuchsschulen als *„Gemeinschaft“* verstanden, die den jungen Menschen einen echten Erfahrungsraum bieten konnten. Besonders erfolgreich waren Schulen, deren Lehrkräfte und *Mitarbeiter mit den Eltern zusammen* das Profil der Schule entwickelten (vgl. Gemeinschaftsschulen).

In allen erfolgreichen Schulbeispielen spielt die Zusammenarbeit der Pädagogen eine Rolle. Arbeitsgruppen, Kollektive, Arbeitskreise, Zirkel oder – aus dem Englischen zu Anfang des 20. Jahrhunderts entlehnt – *„Teams“*, vielleicht auch Steuergruppen bildeten den Kern der Arbeit. *Feste Teams* arbeiteten mit den Schülergruppen oder Klassen, wie z. B. in Hamburger Gemeinschaftsschulen. Stark geprägt wurden die Versuchsschulen durch ihre *Schulleiter*, deren integrierende Wirkung, ihre öffentliche Anerkennung und ihr Durchsetzungsvermögen zum Erfolg beitrugen.

Schulen scheiterten eher dann, wenn die **Schulleistungen** der Schüler hinter den Erwartungen der Eltern zurückblieben oder wenn ihnen im Konzept bereits weniger Bedeutung beigemessen wurde.

Allen Versuchsschulen gemeinsam ist, dass sie *kämpfen* mussten, um ihre Schulen zu *legitimieren*, selbst wenn diese als Schulversuche in öffentlichen Schulen genehmigt worden waren. Nicht nur Behörden, sondern auch Eltern und konservative gesellschaftliche Kräfte nahmen Einfluss und machten die pädagogische Arbeit in den Schulen teilweise schwer.

Dass Innovationshindernisse zu erwarten sind, beschreibt Gunter Dueck (2014) für die Wirtschaft. Er fasst einige spezielle Hindernisse zusammen, die nach unserer Erfahrung auch gegen die hier genannten reformpädagogischen Innovationen in Schulen wirken können:

a) Hindernisse durch den Elfenbeinturm der *Wissenschaft*: Der Erfinder „springt nicht über die Schlucht, er sieht nur hinüber“ (S. 106). Die Innovation braucht aber „Erfinder, die voller Tatendrang die reale Welt bereisen“ (S. 107).
b) Blockaden durch *Marketing*: Innovationen werden zu schnell als „normale Produkte“ behandelt (S. 129) und im „Zustand der Unfertigkeit“ (S. 129) mit anderen verglichen. Die Entstehung braucht jedoch Zeit. Gunter Dueck rät Innovatoren: „Work underground as long as you can“.
c) Barrieren durch *Management*: Die Vorstellung von *geplantem Vorgehen* hemmt die Entwicklung. „Am Anfang hat Innovation hauptsächlich etwas mit der Exploration eines neuen Kontinentes zu tun“ (Dueck 2014, S. 147).
d) Behinderungen durch *Beratung* und *Lehrbuchmeinungen*: Die Innovationen scheitern, wenn sie nur „mit dem Kopf“ gemacht werden. Nicht Disziplinmangel ist eine Ursache für ein Scheitern, sondern Dueck (2014) sieht hier einen anderen Schwerpunkt: „Für Innovation muss Herzblut dazu, es muss Wille zum Neuen und voller Energie zum Einsatz kommen“ (S. 180).
e) Hindernisse durch *Normierungen*: „Das Richtige, Geregelte, Normierte versucht unentwegt, jede Innovation in allzu festen Strukturen einzufangen, woran diese dann so oft zugrunde geht“ (S. 197). Dagegen müssen wir uns bewusst machen, dass es bei etwas Neuem weder Vergleich noch Norm gibt. Die üblichen Bahnen zu verlassen bedeutet immer, mit Unplanbarkeit zu leben und ins Ungewisse zu gehen.

Gunter Dueck (2014) hält die Vorstellungswelt der „richtigen Menschen“ für die Hauptbarriere: „Sie wollen alles planen, regeln, koordinieren und normieren. (…) Man macht das so, man hat das immer so gemacht, alle sehen es so, man kann es nicht anders tun“ (S. 196). Dagegen mahnt er eindringlich: „Innovation ist nun ‘leider’ etwas Neues. Da gibt es keine Norm und keinen Vergleich. (...) Ich wurde immer wieder gezwungen, einen Plan zu erstellen (...). Ich habe viele Jahre praktisch ohne Ziele gearbeitet und wurde praktisch die ganze Zeit mit unruhigem Stirnrunzeln begleitet. Bosse fühlen sich unwohl, wenn sie nicht vergleichen können“ (S. 196).

Rechnet sich der Aufwand? Das Gefühl, dass es sich eventuell nicht lohnt, sich für etwas Neues stark zu machen, dämpft das Engagement. Gunter Dueck (2014) betont dagegen aus Erfahrung: „Innovation, die sich lohnen soll, muss als Herkulesaufgabe betrieben werden, mit voller Kraft. Innvovation ist wie ‘Sisyphos schafft es doch’“ (S. 282).

Aus gescheiterten Schulveränderungen leiteten viele engagierte Lehrkräfte, Eltern und Schüler ab, dass das *deutsche Schulsystem nicht wandlungsfähig* sei und Einsatz für Innovation sich nicht lohne. Zu diesem pessimistischen Schluss passt ein schulstrukturelles Bild der „betonierten“ Gliedrigkeit, das sich weit verbreitet hat und unkritisch übernommen wird.

Dieses Bild enthält jedoch einige Irrtümer, die durch die erfolgreiche Arbeit vieler Reformschulen widerlegt werden können.

Irrtum 1:

„Bildung in der Schule muss von den konkreten Lebenslagen der Kinder und Jugendlichen abstrahieren; sie generalisiert, indem sie an alle gleiche Erwartungen und Ansprüche stellt. Das ist die genuine Aufgabe und Funktion von Schule.“ (Mack 2014, S. 65)

Irrtum 2:

Schule ist kein geeigneter Ort, der herkunftsbedingte Leistungsdefizite benachteiligter oder beeinträchtigter Schüler ausgleichen oder beseitigen kann.

Irrtum 3:

Es hat Vorteile, die „Institutionalisierung der unterschiedlichen Formen pädagogischer Förderung (...) an getrennten Orten zu lancieren“ (Heinrich et al. 2014, S. 45). Spezial- und Sondereinrichtungen für sonderpädagogische oder sozialpädagogische Unterstützung und Beratung sind erforderlich und sollten unabhängig von der allgemeinen Schule agieren.

Diese immer wieder seit Jahrzehnten in unterschiedlichen Schattierungen vorgetragenen Irrtümer der „alten Schule“ basieren auf einer Position, die der „neuen Schule“ nicht zutraut, sich gegen eine wettbewerbsorientierte Gesellschaft zu behaupten und humane Ziele zu verfolgen. Die erfolgreichen Versuchsschulen widerlegen diese konservativen Vorannahmen. Dennoch verfestigte sich die Meinung, dass die allgemeine öffentliche Schule nicht als Anwalt der Schüler, „vom Kinde aus“ agieren könnte.

Die Bildungssoziologie weist hier einige blinde Flecke in der Forschung auf: „Auffällig ist jedenfalls, dass die (…) Ungleichheitsforschung zum Geschehen *in* der Schule überhaupt nicht vordringt, sondern sich nur mit bestimmten Merkmalen von Schulen und Schülerinnen und Schülern zufrieden gibt – der Blick ins Innere der Schule, in den 'Maschinenraum' des Bildungswesens einer Gesellschaft wird sorgsam vermieden“ (Krais 2014, S. 278).

Eine Ausnahme bildet hier z. B. eine amerikanische Längsschnittstudie aus 2011 von Annette Lareau. Über zehn Jahre hinweg wurden Kinder in Familien und Schule parallel beobachtet. Es konnte gezeigt werden, „wie sich bei Arbeiterfamilien und ihren Kindern Praktiken und kulturelle Logiken der Schule und ihres eigenen Alltags beständig aneinander reiben, während es diese Erfahrungen (…) bei Mittelschichtfamilien schlichtweg nicht gibt – hier greifen die kulturellen Logiken der Schule und der Familie wunderbar ineinander“ (Krais 2014, S. 280).

Es fehlen bisher auch vergleichende Längsschnittuntersuchungen über die Entwicklung von Schülern in verschiedenen Schulsystemen und Schulformen von Beginn ihrer Schulzeit bis zum Schulabschluss. Dabei wären gerade die Effekte der Übergänge nach der Grundschule und am Ende der Sekundarstufe 1 auf die Schulleistung der Schüler verschiedener Herkunft dringend zu untersuchen und im internationalen Vergleich zu analysieren. Die Langformschulen, die als Gesamtschulen ohne Brüche vom Schulanfang bis zum Schulabschluss erfolgreich arbeiten, sind noch wenig untersucht. Vor allem würden hier internationale Vergleichsstudien helfen. Im Rahmen der wissenschaftlichen Begleitung der PRIMUS-Schulen (Jg. 1 – 10 bzw. 13 , z. B. Berg Fidel Münster) könnten sich zukünftig Forschungsprojekte anschließen, die diese Fragen zu klären versuchen.

Wenn die Langformschulen als Schulen für *alle* Schüler von Jahrgang 1 bis 13 arbeiten, könnten sie Modell für die gesamte Schullandschaft werden und so die jahrelangen politischen Schulstrukturdebatten überflüssig machen. Auf diese Weise könnte die deutsche Schule den Anschluss an die internationale Entwicklung bekommen.

An dieser Stelle ein Blick auf die aktuellen Erfahrungen aus einer staatlichen Langformschule in Berlin.

Lothar Sack hat von 1969 – 2006 an der **Fritz-Karsen-Schule (FKS) Berlin-Neukölln** gearbeitet, seit 1992 als Schulleiter dieser Gesamtschule. Die Schüler dieser Langformschule lernen vom ersten Schuljahr an bis zum Schulabschluss zusammen, wie in der Primus-Schule Berg Fidel / Geist in Zukunft auch möglich sein wird. Wie erleben sie diese Schule im Gegensatz zu anderen Schülern, die nach der Grundschule einen Schulwechsel erfahren? Was schätzen Eltern daran? Welche Auswirkungen hat die Langformschule auf das Kollegium, das ja aus Lehrern verschiedener Schulstufen und Schulformen zusammengesetzt ist? Wie arbeiten Lehrkräfte und andere Mitarbeiter der Schule zusammen, wenn Schüler ihr ganzes Schulleben in ihrer Schule bleiben? Für Schüler, Eltern, Pädagogen und das Umfeld der Schule sowie das Schulsystem selbst bedeutet eine solche – auch in Deutschland gar nicht so seltene – Langformschule eine große Erweiterung der Perspektive. Das lange gemeinsame Schule-Machen selbst ist bereits ein Qualitätsfaktor der Schule. Aus Schulanfängern werden Schritt für Schritt Erwachsene – und die bleiben im System dieser Schule – alle sind auf dem Weg dahin auch Lehrer für die „Kleinen". Diese Horizonterweiterung selbst stellt einen Bildungswert dar.

Lothar Sacks Erfahrungen belegen die großen Vorteile der Langformschulen im Gegensatz zu Schulen des gegliederten Schulsystems, in denen ein Schulwechsel von vornherein eingeplant ist. Lothar Sack hat als Lehrer und Leiter der Fritz-Karsen-Schule in Berlin-Neukölln über viele Jahre Schüler, Eltern, Pädagogen, das System und das Umfeld der Langformschule beobachten können. Die Ergebnisse sind im folgenden Kasten stichwortartig zusammengefasst (vgl. Sack 2015):

Erfahrungen in der Langformschule 1 – 13
aus der Perspektive der Schülerinnen und Schüler

- Bekannte (vertraute) Umgebung bleibt erhalten.
- Bewährte soziale Beziehungen bleiben erhalten.
- Gut funktionierende Schülergruppen bleiben bestehen.
- Künftige Lehrer / innen sind bekannt.
- Schulplatz für die Sek-Stufe ist sicher.
- Nicht nur bei Altersmischung sind ältere Schüler / innen bekannt.
- Weniger „Brüche", weniger Verunsicherungen.

Erfahrungen aus der Perspektive der Eltern

- Stress der Schulplatzsuche entfällt.
- Wechselmöglichkeiten (bei Unzufriedenheit) bleiben bestehen.
- Einschätzung, wie es in der Sek-Stufe weitergeht, zuverlässiger möglich.
- Konzept der Sek-Stufe ist langfristig bekannt.
- Lehrer/innen sind bekannt.
- Eltern können sich auch bei längerfristigen Projekten sinnvoll einbringen.

Erfahrungen aus der Perspektive der Pädagogen

- Künftige Schüler bereits bekannt (AG-Bereich, Verzahnung).
- Wechsel der Arbeitsschwerpunkte ist realistisch möglich (Grundstufe ↔ Abitur).
- Frühere Lehrer (der Schuler/innen) sind vor Ort.
- Langfristige Entwicklung der Schüler/innen (und damit die langfristige Wirkung des pädagogischen Handelns) kann unschwer beobachtet werden.
- Dadurch entsteht eine realistischere Einschätzung der Situation und Entwicklung von Schüler/innen.

Erfahrungen aus der Perspektive des Systems der Langformschule

- Realisierungsmöglichkeit einer „durchgängigen“ Pädagogik.
- Bessere Realisierungsmöglichkeiten der Inklusion in der Sekundar-Stufe.
- Altersmischung kann sich besser entfalten (mehrfacher Durchlauf in derselben Schülergruppe).
- System ist weniger anfällig für Demütigungen.
- System weniger anfällig für Suche nach „Sündenböcken“.
- Vermeidung des Zeitverlustes durch soziale Brüche.
- Größere Altersbandbreite bietet Vorteile.
- Patenschaften (Lernen durch Lehren)
- AG-Bereich ist ausgeweitet.
- Schulfeste sind vielfältiger.
- Längere Verweildauer der Schüler macht die Schule weniger empfindlich gegen Interventionen von außen.
- Größeres Kollegium ermöglicht interne Vertretungsregelungen.

Erfahrungen aus der Perspektive des Schul-Umfeldes
Schulen mit großer Altersbandbreite sind ein interessanterer Kooperationspartner, z. B. für

- Sportvereine
- Firmen
- Kommunale Aufgaben
- Sozialpraktika
- Freie Träger der Jugend- und Sozialarbeit
- Institute für die Aus- und Weiterbildung von Pädagogen

Das *Herzblut*, das nötig ist, um die Schule zu verändern, bekommt ein Mensch vermutlich niemals, indem er plant. Eine neue Schule ist niemals am Reißbrett entworfen worden. Planung stand nie am Beginn. Vielmehr haben sich Schulen auf den Weg gemacht, wenn sie Partei ergriffen haben für diejenigen „Schutzbefohlenen", die mit dem Wort „Schüler" bezeichnet werden. Die Schule ist ihre „Anstalt", sie gehört nicht den Lehrern, sie dient ausschließlich den Interessen der „Schüler". In der Geschichte der Pädagogik war dies immer wieder betont worden, aber die Umsetzung in ein staatliches System, das einer Zwangsanstalt glich, war etwas völlig anderes. Die Umsetzung braucht mehr als gute Ideen, sie braucht viel Energie und Herzblut und Widerstandskraft. Auch das können wir von den Beispielen der reformpädagogischen Schulversuche lernen.

Literatur und Lesehinweise

Adorno, Theodor W.: Erziehung zur Mündigkeit. Frankfurt/M. :Suhrkamp 1973

Adorno, Theodor W.: Theorie der Halbbildung. In: Adorno, Theodor W. (Hrsg.): Soziologische Schriften I. Frankfurt/M.: Suhrkamp 1972, S. 93–121

Arendt, Hannah: Über das Böse. Eine Vorlesung zu Fragen der Ethik. München: Piper 2007

Bartnitzky, Horst: Die „kritischen Stellen im Lernprozess" und wie Kinder sie bewältigen können. In: Grundschule aktuell, 122, 2013a, S. 3–7

Bartnitzky, Horst: Tragfähige Grundlagen im Rechtschreiben – als Weg und als Ziel. In: Grundschule aktuell, 124, 2013b, S. 3–8

Bartnitzky, Horst/Hecker, Ulrich/Lassek, Maresi: Individuell fördern – Kompetenzen stärken in der Eingangsstufe. Frankfurt: Grundschulverband 2012

Basaglia, Franco / Basaglia-Ongaro, Franca: Befriedungsverbrechen. In: Basaglia / Foucault / Castel / Wulff / Chomsky / Laing / Goffman u. a.: Befriedungsverbrechen. Über die Dienstbarkeit der Intellektuellen. Frankfurt/M.: Europäische Verlagsanstalt 1980

Bauerdick, Rolf: Zigeuner. Begegnungen mit einem ungeliebten Volk. München: DVA 2013

Becker, Ulrike/Prengel, Annedore: Kindern institutionell Halt geben – Strukturen für „schwierige Kinder" in inklusiven Grundschulen. In: Heinzel, Friederike (Hrsg.): Kinder in Gesellschaft. Frankfurt a. M.: Grundschulverband 2010, S. 184–198

Beiner, Friedhelm: Janusz Korczak. Themen seines Lebens. Eine Werkbiografie. Gütersloh: Gütersloher Verlagshaus 2011

Beywl, Wolfgang/Zierer, Klaus: „Visible Learning" wird zu „Lernen sichtbar machen". In: Terhart, Ewald: Die Hattie-Studie in der Diskussion. Seelze: Friedrich 2014, S. 147–162

Birnbacher, Dieter/Krohn, Dieter: Das sokratische Gespräch. Stuttgart: Reklam 2002

Bless, Gérald: Zur Wirksamkeit der Integration. Forschungsüberblick, praktische Umsetzung einer integrativen Schulform, Untersuchungen zum Lernfortschritt. Bern: Haupt 2007, 3. Aufl.

Booth, Tony: Der aktuelle „Index for Inclusion" in dritter Auflage. In: Reich, Kersten (Hrsg.): Inklusion und Bildungsgerechtigkeit. Weinheim: Beltz 2012, S. 180–204

Brügelmann, Hans: Wem und was nützen (Meta-) Metaanalysen der Bildungsforschung? Eine kritische Auseinandersetzung mit der Hattie-Studie. In: SchulVerwaltung NRW, 24, 2013, 7–8, S. 216–218

Brügelmann, Hans: Entwicklung der Rechtschreibung und des Rechtschreibunterrichts. Ein Überblick über empirische Studien. In: Grundschule aktuell, 124, 2013, S. 13–17

Brügelmann, Hans: Vermessene Schulen – standardisierte Schüler. Weinheim: Beltz 2015

Cameron, Heather: Multiprofessionelle Teams in Kanada – Das Community School Team-Programm. In: Erdsiek-Rave, Ute/John-Ohnesorg, Marei (Hrsg.): Individuell Fördern mit multiprofessionellen Teams. Berlin: Friedrich-Ebert-Stiftung 2014, S. 49–53

Carle, Ursula: Gelingende Zusammenarbeit multiprofessioneller Teams an Ganztagsschulen. In: Erdsiek-Rave, Ute/John-Ohnesorg, Marei (Hrsg.): Individuell Fördern mit multiprofessionellen Teams. Berlin: Friedrich-Ebert-Stiftung 2014, S. 66–71

Carle, Ursula/Metzen, Heinz: Wie wirkt Jahrgangsübergreifendes Lernen? Internationale Literaturübersicht zum Stand der Forschung, der praktischen Expertise und der pädagogischen Theorie. Grundschulverband: Frankfurt 2014

Dederich, Markus: Behinderung als sozial- und kulturwissenschaftliche Kategorie. In: Dederich, Markus/Jantzen, Wolfgang (Hrsg.): Behinderung und Anerkennung. Stuttgart: Kohlhammer 2009, S. 15–39

Dreikurs, Rudolf/Grundwald, Bernice B./Pepper, Floy C.: Lehrer und Schüler lösen Disziplinprobleme. Herausgegeben von Hans Josef Tymister. Weinheim: Beltz 1987

Dueck, Gunter: Das Neue und seine Feinde. Wie Ideen verhindert werden und sie sich trotzdem durchsetzen. Frankfurt/M.: Campus 2013

Dyrda, Klaus: Zusammen geht es besser. Teamarbeit in Schulen. Köln: Link 2012

Eckhart, Michael/Haeberlin, Urs/Sahli Lozano, Caroline/Blanc, Philippe: Langzeitwirkungen der schulischen Integration. Eine empirische Studie zur Bedeutung von Integrationserfahrungen in der Schulzeit für die soziale und berufliche Situation im jungen Erwachsenenalter. Bern: Haupt 2011

Eichholz, Reinald: Streitsache Inklusion. Rechtliche Gesichtspunkte zur aktuellen Diskussion. In: Feuser, Georg/Maschke, Thomas (Hrsg.): Lehrerbildung auf dem Prüfstand. Welche Qualifikationen braucht die inklusive Schule? Gießen: Psychosozial-Verlag 2013, S. 67–115

Fellini, Federico: Fellini über Fellini. Ein intimes Gespräch mit Giovanni Grazzini. Zürich: Diogenes 1984

Feuser, Georg: Naturalistische Dogmen: Unerziehbarkeit, Unverständlichkeit, Bildungsunfähigkeit. In: Dederich, Markus/Jantzen, Wolfgang (Hrsg.): Behinderung und Anerkennung. Stuttgart: Kohlhammer 2009, S. 233–239

Feuser, Georg: Entwicklungslogische Didaktik. In: Kaiser, Astrid/Schmetz, Ditmar/Wachtel, Peter/Werner, Birgit (Hrsg.): Didaktik und Unterricht. Stuttgart: Kohlhammer 2011, S. 86–100

Feuser, Georg: Grundlegende Dimensionen einer LehrerInnen-*Bildung* für die Realisierung einer inklusionskompetenten Allgemeinen Pädagogik. In: Feuser, Georg/Maschke, Thomas (Hrsg.): Lehrerbildung auf dem Prüfstand. Welche Qualifikationen braucht die inklusive Schule? Gießen: Psychosozial-Verlag 2013, S. 11–66

Feyerer, Ewald: LehrerInnenbildung im Umbruch. In: Feuser, Georg/Maschke, Thomas (Hrsg.): Lehrerbildung auf dem Prüfstand. Welche Qualifikationen braucht die inklusive Schule? Gießen: Psychosozial-Verlag 2013, S. 181–212

Fingerle, Michael: Risiko und Resilienz. In: Kaiser, Astrid/Schmetz, Ditmar/Wachtel, Peter/Werner, Birgit (Hrsg.): Bildung und Erziehung. Stuttgart: Kohlhammer 2010, S. 135–142

Frieß, Jutta: Der Frankfurter Reformschulversuch 1921–1937. Frankfurt/M.: Brandes & Apsel 2007

Fuest, Ada: Und in der Mitte das Kind. Baltmannsweiler: Schneider 2008

Fuest, Ada: Ermutigung von Kindern. In: Fuest, Ada/John, Friedel/Wenke, Matthias (Hrsg.): Handbuch der individualpsychologischen Beratung in Theorie und Praxis. Münster: Waxmann 2014a, S. 361–368

Fuest, Ada: Gruppengespräche mit Schülern. In: Fuest, Ada/John, Friedel/Wenke, Matthias (Hrsg.): Handbuch der individualpsychologischen Beratung in Theorie und Praxis. Münster: Waxmann 2014b, S. 369–390

Gaudig, Hugo: Die Schule im Dienste der werdenden Persönlichkeit. 2 Bd. Leipzig 1917

Gogolin, Ingrid/Lange, Imke/Michel, Ute/Reich, Hans H. (Hrsg.): Herausforderung Bildungssprache – und wie man sie meistert. Münster: Waxmann 2013

Göhlich, Michael (Hrsg.): Offener Unterricht – Community Education – Alternativschulpädagogik – Reggiopädagogik. Die neueren Reformpädagogiken. Weinheim: Beltz 1997

Green, Norm/Green, Kathy: Kooperatives Lernen im Klassenzimmer und im Kollegium. Das Trainingsbuch. Seelze-Velber: Friedrich 2005

Grittner, Frauke: Sachunterricht in jahrgangsgemischten Lerngruppen. In: Gläser, Eva/Schönknecht, Gudrun (Hrsg.): Sachunterricht in der Grundschule. Frankfurt/M.: Grundschulverband 2013, S. 115–125

Habermas, Jürgen: Es beginnt mit dem Zeigefinger. In: Die Zeit. Feuilleton. 10.12.2009, Nr. 51, S. 45

Häsel-Weide, Uta: Gemeinsam Mathematik lernen. In: Grundschule aktuell, 130, 2015, S. 3–7

Hattie, John: Visible Learning. London: Routledge 2009

Hattie, John: Lernen sichtbar machen. Überarbeitete deutsche Ausgabe von „Visible Learning" (2009) besorgt von Beywl, Wolfgang & Zierer, Klaus. Baltmannsweiler: Schneider 2013

Haeberlin, Urs/Bless, Gérald/Moser, Urs/Klanghofer, Richard: Die Integration von Lernbehinderten. Bern: Haupt 2003, 4. Aufl.

Heckmann, Gustav: Das sokratische Gespräch. Frankfurt/M.: dipa 1993

Hehn-Oldiges, Martina: Soziale Zugehörigkeit und Lernprozesse in der Mathematik. In: Gemeinsam Lernen 21, 2013, H. 3, S. 170–177

Heinrich, Martin/Faller, Christiane/Thieme, Nina: Neue alte Bildungsungerechtigkeit durch professionskulturellen Dissonanzausgleich in differenziellen Lernmilieus? In: Die Deutsche Schule, 106, 2014, 1, S. 30–49

Heisterkamp, Günter: Zur Freude in der analytischen Kinder- und Jugendpsychotherapie. In: Z. f. Individualpsychol. 35, 2010, 4, S. 392–414

Heisterkamp, Günter: Lebensbewegung und Mit-Bewegung. In: Z. f. Individualpsychol. 38, 2013, 1, S. 55–72

Helmke, Andreas: Unterrichtsqualität – erfassen, bewerten, verbessern. Seelze: Kallmeyer 2003

Hentig, Hartmut von: Bewährung – Von der nützlichen Erfahrung, nützlich zu sein. München: Hanser 2006

Hesse, Hermann: Stufen. Ausgewählte Gedichte. Berlin: Insel 2011

Hillenbrand, Clemens: Inklusive Bildung: Programmatik – Empirie – Umsetzung. In: Z. f. Individualpsychologie 39, 2014, 3, S. 281–297

Hinz, Andreas: Von der Integration zur Inklusion – terminologisches Spiel oder konzeptionelle Weiterentwicklung? In: Zeitschrift für Heilpädagogik, 53, 2002, 9, S. 354–361

Hinz, Andreas: Inklusion als ›Nordstern‹ und Perspektiven für den Alltag. In: Peters, Susanne/Widmer-Rockstroh, Ulla (Hrsg.): Gemeinsam unterwegs zur inklusiven Schule. Frankfurt/M.: Grundschulverband 2014, S. 18–31

Horstkemper, Marianne/Tillmann, Klaus-Jürgen: Wie stehen Eltern zur integrativen Beschulung? Ein empirischer Beitrag zur Inklusions-Debatte. In: Die Deutsche Schule, 104, 2012, H. 4, S. 347–362

Hövel, Walter: Draußen-Tage: Kinder erfinden ihre Lernwerkstatt. In: Hagstedt, Herbert/Krauth, Ilse Marie: Lernwerkstätten. Frankfurt: Grundschulverband 2014, S. 76–85

Jantzen, Wolfgang: Eine Schule für alle – nicht ohne umfassende Integration behinderter Kinder! In: Ziemen, Kerstin: Reflexive Didaktik. Oberhausen: Athena 2008, S. 15–33

Kaiser, Astrid: Das Konzept „Freie Arbeit" im Spannungsfeld zwischen Materialdifferenzierung und Projektlernen – kritische Anmerkungen zu Problemen neuerer grundschulpädagogischer Reformbestrebungen. In: Die Deutsche Schule, 84, 1992,1, S. 42–49

Kaiser, Astrid: Caring Curriculum für den Sachunterricht. In: Kaiser, Astrid/Pech, Detlef: Integrative Dimensionen für den Sachunterricht. Baltmannsweiler: Schneider 2004, S. 188–205

Kaiser, Astrid: Menschenbildung in Katastrophenzeiten. Baltmannsweiler: Schneider 2007

Kaiser, Astrid: Praxisbuch handelnder Sachunterricht. Band 4. Baltmannsweiler: Schneider 2014

Kaiser, Astrid/Lüschen, Iris: Das Miteinander lernen. Frühe politisch-soziale Bildungsprozesse. Baltmannsweiler: Schneider 2014

Kaiser, Astrid/Pech, Detlef: Auf dem Weg zur Integration durch neue Zugangsweisen? In: Kaiser, Astrid/Pech, Detlef: Integrative Dimensionen für den Sachunterricht. Baltmannsweiler: Schneider, 2004, S. 3–28

Kaiser, Astrid/Pfeiffer, Silke: Grundschulpädagogik in Modulen. Baltmannsweiler: Schneider 2007

Kaiser, Astrid/Schomaker, Claudia: Die Anfänge des Lernens in den Blick nehmen. Entwicklungsmöglichkeiten der Grundschulpädagogik mit Blick auf Elementarbereich. In: Arnold, Karl-Heinz/Hauenschild, Katrin/Schmidt, Britta/Ziegenmeyer, Birgit (Hrsg.): Zwischen Fachdidaktik und Stufendidaktik. Perspektiven für die Grundschulforschung. Wiesbaden: VS Verlag 2010, S. 185–188

Keim, Wolfgang/Schwerdt, Ulrich (Hrsg.): Handbuch der Reformpädagogik in Deutschland. Frankfurt/M.: Lang 2013

Köpfer, Andreas: Raumtheoretische Überlegungen zu schulinterner Unterstützung am Beispiel des kanadischen „Methods & Resource Teachers“ (M&RT). In: Schnell, Irmtraud: Herausforderung Inklusion. Bad Heilbrunn: Klinkhardt 2015, S. 189–196

Korczak, Janusz: Sämtliche Werke (SW 16 Bd.). Hrsg. von Beiner, Friedhelm/Dauzenroth, Erich. Gütersloh: Gütersloher Verlagshaus 1996–2010

Korff, Natascha: Inklusiver Mathematikunterricht in der Primarstufe. Baltmannsweiler: Schneider 2015

Krais, Beate: Bildungssoziologie. In: Die Deutsche Schule 106, 2014, 3, S. 264–290

Kronig, Winfried/Haeberlin, Urs/Eckhart, Michael: Immigrantenkinder und schulische Selektion – Pädagogische Visionen, theoretische Erklärungen und empirische Untersuchungen zur Wirkung integrierender und separierender Schulformen in den Grundschuljahren. Bern: Haupt 1999, 2007 (2. Aufl.)

Lütje-Klose, Birgit: Inklusion – Welche Rolle kann die Sonderpädagogik übernehmen? In: Sonderpädagogische Förderung in NRW 49, 2011, 4, S. 8–21

Mack, Wolfgang: Bildung in Schule und Jugendhilfe. In: Die Deutsche Schule, 106, 2014, 1, S. 62–71

Malter, Bettina/Hotait, Ali (Hrsg.): Was bildet ihr uns ein? Eine Generation fordert die Bildungsrevolution. Berlin: Vergangenheitsverlag 2012

Meyer, Hilbert: Was ist guter Unterricht? Berlin: Cornelsen 2004

Meyer, Hilbert: Auf den Unterricht kommt es an! In: Terhart, Ewald: Die Hattie-Studie in der Diskussion. Seelze: Friedrich 2014, S. 117–133

Miller, Susanne/Brinkmann, Vera: SchülerInnenfragen im Mittelpunkt des Sachunterrichts. In: Gläser, Eva/Schönknecht, Gudrun (Hrsg.): Sachunterricht in der Grundschule. Frankfurt/M.: Grundschulverband 2013, S. 226–241

mittendrin e. V. (Hrsg.): Alle mittendrin! Inklusion in der Grundschule. Mühlheim: Verlag an der Ruhr 2013

Pehnke, Andreas: Reformpädagogik aus Schülersicht. Dokumente eines spektakulären Chemnitzer Schulversuchs der Weimarer Republik. Baltmannsweiler: Schneider 2002

Platte, Andrea: Schulische Lebens- und Lernwelten gestalten. Didaktische Fundierung inklusiver Bildungsprozesse. Münster: Monsenstein und Vannerdat 2005

Philipp, Elmar: Multiprofessionelle Teamentwicklung. Weinheim: Beltz 2014

Poscher, Ralf/Langer, Thomas/Rux, Johannes: Gutachten zu den völkerrechtlichen und innerstaatlichen Verpflichtungen aus dem Recht auf Bildung nach Art. 24 des UN-Abkommens über die Rechte von Menschen mit Behinderungen und zur Vereinbarkeit des deutschen Schulrechts mit den Vorgaben des Übereinkommens. Hrsg. von der Max-Traeger-Stiftung. Frankfurt August 2008

Prengel, Annedore: Pädagogik der Vielfalt. Opladen: Leske+Budrich 1993

Prengel, Annedore: Vielfalt. In: Dederich, Markus/Jantzen, Wolfgang (Hrsg.): Behinderung und Anerkennung. Stuttgart: Kohlhammer 2009, S. 105–112

Prengel, Annedore: Wie kann sich ein Bildungskanon auf die Heterogenität der Bildungsadressanten und der Bildungsinhalte beziehen? In: Erdsiek-Rave/John-Ohnesorg, Marei (Hrsg.): Bildungskanon heute. Berlin: Friedrich-Ebert-Stiftung 2012, S. 156–158

Prengel, Annedore: Pädagogische Beziehungen zwischen Anerkennung, Verletzung und Ambivalenz. Opladen: Budrich 2013

Prengel, Annedore: Halt gebende pädagogische Beziehung in der inklusiven Grundschule. In: Peters, Susanne/Widmer-Rockstroh, Ulla (Hrsg.): Gemeinsam unterwegs zur inklusiven Schule. Frankfurt/M.: Grundschulverband 2014, S. 64–72

Preuss-Lausitz, Ulf: Fragen auf dem Weg der inklusiven Schulentwicklung. In: Peters, Susanne/Widmer-Rockstroh, Ulla (Hrsg.): Gemeinsam unterwegs zur inklusiven Schule. Frankfurt/M.: Grundschulverband 2014, S. 46–55

Preuss-Lausitz, Ulf: Wissenschaftliche Begleitungen der Wege zur inklusiven Schulentwicklung in den Bundesländern – Versuch einer Übersicht. In: Schnell, Irmtraud: Herausforderung Inklusion. Bad Heilbrunn: Kinkhardt 2015, S. 402–430

Ramseger, Jörg: Das Dilemma von Differenzierung und Integration. Oder: Über die Schwierigkeiten von unerwünschten Schulreformen. In: Grundschule aktuell, 126, 2014, 5, S. 6–17

Ramseger, Jörg: Das Korallenriff oder: Die Grenzen der Inklusion. In: Peters, Susanne/Widmer-Rockstroh, Ulla (Hrsg.): Gemeinsam unterwegs zur inklusiven Schule. Frankfurt/M.: Grundschulverband 2014, S. 298–305

Reich, Hans H.: Durchgängige Sprachbildung. In: Gogolin, Ingrid/Lange, Imke/Michel, Ute/Reich, Hans H. (Hrsg.): Herausforderung Bildungssprache – und wie man sie meistert. Münster: Waxmann 2013, S. 55–70

Reich, Kersten: Konstruktivistische Didaktik. Weinheim: Beltz (4. Aufl.) 2008

Reich, Kersten: Systemisch-konstruktivistische Pädagogik. Weinheim: Beltz (6. Aufl.) 2010

Reich, Kersten (Hrsg.): Inklusion und Bildungsgerechtigkeit. Weinheim: Beltz 2012

Reich, Kersten: Inklusive Didaktik. Weinheim: Beltz 2014

Riebling, Linda: Heuristik der Bildungssprache. In: Gogolin, Ingrid/Lange, Imke/Michel, Ute/Reich, Hans H. (Hrsg.): Herausforderung Bildungssprache – und wie man sie meistert. Münster: Waxmann 2013, S. 106–153

Riedel, Eibe: Gutachten zur Wirkung der internationalen Konvention über die Rechte von Menschen mit Behinderung und ihres Fakultativprotokolls auf das deutsche Schulsystem. Landesarbeitsgemeinschaft „Gemeinsam Leben“ Nordrhein-Westfalen. Universität Mannheim/HEID Genf 2010

Rolff, Hans-Günter: Sind schulische Strukturfaktoren wirklich nicht so wichtig? Hattie und das deutsche Schulsystem. In: Terhart, Ewald: Die Hattie-Studie in der Diskussion. Seelze: Friedrich 2014, S. 67–88

Rüedi, Jürg: Wie viel und welche Disziplin braucht die Schule? Bern: Huber 2011

Rüedi, Jürg: Ein adlerianischer Ansatz der Erziehung. In: Zeitschrift für Individualpsychologie 37, 2012, 1, S. 78–89

Rülcker, Tobias: Gemeinschaft und Gesellschaft. In: Keim, Wolfgang/Schwerdt, Ulrich (Hrsg.): Handbuch der Reformpädagogik in Deutschland. Frankfurt/M.: Lang 2013, Teil 1, S. 531–558

Sack, Lothar: Die Fritz-Karsen-Schule in Berlin. In: Heyer, Peter/Sack, Lothar/Preuss-Lausitz, Ulf (Hrsg.): Länger gemeinsam lernen. Frankfurt: Grundschulverband 2003, S. 163–169

Sack, Lothar: Warum Langformschulen besser sind. Erfahrungen mit einer verheimlichten und unterschätzten Schulstruktur. In: Schnell, Irmtraud (Hrsg.): Für uns kommt nur 1–13 in Frage. Entwicklungsimpulse aus und für PRIMUS Berg Fidel. Baltmannsweiler: Schneider 2015

Scheidt, Katja: Individuelles und Gemeinsames Lernen. Wie inklusionserfahrene Lehrer/innen mit dem Spannungsfeld umgehen. In: Peters, Susanne/Widmer-Rockstroh, Ulla (Hrsg.): Gemeinsam unterwegs zur inklusiven Schule. Frankfurt/M.: Grundschulverband 2014, S. 275–285

Schnell, Irmtraud: Geschichte schulischer Integration. Gemeinsames Lernen von SchülerInnen mit und ohne Behinderung in der BRD seit 1970. Weinheim: Juventa 2003

Schnell, Irmtraud: Die Grundschule Berg Fidel. Inklusive Schulentwicklung im sozialen Brennpunkt – neue Erfahrungen für Studierende der Sonderpädagogik. In: Hinz, Andreas et al. (Hrsg.): Auf dem Weg zur Schule für alle. Marburg: Lebenshilfe-Verlag, 2010, S. 170–180

Schnell, Irmtraud/Sander, Alfred/Federolf, Claudia (Hrsg.): Zur Effizienz von Schulen für Lernbehinderte. Forschungsergebnisse aus vier Jahrzehnten. Bad Heilbrunn: Klinkhardt 2011

Schnell, Irmtraud (Hrsg.): Für uns kommt nur 1–13 in Frage. Entwicklungsimpulse aus und für PRIMUS Berg Fidel. Baltmannsweiler: Schneider 2015

Schöler, Jutta: Alle sind verschieden. Auf dem Weg zur Inklusion in der Schule. Weinheim: Beltz 2009

Scholz, Gerold: Kinder lernen von Kindern. Baltmannsweiler: Schneider 1996

Schwager, Michael: Lehren im Team. In: mittendrin e. V. (Hrsg.): Eine Schule für alle. Mühlheim: Verlag an der Ruhr 2012

Schuck, Karl Dieter: Unterricht bei heterogenen Voraussetzungen. In: Kaiser, Astrid/Schmetz, Ditmar/Wachtel, Peter/Werner, Birgit (Hrsg.): Didaktik und Unterricht. Stuttgart: Kohlhammer 2011, S. 101–109

Schuck, Karl Dieter: Individualisierung und Standardisierung in der inklusiven Schule – ein unauflösbarer Widerspruch? In: Die Deutsche Schule 106, 2014, 2, S. 162–174

Schumann, Brigitte: „Ich schäme mich ja so!“ Die Sonderschule für Lernbehinderte als „Schonraumfalle“. Bad Heilbrunn: Klinkhardt 2007

Seidel, Ulrich: Übertragung und Gegenübertragung. In: Fuest, Ada/John, Friedel/Wenke, Matthias (Hrsg.): Handbuch der individualpsychologischen Beratung in Theorie und Praxis. Münster: Waxmann 2014, S. 248–261

Seitz, Simone: Zeit für inklusiven Sachunterricht. Baltmannsweiler: Schneider 2005

Stähling, Reinhard: Teamarbeit im Ganztagszweig. In Karlheinz Burk. (Hrsg.): Teamarbeit in der Grundschule, Frankfurt/M.: Arbeitskreis Grundschule, 1995, S. 76–81

Stähling, Reinhard: Beanspruchungen im Lehrerberuf. Dissertation. Münster: Waxmann 1998

Stähling, Reinhard: Unterrichtsqualität und Disziplin. In: Grundschule, 32, 2000, 2, 20–22

Stähling, Reinhard: „Ein wie feines Modell im Kleinen“ – Über Merkwürdigkeiten beim Schulwechsel nach Klasse 4. In: Die Deutsche Schule, 94, 2002, 1, S. 61–66

Stähling, Reinhard: „Für das Leben lernen“ – Reformpädagogik als Antwort auf PISA. In: Die Deutsche Schule, 94, 2002, 3, S. 295–299

Stähling, Reinhard: Unter westfälischen Eichen. Historischer Roman zur Reformpädagogik im Jahre 1930. Kelkheim: Ilma 2002

Stähling, Reinhard: „Wir sind ständig auf Klassenfahrt" – Ein übertragbares Modell ganztägiger Erziehung in der Grundschule. In: neue deutsche schule, 54, 2002, 9, S. 22–23

Stähling, Reinhard: Klassenrat oder das Recht des Kindes auf Achtung. Videofilm für die Lehrerausbildung und -fortbildung und Elternarbeit: Universität Münster. Zentrum für Wissenschaft und Praxis. Abteilung für Audiovisuelle Medien 2002

Stähling, Reinhard: Der Klassenrat – eine Fortführung reformpädagogischer Praxis. In Karlheinz Burk, Angelika Speck-Hamdan, Hartmut Wedekind (Hrsg.): Kinder beteiligen – Demokratie lernen? Frankfurt/M.: Arbeitskreis Grundschule, 2003, S. 197–207

Stähling, Reinhard: Multiprofessionelle Teams in altersgemischten Klassen. Ein Konzept für integrativen Unterricht. In: Die Deutsche Schule, 96, 2004a, 1, S. 45–55

Stähling, Reinhard: Schulqualität oder: Lob des Fehlers. In: Grundschulverband-aktuell, 88, 2004b, 4, S. 7–10

Stähling, Reinhard: Der aufhaltsame Abstieg des „schwachen" Schülers in Deutschland. Bildungsbenachteiligung im Schnittpunkt von Schule und Jugendhilfe. In: Die Deutsche Schule, 97, 2005, 1, S. 67–77

Stähling, Reinhard: Die Klasse führt sich selbst. In: Grundschule, 37, 2005, 2, S. 30–33

Stähling, Reinhard: Teamarbeit inklusive. In: Christiani, Reinhold (Hrsg.): Jahrgangsübergreifend unterrichten. Berlin: Cornelsen 2005, S. 48–53

Stähling, Reinhard: Qualitätsentwicklung statt Vergleichsarbeiten. Zu einem unfruchtbaren Verhältnis von Forschung und Schule. In: Die Deutsche Schule, 97, 2005, 2, S. 211–221

Stähling, Reinhard: Gesammelte Fragen zu Vergleichsarbeiten. In: Grundschule aktuell, 90, 2005, 2, S. 12–13

Stähling, Reinhard: Klassenrat – sieben Schritte gegen Gewalt. In: Humane Schule, 31, 2005, 2, S. 10–11

Stähling, Reinhard: „Du gehörst zu uns" – Inklusive Grundschule. Ein Praxisbuch für den Umbau der Schule. Baltmannsweiler: Schneider 2006, 2. Aufl. 2009, 3. Aufl. 2010/4. erw. Aufl. 2011

Stähling, Reinhard: Ganztägige Erziehung mit multiprofessionellen Teams in altersgemischten Klassen. In: Burk, Karlheinz/Deckert-Peaceman (Hrsg.): Auf dem Weg zur Ganztagsgrundschule. Frankfurt/M.: Arbeitskreis Grundschule 2006, S. 249–259

Stähling, Reinhard: An den Kindern kann es nicht liegen. – Über die Aussonderung der Armen in Deutschland. In: Grundschule aktuell, 97, 2007, S. 11–13

Stähling, Reinhard: Kinderinteressen – Schulinteressen: ein Balanceakt. In: Christiani, Reinhold/Metzger, Klaus (Hrsg.): Fundgrube Klassenführung. Berlin: Cornelsen 2007, S. 126–129

Stähling, Reinhard: Sieben Schritte auf dem Weg zum Klassenrat. In: Christiani, Reinhold/Metzger, Klaus (Hrsg.): Fundgrube Klassenführung. Berlin: Cornelsen 2007, S. 129–131

Stähling, Reinhard: Rezension zu Astrid Kaiser 2007: Menschenbildung in Katastrophenzeiten. Baltmannsweiler: Schneider. In: Die Deutsche Schule, 99, 2007,4, S. 504–505

Stähling, Reinhard: Rezension zu Astrid Kaiser 2006: Praxisbuch interkultureller Sachunterricht. Baltmannsweiler: Schneider. In: Grundschule, 40, 2008, 1, S. 60–61

Stähling, Reinhard: Die Grundschule Berg Fidel auf dem Weg zu einer Schule für alle. In: Stadt Münster: Gesund aufwachsen in Münster. Dokumentation der Stadtteilfachtagung im Oktober 2007. Veröffentlichung des Gesundheitsamts 2008

Stähling, Reinhard: Ein überflüssiges (?) Gedankenexperiment. In: Grundschule aktuell, 103, 2008, S. 11

Stähling, Reinhard: Je homogener, desto … – Inklusive Schulpraxis im sozialen Brennpunkt. In: Grundschule, 40, 2008, 11, S. 48–50

Stähling, Reinhard: Alle gleich – alle anders. Berg Fidel: Gründe und Voraussetzungen für die Umgestaltung eines Schulkonzepts. In: Grundschule, 41, 2009, 1, S. 22–25

Stähling, Reinhard: „Alle gleich – alle anders!" – Anliegen einer inklusiven Pädagogik. In: Sternberg, Thomas/Meier-Hamidi (Hrsg.): Einwanderungsland Deutschland. Münster: Dialogverlag 2009, S. 89–95

Stähling, Reinhard/Wenders, Barbara: Ungehorsam im Schuldienst. Von heutigen Schulreformern lernen. Ein neues Praxisbuch für den Umbau der Schule. Baltmannsweiler: Schneider 2009/2. erw. Aufl. 2011/4. Aufl. 2013

Stähling, Reinhard: Ungehorsam im Schuldienst – Schritte zur Inklusiven Schule. In: Grundschulzeitschrift, 23, 2009, 12, S. 26

Stähling, Reinhard: Das Ende des Sitzenbleibens – Kindern „eine Stimme geben" an der Grundschule Berg Fidel in Münster. In: Beutel, Silvia-Iris/Beutel, Wolfgang: Beteiligt oder bewertet? Leistungsbeurteilung und Demokratiepädagogik. Schwalbach: Wochenschau Verlag 2010, S. 243–247

Stähling, Reinhard: Interkulturelle Bildung. In: Kaiser, Astrid/Schmetz, Ditmar/Wachtel, Peter/Werner, Birgit (Hrsg.): Bildung und Erziehung. Behinderung, Bildung, Partizipation. Enzyklopädisches Handbuch der Behindertenpädagogik, Bd. 3. Stuttgart: Kohlhammer 2010, S. 217–222

Stähling, Reinhard: Grundschule ohne Ausgrenzung. Das Beispiel der Grundschule Berg Fidel Münster. In: Bartnitzky, Horst/Hecker, Ulrich (Hrsg.): Allen Kindern gerecht werden – Aufgaben und Wege. Frankfurt/M.: Grundschulverband 2010, S. 121–131

Stähling, Reinhard: Sein eigener Chef werden: Schüler bestimmen ihre Pausen selbst. In: Bartnitzky, Horst/Hecker, Ulrich (Hrsg.): Allen Kindern gerecht werden – Aufgaben und Wege. Frankfurt/M.: Grundschulverband 2010, S. 187–190

Stähling, Reinhard: Wer das Herz hat … – Zur Bedeutung des Ungehorsams für die Schulentwicklung. In: Grundschule, 42, 2010, 7/8, S. 48–50

Stähling, Reinhard: Gemeinschaftsgrundschule Berg Fidel, Münster – Schule im sozialen Brennpunkt – auf dem Weg zur inklusiven Teamschule. In: Schneider, Lucia (Hrsg.): Gelingende Schulen. Gemeinsamer Unterricht kann gelingen. Schulen auf dem Weg zur Inklusion. Baltmannsweiler: Schneider 2010, S. 59–75

Stähling, Reinhard: Altersmischung und Inklusion – Beobachtungen in der Praxis. In: Gemeinsam leben. Zeitschrift für integrative Erziehung, 18, 2010, 4, S. 243–252

Stähling, Reinhard/Wenders, Barbara: Schluss mit der Aussonderung – Wege inklusiver Pädagogik am Beispiel der Grundschule Berg Fidel. In: Hanke, Petra/Möwes-Butschko, Gudrun/Hein, Anna Katharina/Berntzen, Detlef/Thieltges, Andree (Hrgs.): Anspruchsvolles Fördern in der Grundschule. Münster: Zentrum für Lehrerbildung Verlag 2010, S. 115–118

Stähling, Reinhard: Interkulturelle Bildung. In: Kaiser, Astrid/Schmetz, Ditmar/Wachtel, Peter/Werner, Birgit (Hrsg.): Bildung und Erziehung. Behinderung, Bildung, Partizipation. Enzyklopädisches Handbuch der Behindertenpädagogik, Bd. 3. Stuttgart: Kohlhammer 2010, S. 217–222

Stähling, Reinhard: Die deutsche Schule behindert Lernen – Zur Diskriminierung der Schüler aus benachteiligten Lebenslagen durch das selektive Bildungswesen. In: Gemeinsam leben 19, 2011, 3, S. 139–145

Stähling, Reinhard/Wenders, Barbara: „Wie ein Sandkorn …" Zum Inklusionsbegriff und zum Index für Inklusion. Gespräch mit Tony Booth. In: Grundschule 44, 2012, 3, S. 24–25

Stähling, Reinhard / Wenders, Barbara: „Das können wir hier nicht leisten“ – Wie Grundschulen doch die Inklusion schaffen können. Ein Praxisbuch zum Umbau des Unterrichts. Baltmannsweiler: Schneider 2012

Stähling, Reinhard: „Differenzieren lässt sich lernen“ – Wie die Grundschule Berg Fidel gelernt hat, mit Heterogenität umzugehen und Aussonderung zu unterlassen. In: Müller, Susanne / Jürgens, Eiko: Ungleichheit in der Gesellschaft und Ungleichheit in der Schule – eine interdisziplinäre Sicht auf Inklusions- und Exklusionsprozesse. Weinheim: Juventa 2013a, S. 252–264

Stähling, Reinhard: „Geschönte Selektion“ oder Inklusion? Konstruktiv-kritische Anfragen aus der Grundschule Berg Fidel in Münster. In: Fischer, Christian (Hrsg.): Schule und Unterricht adaptiv gestalten: Fördermöglichkeiten für benachteiligte Kinder und Jugendliche. Münster: Waxmann 2013b, S. 133–140

Stähling, Reinhard: Stoffliche Hürden und Inklusion. In: Grundschule aktuell, 122, 2013c, S. 24–26

Stähling, Reinhard: Klassenfahrt ohne Ali – können wir das verantworten? In: Erziehung und Wissenschaft 65, 2013d, 6, S. 20–22

Stähling, Reinhard / Wenders, Barbara 2013: „Er ist nicht da, wenn er gebraucht wird, doch er ist zur Stelle, wenn er sich nützlich machen kann.“ (Korczak) – Unterrichten in der Grundschule Berg Fidel. In: Gemeinsam leben 21, 2013e, 3, S. 160–169

Stähling, Reinhard 2013: Inklusion als Kernprogramm einer „Schule für alle“. Eine Grundschule wird zu einer Schule von 1–13. In: Pädagogik 65, 2013, 9, S. 31–33

Stähling, Reinhard / Wenders, Barbara 2014: „Hier fliegt keiner raus!“ – Über Freude und Halt in einer inklusiven Schulklasse der Grundschule Berg Fidel. In: Z. f. Individualpsychologie 39, 2014, 3, S. 319–337

Stähling, Reinhard: Mit dem Team zur Inklusion. In: Grundschule 46, 2014, 6, S. 12–13

Stähling, Reinhard: Barrierefreier Unterricht. In: Peters, Susanne / Widmer-Rockstroh, Ulla (Hrsg.): Gemeinsam unterwegs zur inklusiven Schule. Frankfurt / M.: Grundschulverband 2014, S. 102–109

Tenzer, Eva: Ungehorsam – Prophylaxe gegen Burnout. In: Psychologie heute, 11, 2011, S. 26–28

Terhart, Ewald: Die Hattie-Studie in der Diskussion. Seelze: Friedrich 2014

Tymister, Hans-Josef: Pädagogische Beratung mit Kindern und Jugendlichen. Hamburg: Bergmann + Helbig 1996

Ullrich, Heiner: Religiosität / Spiritualität. In: Keim, Wolfgang / Schwerdt, Ulrich (Hrsg.): Handbuch der Reformpädagogik in Deutschland. Frankfurt / M. : Lang 2013, Bd. 1, S. 499–532

Villa, Richard A. / Thousand, Jacqueline S.: Restructuring for Caring and Effective Education. Baltimore: Brookes 2000, 2. Aufl.

Weishaupt, Horst: Aus-, Fort- und Weiterbildung für ein Schulwesen auf dem Weg zur inklusiven Schule. In: Z. f. Heilpädagogik 66, 2015, 5, S. 216–229

Wenders, Barbara: Ein Hauch Woodstock täte gut. In: Grundschule 41, 2009, S. 30–32

Wenders, Barbara: Kinder mit herausforderndem Verhalten. In: mittendrin e. V. (Hrsg.): Alle mittendrin! Mühlheim: Verlag an der Ruhr 2013, S. 181–188

Wenders, Hella: Berg Fidel. Dokumentarfilm. W-Film-Verleih 2011

Werner, Birgit / Quindt, Felina: Aufgabe von Lehrkräften in inklusiven Settings: eine empirisch-analytische Studie. In: Zeitschrift für Heilpädagogik 65, 2014, 12, S. 462–471

Wevelsiep, Christian: Interexistenz, Nähe, Vulnerabilität – anthropologische Kategorien in inklusiven Konstellationen. In: Zeitschrift für Heilpädagogik 63, 2012, 4, S. 154–161

Wocken, Hans: Das Haus der inklusiven Schule. Hamburg: Feldhaus 2011

Wocken, Hans: Zum Haus der inklusiven Schule. Hamburg: Feldhaus 2013

Ziemen, Kerstin: Sozialer Tausch. In: Dederich, Markus / Jantzen, Wolfgang (Hrsg.): Behinderung und Anerkennung. Stuttgart: Kohlhammer 2009, S. 96–104

www.kreidestaub.net

www.funkenflug.de

www.reinhard-staehling.de

www.ggs-bergfidel.de

www.primus-muenster.de